数字化云校园

邱健筠　著

东南大学出版社
SOUTHEAST UNIVERSITY PRESS
·南京·

图书在版编目(CIP)数据

数字化云校园 / 邱健筠著. —南京：东南大学出版社，2016. 5

ISBN 978 - 7 - 5641 - 6524 - 6

Ⅰ. ①数… Ⅱ. ①邱… Ⅲ. ①数字技术-应用-中小学-学校管理 Ⅳ. ①G637 - 39

中国版本图书馆 CIP 数据核字(2016)第 109139 号

数字化云校园

出版发行 东南大学出版社
出 版 人 江建中
责任编辑 马 伟
社　　址 南京市四牌楼 2 号
邮　　编 210096
经　　销 全国各地新华书店
印　　刷 兴化印刷有限责任公司
开　　本 787 mm×1092 mm 1/16
印　　张 12. 75
字　　数 325 千字
版 印 次 2016 年 5 月第 1 版 2016 年 5 月第 1 次印刷
书　　号 ISBN 978 - 7 - 5641 - 6524 - 6
定　　价 45. 00 元

---

* 本社图书若有印装质量问题，请直接与营销部联系，电话：025 - 83791830。

序

随着网络通讯技术的快速发展，数字技术正以一种前所未有的冲击力在影响着整个社会，大大改变了人们的生活方式。网络拓展到人们正常生活的各个环节和社会的各个层级，同样也延伸到了教育领域。高水平教育现代化是伴随着信息技术的应用而发展的。以数字技术为特征的数字化校园建设及以“云技术”为标志的信息服务已经成为学校发展的必然，并且呈现出巨大效益。《数字化云校园》以基层学校为例，整合现代数字技术、现代通讯技术，充分应用现有设施和网络资源，寻找适合师生发展的教学手段，用多元的方式在学生面前呈现出丰富多彩的数字化教育教学环境，从表面上看这只是在某种程度上改变了学习方式，实际上其中蕴涵了更高的教学效率、贴近时代的动感和先进的教育教学理念。

作者邱健筠同志是个理念超前、思维敏捷、能力卓越的名校长，数年来他扎根基层，潜心思考，勇于实践，敢于创新，熟悉现代教育技术，精通学校网络化管理，尤其在运用数字技术实施学校现代化管理方面有着丰富的实践经验。他对现代化教育的理解有着自己的视角主张，他所历任的学校都能在很短的时间内让学校的现代化水平有着快速的提升。他所倡导的“数字化云校园”建设涵盖着学校的精细化管理、教师专业化成长、学生自主化学习等领域。数字化的管理，网络化的教育，提高了学校的管理水平，丰富了学生的成长方式，也带动了整个地区教育现代化的发展，这本书凝聚着他聪明的智慧、丰富的学识、创新的思考。俗话说：一位好校长就是一所好学校，从本书中你能体会到一位基层校长的价值追求与创新思考。

中国教育信息化技术创新联盟秘书长

目　录

第一章　理论篇：数字无痕云幔舞

网络技术与通信技术的快速发展，为教育改革发展提供条件，而基于网络的数字化技术已经应用到学校教育及管理的各个层面，数字校园便随之产生。数字化校园是以数字化信息和网络为基础，在计算机和网络技术基础上建立起来的对教学、科研、管理、技术服务、生活服务等校园信息的收集、处理、整合、存储、传输和应用，使教学资源得到充分优化和利用。通过实现从环境、资源、应用的全部数字化，在传统基础上构建一个数字空间，以拓展现实校园的时间和空间维度，提升校园的运行效率，扩展传统校园的业务功能，最终实现教育过程的全面信息化，达到提高办学质量和管理水平的目标。

关于对数字化校园的理解，目前尚有许多种说法，全国各地的标准也不尽相同。但是建成完整统一的数字交换中心、统一的用户信息入口、统一的资源模块应该是数字化校园的重要内容。数字化校园，它不仅仅是教育的信息化，应该说也是提供了一个全新的育人环境、全新的管理方式、全新的学习手段。在数字环境中，老师和学生的成长、学习的方式、教学的方式都会得到很大的改变。数字化校园，实际上是在全球信息化背景下产生的一种新的育人环境。而在这个育人环境中，老师和学生的发展、人的信息意识的形成是核心。

第一节　数字化校园建设背景

课程改革已经进行了十多个年头，提高学校的管理水平已经成为基础教育的重要内容，转变学习方式、提高课堂效率已经成为师生与家长关注的主题。学校提出创建“智慧校园”，目的就是想充分利用教育现代化的创建成果，全面构建数字化校园，为学生提供一个基于网络环境的成长数据和信息空间，持续为学生的学习和健康成长服务，为学生的个性化发展提供成长空间，为教师的专业化成长提供一个新的落脚点和切入口。

区域教育化创建是教育信息化发展的一个重要里程碑，也是关键的转折点。义务教育基本均衡更是教育信息化的重要组成部分。现代化的硬件和网络已经成为教育的重要需求，“数字化校园”建设正是彰显教育信息化投入效果的重要内容，在让师生感受和体会到教育信息化带来的实实在在的成果和实效性的同时，还体现了教育信息化建设的长期性和持续性。

第二节　数字化校园建设意义

数字化校园将学校内部的相对独立分散的业务系统进行统一整合和有效的集成，对集成数据按标准进行验证，对信息进行实时更新，确保信息的一致性、准确性，从而提升学校整体管理水平和综合实力，提供无纸化的学校网上办公平台。数字化校园全面建成后，学校特有的教育功能、服务范围将得到进一步扩展，校园将突破传统的概念成为可以覆盖到社区的数字化校园。通过数字化校园建设，将为学校发展带来全新的意义，包括：

1. 创造新的教育和工作模式，提高管理效率与效益。数字化校园将先进的信息技术引入到教学、科研、管理和服务等各项活动中，运用现代信息技术及时处理大量的管理数据，提高了教、学、管的质量和效率。

2. 数字化校园建设解决“信息孤岛”问题，推进数据的集中和共享。数字化校园将信息技术融于教育的各个环节，通过全校所有部门的信息编码统一，使学校的所有信息能够实时自动地互联互通，资源得到充分的共享和利用，保证了异构数据库间的数据交换，消除了业务部门之间的数据冗余，将学校内部相对独立分散的网络应用系统进行了统一整合，消除了学校信息孤岛问题，有效地实现数据共享，消除对数据的重复管理以及数据不同步的问题。学校各个部门分别管理自己业务的相关信息，数据采集入口唯一，所有信息实现共享。当某个部门需要用到其他部门信息的时候，可以直接从网上获得，这样就避免了多部门的重复劳动，节约了人力成本，保证了数据的标准化存储。

3. 创建新型的学习环境，推进人才培养模式的改革。学校作为知识传授场所的功能存在一定的限制，而数字化校园建设能够更好地为学生创造一个开放的文化氛围，把更多的注意力放在培养学生主动学习研究、终生求知的能力上，促进身心健康，提高自身素质。通过互联网与外部世界以及社会的物质生产和知识生产建立十分广泛而又深刻的联系，让学生生活在一种准社会的实践环境之中，互相接触、互相交往、互相启发、互相讨论、互相帮助，思想的火花不断迸发，不断碰撞，不断整合，从而为开发人的潜能和实施个性化培养创造条件。

4. 建设和充实数字化教学资源库平台，为信息化教学、远程教学与管理提供技术和资源基础。数字化校园建设以信息资源与信息服务为核心内容，实现数字化的学习、教学、科研和管理，创建数字化教学资源库，实现教学与管理的网络化、远程化、智能化，大大拓展了学校的概念，为学校的跨地域传播知识和远程业务管理提供了坚实的基础保障。

5. 领导管理决策数字化，提高学校管理决策的科学化水平。通过对各类数据的数字化处理，使领导者最大限度地拥有管理资源，能够集中集体的智力、智慧，便于明确决策目标、论证决策的必要性和可行性，为正确决策提供必要支持，进一步体现决策的科学化、民主化和透明化。

第三节　数字化校园建设原则

数字化校园建设首先应以“设施先进、风格统一、覆盖面广、应用广泛、高效稳定、安全可靠”为原则，尽量合理利用现有的数字化资源，避免重复性的投资与浪费。在资金允许的情况下要有一定的前瞻性，应加大数字化校园软件建设资金的投入量。其次要根据学校的实际，兼顾统筹考虑、分阶段开展的实施原则。如何合理分配使用资金，分清管理平台的轻重缓急，让现有的设施都能发挥出效益。再次是注意系统性和持续性的系统建设原则。由于设备的不兼容性和软件开发的排他性，许多设备与软件之间不能兼容，所以在选择硬件的时候要充分考虑到软件的兼容问题，在选择软件平台的时候更要考虑与硬件的关联问题，只有这样才能提高设备的利用率，才能充分发挥设备的效能。最后还要考虑数字化校园整体性和个性化发展相结合的原则。建构数字化环境的时候，既要考虑到标准的统一又要考虑到学校发展的特色，不能按一个模式去建构，要体现学校特色化发展与个性化建设。

1. 统一规划：数字化校园建设领导小组负责审定总体规划和重大问题决策，组织专家，根据学校建设现状以及各部门应用需求情况，制定学校数字化校园建设规划，以及整体解决方案，经校内外专家论证后提交数字化校园建设领导小组研究同意后实施。各业务部门均应在学校整体规划指导下具体规划本部门分管的信息子系统，提出详细的应用需求和管理需求，上报数字化校园建设领导小组。

2. 统一标准：标准是信息化建设的基础。信息标准直接影响着各部门信息系统的建设，信息的交流与共享，管理信息系统软件的研制与开发以及全校基本数据的收集、分析和发布等工作。由数字化校园建设领导小组，对部分业务实行分类指导，确定各类数据的标准与格式，科学设计各业务工作的模型与流程。

3. 统一建设：数字校园建设是一项庞大的系统工程，不仅在各个实施环节力求技术的先进性和实用性，更应强调整体优化、全局合理，突出发挥资源整合的整体效益。根据建设规划，按照“共建共享、建用结合、以用促建、分步实施”的原则，开展各项建设任务，杜绝重复建设。

4. 统一管理：数字化校园建设由领导小组领导，对相关项目、经费与应用实行统一管理。由相关职能部门组织项目论证、招标、验收和审计等程序并进行施工与建设；教育技术中心负责工程技术把关、项目施工监理和数据中心设备运行与维护；各职能部门负责本部门主管的业务子系统的用户需求、数据管理和权限分配等；全校性的网络资源服务器和控制设施原则上应与学校的中心机房整合，充分发挥设备集中存放带来的低能耗、高安全、易维护等诸多优点。

第四节　数字化校园内涵构成

学校通过数字化校园项目建设，构造能够满足数字化校园长期持续发展的应用框架，通过这一稳定、可扩展的应用框架为应用系统建设提供良好的支撑和服务。该应用框架将充分支持于学校的应用需求和未来发展，同时考虑到系统的总体拥有成本，必须采用先进的理念和思路，辅以成熟的、主流的、符合未来发展趋势的技术，运用现代系统工程和项目管理规范标准，科学合理地进行建设。

1. 数字化环境：构建结构合理、使用方便、高速稳定、安全保密的基础网络。在此基础上，建立高标准的共享数据中心和统一身份认证及授权中心，统一门户平台以及集成应用软件平台，为实现更科学合理的高效数字化环境打下坚实的基础。

2. 数字化教学：构建包括数字化教研、数字化课堂、数字化科研、数字化学习等综合教学管理的数字化环境，科学统一地配置教学资源，提高教师、学科教室、教学资源的利用率，改革教学模式、手段与方法，丰富教学资源，提高教学效率与质量。

3. 数字化学习：学校根据实际情况，构建先进实用的网络教学平台，整合、丰富数字化教学资源，为学生提供自主化学习终端，搭建自主化学习平台，创造主动式、协同式、研究式的数字化学习环境，建立师生互动的新型教学模式。

4. 数字化管理：构建覆盖学校工作流程的、协同的管理信息体系，通过管理信息的同步与共享畅通学校的信息流，实现管理的科学化、自动化、精细化，构建便捷、高效、高雅、健康的数字化生活环境和电子商务服务平台，利用一卡通系统实现校内外主要消费流通、学生入学缴费、身份认证及门禁管理，突出以人为本的理念，提高管理效率，降低管理成本。

第五节　数字化校园建设模块

学校工作主要包括教育、教学管理与服务等工作，每个工作内容会积累大量数据。这些汇集的数据构成数字化校园基础数据层。通过交互数据、统一认证，使用户单点登录后畅游全部系统。常见的应用模块主要包括：

一、学校管理模块

1. 学校门户系统。门户系统包含学校网站内容和各应用系统之间的整合衔接，实现统一认证和单点登录。门户系统主要包含显示新闻栏目，包括学校新闻、部门新闻、组内新闻以及班级新闻；显示公告区、学校简介区、园丁区、招生招聘区、友好往来频道区、支部生活区、少先队活动区、留言板、联系我们区等；提供网络投票和调查问卷功能等。

2. 数字办公系统。数字办公系统大多数是指数字化办公平台，也称为“OA 系统”，OA 为 Office Automation System 的简称，中文名称为办公自动化系统。OA 系统的设计目的是为了简化工作流程以及内部信息沟通等问题。

首先，使办公效率大大提高。由于当前办公系统的条件所限，各类公文、政令的传递速度有时不够及时迅速，应变能力较差。而采用协同 OA 办公系统后有望改变这一情况，一些以前需要几天甚至更长时间才能解决的现实情况和问题短时间内便能获得反馈，从而大大加强了政令推行的实效性，使工作效率得到极大提高。

其次，节约大量资源。纸张的节约，现在每天发放公文、通知、工作计划等大量文件，办公用纸也是一笔不小的费用。引进协同 OA 办公系统，一年至少可为学校节省办公用纸及其耗材的费用。时间的节约，引入协同 OA 办公系统后，公文草拟、审核、批办、签发、登记、传阅等流程都可以在 OA 系统上进行，省去了许多不必要的麻烦，为学校深入开展各项工作节约了宝贵的时间。

再次，功能全面便捷。采用协同 OA 办公系统后，其他应用系统都可以集成到 OA 系统做接口，网站发布信息、文件归档工作等，都可利用 OA 模块的相关系统来处理，使用起来更加简捷方便、得心应手。

最后，利于信息整合。协同 OA 办公系统的信息报送模块有助于学校各部门更好地采集与处理信息。同时还可利用系统对信息进行筛选、分类、整理与归纳，使之转换为学校工作的重要参考依据，从而实现资源整合、信息共享，进一步发挥信息资源的社会效益与经济效益。

3. 教务管理系统。教务管理是学校各项管理工作中的核心业务。随着我国教育体制改革的深入，学生人数不断地上升，课程设置不断向深度和广度发展，教学体制也逐渐由学年制向学分制过渡，原有的教务管理系统已越来越不能满足现代学校教务管理的需要。中小学成绩分析、学生学籍、排课管理、课时核算等与教学相关的内容均可以用教务管理系统完成。

4. 后勤服务系统。后勤服务系统引进通用的管理信息系统：ERP（Enterprise Resource Planning，企业资源计划）系统的理念，整合企业内部的产、供、销、财务、成本等方面的信息，完全实现电脑化、集成化、自动化，为管理人员提供强有力的管理工具。实施采用开放的网络通信协议（TCP/IP）、适应主流的操作系统，数据操作遵从标准的数据库查询语言（SQL）；数据交换广泛采用 XML 技术，系统与财政非税收入系统、资金监控系统、教务系统、网上银行系统都实现了数据交互和联动。

5. 学校安全监控系统。通过安全监控，学校安全办、少先队、德育办可实时监控来自学校校门、学校各楼道的安全隐患和学生的活动状况，及时发现可能存在的危险，并通过校园无线广播系统提醒告知。有条件的学校还可以实施教室内外的分层监控，有利于提高学校的安全管理水平。

6. 视频会议交流系统。通过学校视频会议系统，可以让不同地方的 8 组网络参会人员共同在线视频语音交流并实时演示所讲的会议资料，可以作为校际交流、教师教学教研、师生作业讲授的平台。该系统功能强大，平台稳定。

二、教师专业发展模块

1. 网络备课系统。传统模式上的备课是由教师个人独立完成的，存在许多弊端，更体现不出团队协作。大庆路小学结合学校的教育教学实际，率先采用网络教研模式，引导教师采取“独立主备、分色复备、专家点评、择优应用”的网络备课模式。即教师个人主备上传网络，同教研组的其他教师在规定的时间内通过网络选用不同颜色在原来的备课上进行批注，把自己的教学设想融入原来的备课当中，实现二次、三次的复备。教研组共同完成本章节内容的备课任务，学校邀请校内外名师登录网络，对教师前期的备课用红色批注进行点评，提出修改意见，最后由任课教师结合自己班级的实际选择使用备课的内容，再应用于课堂教学。这种方式不仅打破了过去电子备课的单一性和投机性，减轻了教师的工作负担，提高了备课的实效性。还大大提高了教师的备课效率，发挥了团队的整体优势，加上专家的指点，真正实现了校内校外资源共享，更有利于学科教研组的成长和发展。

2. 教师数字化交流系统。教育交流是教师以自己的教育活动为思考对象，对自己在教学过程中所做出的教学行为以及由此产生的结果进行审视和分析的过程。交流的本质是一种理解与实践之间的对话。而数字技术的发展为教师的教学反思提供便捷，教育博客与教育论坛便是重要的形式。教育博客(Edublog)作为网络时代的新宠，深受教师们的喜欢，它是一种表达个人思想、教育成效、教育感受的平台。

教育博客作为网络中的一种文化现象，影响着我们的学习方式、教学模式甚至教育理念。学科教师利用互联网新型的博客技术，以文字、图片、视频、PPT 课件等方式，将自己日常的生活感悟、教学心得、教案设计、课堂实录、课件等上传发表，超越传统时空局限，促进教师个人隐性知识显性化，让其他人可以共享知识和思想，记录教师与学生个人成长轨迹。

3. 教师数字化评价系统。传统的教师评价方式主要是通过行政手段进行，而数字化的评价是科学化的动态管理。笔者在学校管理中充分利用数字化中的网络技术，率先在学校实施数字化的教师专业成长系统和教师绩效考核系统，把教师关心的热点问题进行规范化的科学管理，记录了教师成长过程中的成长轨迹，充分调动了广大教师的积极性，为教师的专业发展提供保证。

(1) 数字化的成长档案。大庆路小学自 2009 年起就为每位教师建立专业成长电子档案。这个系统是将教师的基本业务档案、教育教学实绩、教育科研成果及相关的业务情况进行数字化记录，由平台对每个人的成长进行系统分析，总结概括出教师发展过程中的优点与不足，从而促进教师的专业发展走向全面化。成长档案对教师的专业成长帮助很大，许多教师根据专业成长系统自觉地调整自己的成长规划方向，为全面实施素质教育、提升教育教学质量打下坚实的基础。

(2) 数字化的绩效考核。大庆路小学数字化的教师绩效考核系统是充分利用网络技术，通过定性考核和定量统计及固定津贴等组成。教师将个人的实绩通过网络进行申报，然后由学校的相关处室进行确认，提交学校的分管校长进行统计考量，最后由校长室审核累计。对于不能运用积分的部分，学校用津贴的形式进行奖励。数字化的教师绩效考核提高了教师的积极性，促进了学校教育教学工作的高效开展。

(3) 教师自主学习系统。教师是教学工作的主导，更是学生成长的重要引领者，教师自身的学习非常重要。为此，学校建立了大庆路小学教师自主学习系统，利用数字技术在教师继续学习方面做出了大胆的尝试。系统中设立了教师的短期目标和长期目标，为教师提供学习和研究的素材，供教师选择使用。学校的电子图书管理系统更为教师的网络阅读提供了便利，也提高了教师自身搜集、筛选、处理、应用信息的能力，有利于教师的专业成长。

三、学生成长模块

1. 学生综合评价系统：数字环境下的多元评价。综合评价系统客观全面地评价学生。大庆路小学结合学生成长的特点，率先建设了学生的综合评价系统。教师把学生的思想状况、学习成绩、品行表现等通过综合评价系统有条理地反馈给家长，让家长及时了解学生在学校的表现，促进了学生的全面发展。

基于网络环境下的学习评价是教学中的一个重要环节，评价的目的在于判断学生的知识成长状况，为适应学生的学习个性提供决策依据。以尊重学生自己的学习个性和持续发展为出发点，不同的学生应该有不同的标准，不仅包括知识内容，还包括学生的参与和对问题解决的贡献情况。

在网络学习中应该实施真实性的评估，采用与学习目标、学习安排、学习方法一致的多元化方法来评估学生的学习、成就、动机和态度。真实性评估强调将评估活动带入学习中，从纵向了解学生的学习状况，有利于客观、全面地评估学生。学校可指导学生建立网络电子成长记录袋，采用自评、生评、师评、家长评相结合的方式进行评价，学生既是评价对象又是评价主体，创造了积极的学习气氛，获得了成功的情感体验，增强了主动参与网络环境下的学习信心。

2. 学习资源查询系统。为了更好地为学生提供学习的素材，学校还将教师的备课、学科学习的相关素材通过学校的资源系统向学生开放，学生可以自由地查阅学校资源库中的资源用于学习。学校的图书管理系统更为学生的网络阅读提供了便利。学生学会网上查询，提高了自身搜集、筛选、处理、应用信息的能力。学生在教师指导下积极利用网络环境开展自主学习、合作学习、探究学习，在教师指导下积极主动地开展网上交流，实现教育资源共享。学校建设的电子阅览室、多媒体网络教室等设施，为学生的学习提供便利。而家校通的广泛使用也为家校沟通提供了便利。

3. 数字学习终端。平板电脑的出现为学生的自主化学习提供了便捷，尤其是平板电脑的直观性与资源的广泛性深受师生的欢迎。教师在课堂上通过网络把练习发送给学生供学生学习使用。同样，学生练习完成的情况也可以通过平台进行实时地统计、判断，提高了课堂教学效率。

四、资源存储模块

通过校园资源系统，老师们可以查看学校历年的教育教学活动照片和电子文献资料，是学校的电子档案库；它也是老师们各类资料的安全存储空间。它具有存储空间达 2 T、内网存储速度快的诸多优点。无论用户在哪里，只要有上网的电脑，就可以像使用用户自己电脑上的文件一样的方便。它避免了经常使用 U 盘造成的固件损坏危险，解决了其他文件网络服务有存储空间的限制。

1. 教师个人空间。一是教师个人空间的特色都是老师自己的个性设置，从而让学生了解老师。二是老师可以把自己的"课件""讲义"发布在这里，让学生回家后也可以查看到上课的内容，提高对知识的掌握度。三是老师可以在"课程论坛"上与学生沟通，通过聊天、问答等形式，拉近教师与学生的距离。通过"在线小测验"来了解学生的知识掌握情况。通过"数据分析"来进行整体评估。

2. 学生的个人空间。在这里主要培养学生的自我个性、学习积极性和团体意识。这里有"我的心情日志""我的书架""我的笔记""我的日历""课表查询""我的兴趣爱好""任课老师的个人空间链接""好友空间链接""班级空间链接"等模块。

3. 学生家长空间。这是为了让能够利用网络的家长可以迅速了解孩子的在校情况，方便与班主任老师联系，将学校教育与家庭教育联系起来而建立的"纽带"。同时还可以让家长参与到学校的各项活动中来。这样还可以提高学校的知名度。

4. 班级活动空间。这是一个学生交流的主要场所，可以提高学生的团队意识与集体荣誉感。将来学生毕业了也可以在这个活动空间交流，对学校的发展也有一定的促进作用。

现在的数据安全问题很严重，学校珍贵的资料、老师们辛辛苦苦编制的程序或课件等劳动成果可能因为一个误操作、病毒破坏、硬盘的损坏等原因而付之东流。大量重复资源的下载也占用了大量的网络带宽和磁盘空间。而以前大量的数据由于数量庞大不能得到很好地利用。对于这些，一个统一的、可靠的、安全的、方便的数据服务就体现了它的价值。

第六节 数字化校园建设误区

早在 20 世纪 80 年代初，伟大的改革开放总设计师邓小平同志就高瞻远瞩地指出："教育要面向现代化，面向世界，面向未来"，这给中国教育发展指明了方向。如今《中国教育改革和发展纲要》也明确提出了"构建现代教育公共服务体系，实现教育的现代化"是当前教育发展的重要任务。所以我们首先要认识到教育现代化是时代的呼唤，是教育改革和发展的战略任务。而唯有现代化的教育，才能培养出高素质的现代人。教育现代化是一个系统的工程，它绝不仅仅是添置一些现代化的设备，也不是光在课堂上使用多媒体，而应有其更广泛深刻的涵义。教育现代化有着其自身丰富的内涵和深远的意义。教育现代化不仅仅是指教育设备等硬件建设的现代化，更是指教育思想、观念、制度、内容、评价的现代化。并且这些内容应是一个有机的整体，不可或缺，它们应同步协调地发展，否则便可能会走进"新理念、新装备、老方法"的误区。

标准化的设施、规范化的办学、信息化的教育、网络化的管理是教育现代化的具体呈现。虽然按照相关的标准进行落实，也取得了成熟的经验，但我们在回首创建的日日夜夜，感觉也走了一些弯路，存在以下一些误区：

一、教育现代化是教育者的事情

教育现代化是一项系统工程，包含着许多内容，涉及观念现代化、设施现代化、教学手段现代化等，其中最关键的就是对教育现代化的认识。由于受老观念的影响，加上传统思想的演绎，许多人认为教育现代化是教育人的事情，应该与其他部门没有多少关系，甚至还有一些排斥心理。这种观念在创建伊始就影响着教育现代化创建工作的进度，社会上的一些部门对教育现代化创建工作存在消极态度，或者是口头上应允实际行动中没有什么动静，甚至于对教育现代化的创建存在疑虑。好在通过广泛宣传，提高大家的思想认识，转变了一些错误的观念。形成了全局一盘棋的局面，大大地提高了创建速度。事实证明，教育现代化的创建工作不是哪一个部门哪一些人员的事情，只有全社会通力协作，教育现代化才能展示出应有的效益。

教育现代化的创建过程，也是一次全新的学习契机。收获的不光是思想观念，更是通过创建教育现代化提高了教育者的管理水平，提高了教师的课堂教学效率，提高了学生的学习兴趣，也提高了家长的教育水平。构建学校、家庭、社会“三位一体”的教育体系，客观上也提高了教育的效益。

二、教育现代化就是硬件设备建设

教育现代化建设包含十多项具体的指标，其中教育信息化建设占据了大量的内容，但以教育技术信息化建设带动教育现代化创建则是一项具体的方式。很多人一提到教育现代化，马上想到的就会是电脑、网络、多媒体设备等硬件设施。思想的重心也是放在对这些硬件的添置上，一旦遇到学校资金困难更是一筹莫展。在进行硬件建设时却忽略了软件的建设，甚至连简单的应用软件也不添置，管理应用也就无从谈起。或者学校虽然添置了一些现代化的设备，但多媒体设备没有相应的教学软件支持，大多数教师还不会使用，教师也不会设计制作简单课件。如果是这样，再好的设备也形同虚设。因此，学校在进行硬件建设的同时必须重视软件建设。管理者要学会网络化管理，教师要学会操作多媒体设备，还应学会制作简单的软件，这样才能把教育现代化建设推向深处。

教育现代化需要大量的设备，需要一定量的资金投入，如何做到花小钱办大事，不花钱也能办成事的目标，需要管理者具备聪明的智慧。在现代化教育中如何取得最高的性价比呢？笔者一直认为必须坚持超前意识和基本实用这两条原则，并时刻注重二者的协调与平衡。网络技术的发展是迅速的，更新也非常快，如果我们不能适度超前，就会影响到现代化设备的添置，因此需要管理者了解并熟悉常规设备的性能，只有这样才能实现快速发展的目标。

三、教育技术装备现代化代替教育现代化

教育技术装备现代化是现代化教育的重要组成部分，也是教育现代化创建的切入口，应该说是最容易实现、立竿见影的事情。但这些都是表层的东西，那么教育现代化的深层内涵是什么呢？我们总不能以为使用现代化的设备就是现代化了，或者是使用着现代化的设备却采用传统的教育方式。为此，我们应在教育观念、教育内容、教育模式等方面尽快地将教育现代化引向深入。

教育现代化就是教育手段的现代化。现在许多教师在进行教育教学活动设计的时候，往往能考虑到现代化手段的使用，但许多人对现代化的理解仅仅局限在现代化手段的使用上，对教育思想、教育观念及教育过程的现代化考虑得比较少。许多教师在设计教学内容时，想到了运用先进的电教设备如投影仪、电子白板等，让学生运用各种感官感知教学内容。但在教学实施过程中，却忽略了“让学生主动学”“以学生为主体”的教育观念，仍然采用传统的“填鸭式”教

育模式，根本没有发挥学生学习的积极性和主动性。现代化的教育手段并没有发挥其应有的作用。

四、教育现代化就是使用多媒体设备

教育现代化重要的一条就是教育方式的现代化，但是许多人认为教育要面向现代化，面向未来，就是运用多媒体设备。诚然，多媒体设备的直观性、趣味性与交互性，大大丰富了课堂教学活动，减轻了教师在课堂上的重复劳动，提高了学生学习的积极性与趣味性。但作为教师，应该正确认识这个问题，不要盲目追求使用多媒体技术，而全盘舍弃原有的方式。为此，教师在设计教学活动时，应根据各课程内容的特点来选择合适的教学媒体，而不要盲目求新。相反，过度使用多媒体设备会影响学生思维能力的培养，动手能力的提高，这与素质教育的要求是相悖的。

在人类知识不断演进和发展变化的时代，教师主体应具有从事与其社会角色相吻合的新理论、新思维、新观念、新知识、新个性、新技能和新方法，这是教师主体现代化的主要内容。例如，在传统教育中，教师具有本学科的理论和知识就基本上可以胜任其教学工作。现在则不然，要做到教有所为，学有所成，教师还要学习心理学、信息学、管理学等学科的基本知识和基本理论。另外，教师主体的现代化还充分体现教师人格的现代性、教学理念的现代性、知识内容的现代性、教育方法的现代性和价值理念的现代性等 5 个方面。课堂教学已经不仅仅是传授知识，而是传授、发展与创新人类经验、人类知识和人类文化的过程。

学校管理现代化就是运用现代化的手段进行学校管理，学校的校务管理、教务管理均可以用现代化手段来实现，教师的专业成长及学生的综合评价也可以用网络完成。这种方式具备高效便捷的特点。现代化教育所需要的现代新思维、新观念、新方法以及学科改革与创新实验的能力，必须依靠现代化来完成。具有不断适应教育发展变化所需的自我实现的意识和能力，具有运用现代教育新技术的能力。这些基本素质构成了管理主体现代化的主要内容和努力方向。

五、使用现代化的教育手段一定能增强教学效果

在进行教学活动设计时许多教师认为，一堂课如果使用了先进的教学手段，一定会有好的教学效果。其实不然，先进的教学手段和好的教学质量是不能画等号的。影响一节课教学质量、效果的因素是多方面的，如教师的教育观念、活动过程的设计、教育手段的运用等。先进的教育手段只是提高教学效果的辅助手段之一，而不是决定性因素。现代化的教育手段不是万能的，相反，一些程序化的东西反而会影响学生的思维，甚至学生不需要思考就显示出来的答案的做法往往会削弱学生的思维能力，教学工作者对此应该有正确的认识。

现代教育理论认为，学生主体在习得知识时，知识内化为能力的过程主要依靠学生自身的内驱力来推进。内驱力越强，学习效果越明显，知识内化的程度就愈高。学习活动也是认知活动，在认知过程中，学生主体主要依据已经习得的知识或经验，通过分析事物或现象的外部特征去预知或认识其内部变化及其内部联系，从而揭示事物或现象的本质特征及其规律性，形成新的知识结构。那种把学生主体视为被动知识接受者的看法是不科学的。

教育现代化的核心是人的现代化，而人的现代化的核心恰恰体现在人的现代性——即一种精神气质。现代专家罗伯特·贝拉指出："现代化不应该只被看做是一种政治或经济体系的

形式，而是一种精神现象或一种心态。”贝拉所指的精神现象或心态是指人的现代思维特色和心理素质，是人的现代化的基础。人的现代性主要表现为：见闻广、积极关注参与社会事务；鲜明的个人效能感；不受习俗束缚，有独立性和自主性；乐于接受新观念，思维活跃。马克思也指出：“人的素质就是人的本质、本性。”作为教育现代化的主体，如果教育主体缺乏人的现代性的种种气质，那么，他们就不可能自觉、自主地关注参与教育现代化的变革过程。作为管理主体，他们就难以驾驭教育现代化的发展大局，就会出现工作上的盲目性和摇摆性，素质教育落不到实处；作为教师主体，他们就会缺乏敢闯敢试的精神，教书不育人，继续扮演教书匠的角色；作为学生主体，他们就会志向不明，创新意识不强烈，求知内驱力不足，学习效率低。这些情况不利于党和国家教育方针、政策的落实，影响素质教育的推进，延缓教育现代化的发展速度，最终影响社会、经济的发展。

网络技术的飞速发展，主要通过互联网获得知识。因此，他们可以在家中、在社区、在汽车上、在旅馆里等一切可以上网的地方获取知识，甚至可以在网上考试、取得学历，似乎不必常去学校了。但学校不会消失，因为他们需要交流情感，需要培养能力，需要发展素质。所以他们还会来学校做做实验，交流交流学习体会，培养人与人之间的协作能力。

第二章　建设篇:云卷云舒云霓裳

现代信息技术的发展,为人们提供了先进的教学技术和丰富的学习资源。从而使人们对学习的意义、目标、内容、过程和方式的认识发生了越来越快、越来越大的变化。未来的社会是学习化的社会,未来社会中的人们必须终身不断地学习,而且必须学会自主地学习。以信息技术为支撑的先进的教学技术和丰富的学习资源构成的学习环境为自主学习和终身学习提供了实现技术和实现方法。研究"在信息化社会中的学校如何教学生学会学习"的问题就很有意义。创设"平等、民主、合作"的教育环境,让学生在没有任何畏惧心理的环境下参与学习,让学生在有足够大的自由度的情况下去学习自己感兴趣的、需要学习的知识,既是对教育规律的尊重,也是对学生人性的尊重。

第一节　数字化云校园建设概要

一、规范地架建好校园网

要规范地架建好校园网,必须做到"三先",即先规划再建网、先培训后建网、先建库后建网。教育教学资源库校园网络:指学校校园内部信息设备互相连接运行的局域网络,是由计算机、网络技术和应用软件等构成的,为学校管理和教育教学服务的集成应用系统,并可通过与广域网的连接而实现远距离住处交流和资源共享。如何规范架建校园网络,这是每一个现代化学校都必须面对的问题,有的学校花了大力气,架起了自己的校园网络,但却不能收到理想的效果,而且许多电脑都只是流于文字处理,网络也只是用于文件的传输,大大浪费了网络资源。而有的学校虽然耗费的资金不多,但由于充分利用起网络的优势,为学校管理和教育教学提供了最大的方便,网络在学校管理和教育教学中起到了举足轻重的作用。

1. 先规划后建网。规划胜于一切,没有好的规划,校园网建设"入倍出半"。在计算机技术和信息技术迅猛发展的今天,全国各地经济比较发达的地方绝大部分的中、小学都已经先后架建起了自己的校园网络或准备架建自己的校园网络,但真正能充分利用好校园网络的学校却并不多见,问题的根源就在于没有规划好如何架建校园网络。要规范地架建校园网络,必须清楚用户需要什么样的校园网络,用户需要校园网络来干什么?通常学校对校园网络的要求有以下几种:

(1) 最简单的校园网络:包括一个微机房、一个教师电脑办公室以及几台教师办公室使用的电脑。这样的配置基本可以应付日常的计算机课程和教师办公、校务管理。学校也可以使用校长管理系统、教师办公系统、学生成绩管理系统、人事档案管理系统、财务管理系统等几个独立的管理系统。

(2) 中档配置的校园网络:包括若干个微机房、一个网络服务中心、每个教室配备电脑一台、每个教师办公室配备教师办公电脑。这样的配置可以满足管理、办公、教学、辅助教学的大部分要求。学校可以使用校长办公系统、教师办公系统、学生成绩管理系统、人事档案管理系统、财务管理系统、医务所药物管理系统、教师学生就诊系统、教师备课系统、图书馆管理系统、多媒体教学资源库系统、校园网站等。

(3) 高档配置的校园网络:包括足够多的微机房,一个大型的网络服务中心,每个教室配备微机若干台(甚至学生人手一台微机),每个教师配备办公电脑,这样的配置可以实现所有的自动化校园管理和教育教学信息自动化。学校可以使用各种管理系统、电子图书馆、网上学校,实现真正的网上教学。要架建校园网络,还要知道用户需要校园网来干什么,这样才能根据自己的实际需要来架建适合自己的校园网络。利用校园网络至少可以做到学校管理自动化,例如:人事档案管理、教师办公、行政管理、学生学习、学生生活、校产管理、学生的成绩、评语、奖惩记录、身体发育的管理。如果配置允许,还可以实现校内无纸化办公、教师电子备课系统、教师辅助教学系统、校园网页、网上学校等。

所以要架建校园网络前必须先根据自己的需要规划好校园网络。另外,架建校园网还需要适应学校的长远发展规划,根据具体的情况采取统一的规划,分阶段实施,逐步到位的建网原则。必须认清形势,了解到学校日后的发展规模、学校的发展方向、学校的发展潜力,然后根据学校的这些情况,统一规划好校园网络的架设。切忌一窝蜂上马项目,应该循序渐进,规划好架建的先后顺序,再根据学校的需要,先上马什么,然后再增加些什么内容。而且在设备的购置清单中必须考虑到计算机的更新换代和对软件的要求等几个方面。先是硬件到位,然后再是软件跟进,使整个校园网的建设能有序进行,这样才会省钱省力。架建校园网的设备,除了考虑到日后的更新换代外,摆在首位的是学校的实际需要。根据学校的实际需要,确定计算机的主要配置,而且如何使用最佳的配置来实现最理想的要求且只花费最少的成本,这是架建每个校园网都必须考虑到的问题。这就必须要对学校的要求有一个大概的了解。

2. 先建库后建网。要建立校园管理系统,必须先要建立校园的档案库;要建立学生管理系统,必须先要建立学生档案库;要建立教师电子备课系统,必须先建立多媒体教学资源库。所以说,要建立校园网络,必须先建立好校园数据库。校园数据库包括很多很多的内容,但总的来说,都称之为教育教学资源。也就是要建立好校园网络,必须先建立起学校的教育教学资源库。教育教学资源库的内容包括:人事档案库、财务档案库、文件档案库、教学信息库、教育信息库、多媒体信息库等。人事档案库包括:教师档案库、职工档案库、学生档案库。教师档案库中包括了教师的一些基本个人资料、教师在学校的历任和现任职务、教师在学校期间的考核资料、教师在学校期间的奖惩情况等。学生档案库中包括学生的成绩、评语、奖惩、身体发育状况等。财务档案库包括:校产档案库、工资档案库、收支档案库。校产档案库中包括常规教学设备资料、电脑电教设备资料、图书资料、水电维修和木工资料、环境保护资料。文件档案库包括:政府下达文件库、学校下发文件库、学校各种获奖文献库、学校的各种计划和总结文件库。教学信息库包括:各学科教案库、各学科试题库、各学科升中/升大资料库、教学改革信息库、教学研究信息库。教案库中包括:各学科教师对每一节新授课、复习课的教案,以便日后教学总结及提高教学能力之用。试题库中包括:各种难度、各阶段的练习、测试、考查的试题,而且是每一题试题都已经经过分析并得出其难度的题目,以便从题库找出相应的题目组成一份试题。教育信息库包括:学生基本档案库(也就是学生的人事档案库)、后进生改变档案库、教师与学生谈话记录档案库、教育活动档案库。

二、教育网站群管理系统模式构建

教育网站群管理系统采用“教育局主站+学校子站”模式构建网站群,在一套站群产品中建立多个站点,各站点在形式上各自独立,逻辑上相互联系,各学校网站拥有自己的独立域名和存储空间,教育局主站可以对子站管理员进行创建和权限分配并可以对学校网站的信息进行统一整理。无论是主站还是子站,都可以独立使用其功能。系统构建的网站群在部署方式上可以实现网站群集群部署,为区域教育主管部门对学校网站的统一管理和区域教育门户网站与学校网站间数据通信提供解决方案。

1. 多级结构支持。支持多级门户网站群结构,站点级数不受限制,上下级站点有明确的从属关系,可以做到管理权限逐级授权。

2. 支持多种部署方式。具备静态页面生成功能,支持动静结合的部署方式,并可实现所有站点静态页面同时发布到一台或多台服务器上,或不同站点的静态页面发布到不同的服务器上。

3. 提供通用模板库的功能。提供强大的网站包库功能,并且库中的所有网站包是已经实施完成的完整网站(不仅仅是页面模版)且网站设计和栏目规划符合学校网站建设要求。

4. 网站管理方式简单快捷。建立网站和管理网站内容等所有功能都可以在平台中完成,且无须编写代码或安装第三方插件,适合非专业人士使用。

5. 提供站点复制功能。可以有选择地快速复制平台内某站点的栏目结构和模板,并能立即生成新的站点。

6. 各网站之间的信息关联与共享。平台中的任一网站的信息能有条件地自动发布到其他网站上,信息能够以推送或提取的方式实现多站点共享。

7. 所见即所得的页面编辑工具。支持文本、表格、图片、FLASH、视频文件、公式、附件的插入,编辑器操作简单灵活,并支持代码的浏览与编辑。

8. 具备完善的统计功能。能按照一定周期(年、月、日等)对站点的栏目进行浏览流量的统计,用户的信息发布、审核工作量等统计。针对部分统计数据可导出 EXCEL。

9. 提供高速全文检索。可在网站群内、指定网站内、栏目内高速信息检索,提供基于标题、关键字及全文的模糊查询功能,可实现多重组合多级检索。可检索到附件及 PDF 文件的内容。

第二节　数字化校园应用解决方案

一、方案介绍

数字化校园应用解决方案以校园网硬件基础设施为支撑,由统一管理平台及各个应用系统组成,包含教育教学中的校务管理、教务管理、德育管理、资源学习、校园网站等应用(图 2-1)。旨在为教育信息化、校园数字化服务,全面提供学校教育教学及管理智能化应用解决方案,通过它能简化教育教学管理,共享教育教学资源,提升教育教学质量,提高教育教学信息化应用水平，全面实现助学、助教、助管的数字化校园建设目标。其独特的统一管理平台让各应用模块可分可合，充分保证系统的可扩展性，满足信息化数字校园分期建设的要求。

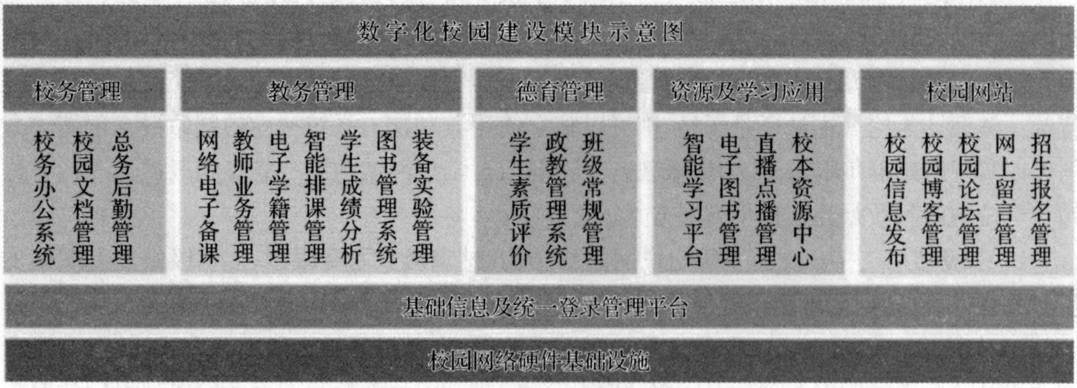

图 2－1　数字化校园建设模块示意图

二、方案优势

软件基于 B/S 构架，可独立安装、使用。只需安装在一台服务器上，其他计算机通过网络(内网或外网)即可访问和操作权限范围内的软件系统模块。系统中的每一个软件模块又可以作为独立的软件安装使用。

各软件间基础信息共享。用户通过统一管理平台进入权限范围内的模块。平台内所有模块的学校、学生、教师等基本信息实现了统一管理，便于数据的共享 。

融合助学、助教、助管于一体。通过统一的管理平台将学生的自主学习、教师的日常教学、领导者的管理结合到一起，实现一体化的数字校园应用解决方案(图 2－2)。

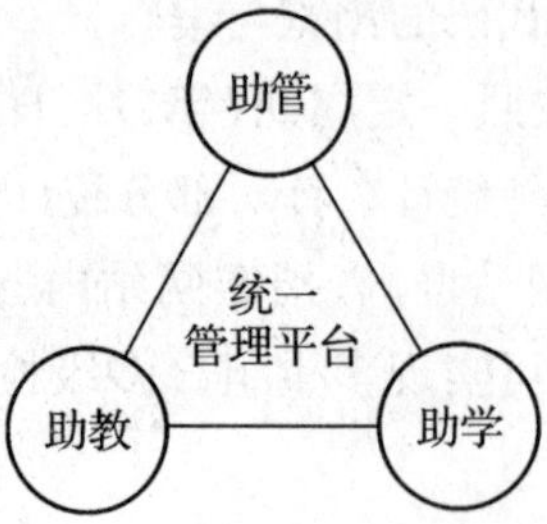

图 2－2　区域网络电子备课解决方案

三、系统概述

系统将教学准备、教学实施、备课检查等常规的各个教学环节有机地组织起来，形成定位到课堂的教案库、素材库、习题库，组建校本资源库，实现校内、校际间备课共享，备课相互评论。教研人员能随时检查教案、教学反思、教学进度，充分利用网络和教育教学现代化的设备提升区域内整体教育教学质量，促进区域教育均衡发展(图 2－3)。

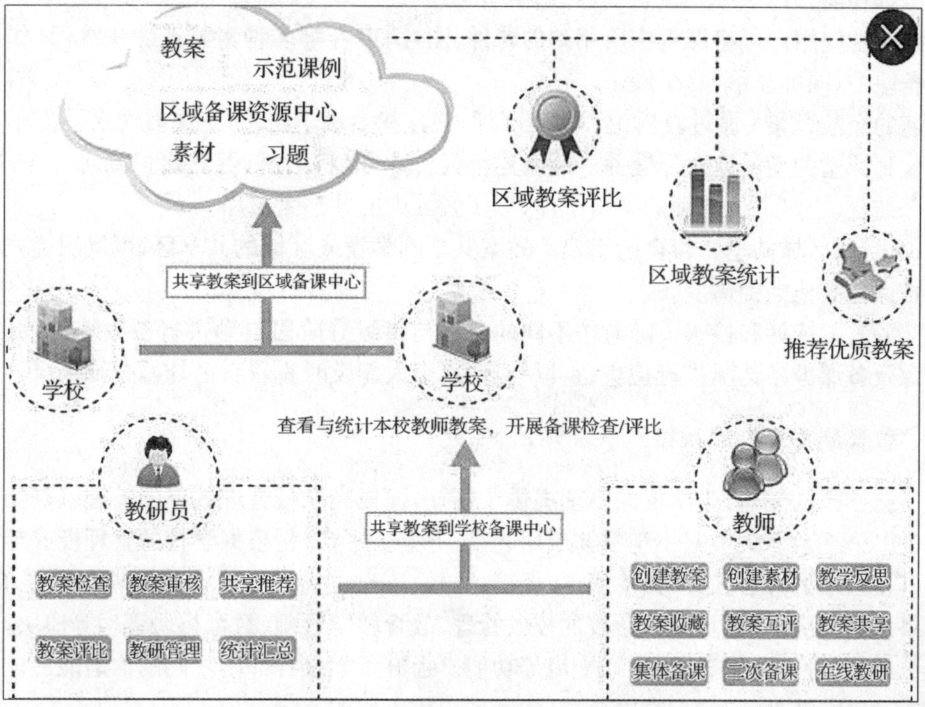

图 2－3　区域备课资源中心示意图

四、主要功能

学校教师的主要功能。根据自身所在年级与所教学科，创建定位到具体课时的教案，可设置在学校或区域内共享，并能将共享区的教案收藏，二次修改使用；按教材分析、教案设计、素材组织、习题设计、板书设计、教学反思等多个模块组织教案，教案模块可灵活设定，在教学过程中集中呈现，全屏显示；在学校与区域内查找公共素材资源，并可创建定位到课堂的个人素材库；对学校与区域共享备课进行评价，及时添加教学反思；按学期、科目、年级、时间等检索个人及共享区教案及素材。

学校教研员的主要功能。查询与查看本校所有老师的教案与教学评论，按人或课查看教学反思；按学科、年级、教师统计本校教案、素材及教学反思等；随时进行校内教案检查，对教案进行评价与打分；组织、管理本校共享优质教案与素材，上报本校优质备课至区域校际共享。

区域教研员的主要功能。按学科、年级、时间查看区域内所有学校与老师的教案及素材；组织、管理区域内优质教案与素材，并向学校推荐；查看所有学校的备课检查情况，定期督导学校教学工作开展；按学校、学科、年级、教师进行区域内备课、素材及教学反思等的统计；按人或课集中查阅所有老师的教学反思与备课互评情况。

五、功能特点

灵活设置备课模块。备课过程包括教学分析(即教学目标、重点难点、教学准备)、教案设计、素材组织、练习设计、板书设计、作业布置、教学反思等，可按实际教学需求灵活设置。

支持教案在线编辑。教案编辑实现 Word 在线编辑功能，支持公式编辑器和特殊符号的插入等全部功能。

融入课堂应用。可将课堂中所用到的课件、图片、声音等多种素材及课堂练习、作业布置集成到备课中，同屏显示、易于展示。

快速的经验积累。通过教后记和教案互评，快速积累教学经验，提高教学水平。

定位到课堂的素材库及习题库。能组建个人备课库，将素材、习题定位到每一个课时，与教案紧密结合，通过每位老师的素材添加，形成区域内的共享素材库。

名师设计、区域共享。将自己组建的教案共享到学校或区域的共享区，可组织优秀教师进行名师备课供其他老师借鉴。

便捷的教案统计和检查。随时按不同的科目与年级分阶段自动进行教案统计，可组织专人对备课及备课准备情况进行检查、点评与打分，个人能及时查看自己的检查结果。

六、教育局 OA 办公系统

数字化校园的创建，为学校的管理提供了便捷，而提高学校管理效率的关键就是要拥有一个实用的办公平台。大庆路小学目前应用的《校务办公平台》是根据学校的管理模式与华网公司联合开发出来的办公软件，具备简单、便捷、高效、安全的特点。本系统强调了信息的共享，加强网络协同办公的能力，结合学校的校务管理、教育教学管理、教育科研管理等模块，可实现日常办公提醒，进行网络会议、论坛交流等功能。提升了学校各部门之间的沟通能力。并可实现校园“无纸化、零电话”的高效办公，从而实现学校工作的有序可控。

首先是实现公文的管理。学校各部门之间按工作流程进行公文的发送、查阅、审批、流转，同时区分明文与暗文的不同类别，带有数字签名，保证了学校公文的安全性。同时学校的通知公告可以实现点对点、点对面的定向发送，发布者可以自动统计出已经阅读的情况及提交出来的反馈材料。

其次是方便地安排学校的各项工作。校长室可根据工作的进度安排以及学校的个人计划，方便地安排好各项工作。同时具备日历查询功能，输入相应的日期即可查阅工作计划。同时对物品报修、人员请假等也可以方便地进行管理。

再次办公系统实现了信息交流。在学校管理过程中，有许多地方是需要投票、聊天、论坛、公告等子模块，以方便各部门及工作人员之间的信息交流，本系统可实现个人对个人、个人对集体、集体对集体的交流。同时本系统还可实现个人辅助管理，设有通讯录、备忘录、常用网址等，可以方便个人进行使用。对于催办的事情有信号提示，使管理者不会忘记工作的安排。教育局 OA 办公系统是为配合教育局内部办公自动化的实施而研发的一套稳定、安全、灵活、实用的办公自动化管理系统。结构精明实用，功能模块灵活稳定，设计人性化、使用简单化且扩展性强。

该软件主要由系统内通知、教育信息的采集、局内工作计划、局内信息板、公文流转、个人备忘录和插件提示等模块构成，可实现教育局内部各科室之间以及教育局与下级直管单位之间信息的传送与反馈，并具有严格的权限。

1. 系统内通知。教育局内部之间以及教育局与下级直管单位之间进行通知的发送、查阅，及时统计反馈的信息，同时通知具有严格的发送权限，按权限进行通知的发送。

2. 教育信息的采集。各直管单位与学校将信息上报至教育局办公室，系统自动统计上报的信息，办公室可按上报信息进行归纳、整理并最终形成所需的有效信息，从而推荐到市级等报刊发表,并同时按上报信息的质量对相关直管单位给予相应的加分。

3. 局内工作计划。各处室的工作人员制定每月的工作计划,系统自动汇总到办公室人员处,由办公室人员进行查阅、整理,最后形成规模的总体计划,供每个人查看。

4. 局内信息板。可以点对点、点对多的形式进行通知的发送,不同的处室发送不同的信息公告。

5. 公文流转。教育局办公室或各级处室中具有公文流转权限的人员,可将公文发送到指定的人员,接收人员在回复的同时,可以将公文转发给其他的人员,亦可将公文作为自己的公文进行发送。

6. 个人备忘录。各工作部门每天都有大量的工作需要完成,对于尚未办理的工作,可以记录下来,以方便自己的查阅及提醒。

7. 插件提示。当收到新的待办事件时,系统自动弹出小的提示窗口显示待办信息,从而做到及时、高效的办公。

七、教育博客群管理系统

教育博客群管理系统能够实现日志、相册、群组于一体,分区域/学校、分学科进行展示与管理,达到教师知识的共享与交流,使网络博客成为教师课堂之外的教育教学工具,实现师生互动交流。

1. 自动生成博客群。按区县/学校、学科生成博客群。每个区县、学科都有独立的主页,显示本区县、学科的最新日志、相册、分类日志等内容,实现整个区域教育资源的知识共享与有效整合。

2. 独立的权限设置。每一个区县/学校、学科都有自己的管理员,细化管理权限,实现多部门分头管理。

3. 用户管理。用户可根据区县/学校分类进行注册,支持中文用户名;注册用户需要通过管理员审核才能发布日志;管理员可方便地进行用户的查询、修改、删除、审核等操作。

4. 个人空间管理。系统提供多套模板,用户可方便地制作出别具特色的空间;用户可修改个人资料、发布日志、上传课件、发表相片、创建圈子、发表留言、加为好友、申请博客之星、发表评论等;可管理日志、课件、相册、圈子、留言、评论等;用户可根据需要添加圈子模块,模块支持鼠标拖拽功能。

5. 内容管理。管理员可对所有用户发布的内容进行管理。包括日志管理、评论管理、相片管理、留言管理、课件管理、博客之星管理、圈子管理等。

6. 模板管理。管理员可添加、编辑、删除系统模板、学校模板、学科模板、用户模板,模板编辑支持可视化编辑和代码编辑。

7. 常规设置。管理员可进行发布网站公告、添加友情链接、查看系统操作日志、管理日志分类、课件分类、博客分类、上传文件、限制 IP 访问、过滤敏感字符等常规操作。

8. 热门话题管理。管理员可根据当前关注的焦点,设置热门日志为头条,显示在首页醒目位置,并可设置头条颜色。

9. 数据统计。管理员可按学校和学科统计查看用户的日志数、评论数和课件数。

八、教育综合评估管理系统

教育综合评估管理系统是对教育工作进行监督、检查、评估和指导的高效、实时、信息化的应用管理平台。系统分为两级结构，可从区(县)进行部署实施，上级管理单位可通过灵活的督导指标体系与检查部门、被检查单位的设置，监督与指导下级单位教育教学方方面面的内容，有效地督促指导下级单位完善内部管理、遵循教育规律、提高教育质量。

通过教育综合评估管理系统，对评估管理过程进行有效控制，提高评估检查效率，实现评估项目精细化、评估手段自动化、评估方式信息化、评估结果系统化和评估数据可视化，保证教育督导工作的公开、公平、公正。

1. 创建检查项目。管理员或是检查发布人可以新建检查。根据各地实际工作的相关教育督导文件以及教育教学管理要求创建督导检查项目，并设置每一项的具体说明；合理安排检查项目的具体检查部门与专家评委。

2. 检查管理。管理正在检查的学校提交资料、自评的时间、评估专家进行评价的时间、评估结果查看的时间，实现督导评估流程有序可控。

3. 评估模板管理。在新建检查与检查管理中，将检查存为模板。管理员与检查发布人对检查模板进行管理，可删除和查看模板。

4. 资料上传与学校自评。开启了资料上传的时间段，学校在对应的检查项目中上传相关资料，并可针对每一检查项添加自我评价。

5. 综合检查。评委根据所处的部门与组，检查对应的项目以及学校。查看每个项目中学校上传的资料，填写针对每个项目的评分和评价。

6. 资料查看。管理员、发布人、超级用户可查看所有学校上传的资料情况，并可按项目或学校进行查看。学校可查看本校上传的资料。

7. 评估结果查看与分析。根据每个检查的学校得分情况生成相关统计数据与表格。生成所有学校的成绩横向比较表，生成学校成绩排名，根据成绩统计生成统计图。

九、网络教研管理系统

教育信息技术的发展，为教研活动的开展提供了便利。而电子备课的出现，减轻了教师的重复劳动，也为教师的集体研讨提供了帮助。大庆路小学经过两年多的摸索，设计出能达到备课与研讨合二为一的教研平台，基于 WEB 架构，采用. NET 的技术开发，为教师高效率高质量地备课和教案的管理与共享提供网络教研应用平台，实现教、学、研的一体化。这个平台提供了专业、课程、部门、教师、教案、研讨等多种管理方式，采用结构化形式组织管理网络备课，把教案内容按学科进行划分，以知识点的方式表现出来，集中存放。其次还采用记录式的研讨过程，把研讨的过程性内容表达出来，便于教师专业水平的提高。

本系统可根据需要灵活创建个人和公共的教案目录结构，方便教师在教学中使用，个人教案目录由教师自己管理和使用。同时，教案采用简与详两种模式呈现，还可以把本课教学中涉及的教育资源加入到本课教案中，便于教师在课堂上使用。另外，教师还可以将自己的教案推荐到共享区供别人参考与评议，以此来建立学校的网上教案资源，同时也可以吸收借鉴共享区的其他优秀教案，快速地提高自己的课堂教学效果。

大庆路小学采用独立备课、分色批注、专家点评、择优使用的模式进行网络备课研讨活动。

首先,由个人根据教学的实际进行备课,然后将备课的初稿提交到网络之上,由同年级组同学科的其他教师用不同颜色进行批注,这些任务均在规定时间内完成,否则系统将自动关闭。接着,由专家对对应学科教师的教案进行点评,点评采用网络分色进行,指出存在的不足,提出改进意见。同时,教师互相之间也可以通过研讨模块进行在线研讨交流,系统记录在线研讨的过程性内容。最后,各任课教师再根据自己班级的实际选择适合的教学方式来完成教学工作。

这种模式可以集众家之长,最大限度地使用网络资源,提高备课的效率。同时本系统还提供在线检索、在线检查的功能。教师不仅可以根据自己的教学科目选择教案,还可以根据教案的名称、内容、创建者、创建时间等条件进行教案的检索。管理者可随时按不同的科目或年级分阶段自动进行教案统计,还可组织专人对全校的教案及课堂使用素材等情况进行检查、评述与打分,结果公布以后教师就可以及时看到自己的教案检查结果。

网络备课教研系统提供常用的备课模板、案例、工具和素材,配有 OFFICE 在线编辑器,可以在浏览器中方便地创建、编辑和打印;也可以对备课进行检查、审核、评比、统计等管理,并通过灵活的权限设置保证自己资料的安全性,应该说是一种实用的教研系统。

十、网上视频教研管理系统

网上视频教研管理系统集音频、视频和数据协同操作为一体,提供了电子白板、程序共享、屏幕共享、文件传输、文字聊天、视频分享等多种方式的数据共享功能,各学科教师可以在网上通过视频会议模式进行在线视频教研、教学研讨、资料共享和远程培训等活动。可自动点名、控制发言权限、角色切换、远程摄像头遥控等,并能够录制教研活动现场,保存教研的全过程,积累教研资源。

该系统全面满足教师网上教研活动的需要,提供快捷高效的沟通新途径,有效地降低了教研活动的成本,提高教研工作的效率。

1. 图像流畅、声音清晰稳定。可提供更清晰、流畅的图像和优质的声音效果,能适应各种复杂和波动的网络,使校际之间的远程教研活动趋于本地化,降低教研成本,保证了教研活动的效果和质量。

2. 模拟现场教研。系统完全模拟现场教研模式,支持多分屏和图像轮询功能,支持无限多路混音,可多人同时讲话,使老师之间的互动性更强,讨论更及时。可以使远程视频教学达到线下教学的效果。

3. 多种数据共享方式。支持电子白板、文档共享、屏幕共享、聊天、文件传输、视频分享等多种数据共享方式,可以将本地教研资料展现给参会者同步观看,也可将资料同步分发给所有参会人员,满足了教研活动中数据共享的需求。

4. 会议录制。系统具有灵活的录制权限,可录制会议全程或部分内容,将在线教研或视频教学录制后分发给其他没有参会的老师,实现会议快速共享,保证教研精神和成果有效传达。

十一、教科研评比活动管理系统

教科研评比活动管理系统是为方便区域教研主管部门对教科研评比活动管理而研发的网上应用平台。通过个人申报、单位审核、评委评分、结果公布等阶段控制实现学科整合、课件评比、教学能力大赛、课题管理、电脑制作、争先创优、优质课评比等教科研评比活动的有序开展。管理人员可以根据教科研评比工作开展的需要创建多次教科研评比活动,发布活动通知,进行申报表和评审报告的批量导出。

系统为教研主管部门对教科研评比活动的管理提供一体化的综合解决方案，提升教研活动的服务与管理水平。

1. 学科整合。通过信息技术与学科整合优质课评比活动促进信息技术、信息资源与学科教学有效结合，通过在各学科教学中有效地应用信息技术促进教学内容呈现方式、学生学习方式、教师教学方式和师生互动方式的变革。

2. 课件评比。提高现代教育技术运用水平，充分发挥教育技术在教育教学中的作用，推动多媒体课件的开发、使用和交流，提高教师的课件制作水平。

3. 教学能力大赛。通过教学能力评比活动提升教师教育教学能力，促进教师专业素养和能力发展。

4. 课题管理。课题管理模块为教研管理部门提供网上课题管理功能，加强课题研究工作的指导，进一步提升教师课题研究能力。

5. 电脑制作。通过开展教师电脑制作评比活动提高教师指导学生电脑制作的水平，普及信息技术知识，提高师生信息技术运用能力，激发创新精神，培养实践能力，推动中小学信息技术教育工作的发展。

6. 争先创优。为教育管理机构提供先进个人、组织的评选功能，在线完成申报、评审到汇总形成评审报告的全过程，有效地节省了人力、物力、财力，提高工作效率。

7. 优质课评比。为教师提供展示自我和相互学习的平台，开展优质课评比活动，推进课堂教学改革，促进教师业务水平与教学能力的提高。

十二、智能学习平台

智能学习平台将教师与学生应用高度整合，将课前、课中、课后紧密结合，通过教师教学、学生学习和家长辅导的综合应用，形成日常教学与终身教育相结合的应用管理模式。同时，可以形成有地方教学特色的教师教学资源库和学生学习资源库，打造以学生为中心的综合学习评测服务平台。

该平台可实现课堂辅助教学、课堂＋课后作业练习、师生交流以及课后辅导等功能。教师通过网络上反馈的统计信息快速地了解学生的答题情况和知识点的掌握情况，为下一步的教学调整和安排提供依据，也为学生提供了一种自主学习、自我检查的方式。

1. 课堂练习。教师可根据教学情况布置课堂练习，实时查看学生做题情况，了解各知识点掌握情况，针对掌握薄弱的知识点及时进行有效的解析和指导。

2. 家庭作业。可根据学生当堂知识点掌握情况、题目难易程度，设置基础组、提升组作业内容，分层次布置学生家庭作业。

3. 错题统计。教师可按知识点、章节、题型、难易度、错误分类了解所带班级的错题情况，并可通过查看各图表，直观地了解所带班级学生各知识点的掌握情况。

4. 学生自我学习。学生课前可查看任课教师推送的预习资源进行有针对性的预习，课后根据系统自动推送的薄弱环节试题进行练习，促进学生自主提升。

5. 错题管理。系统将学生的错题自动汇总形成个人错题集，记录该生历次错题情况，方便学生重复练习。

6. 区域题库资源共享。区域内多个学校部署使用学习评测平台，可通过简单的共享和收藏设置实现优质题库和试卷资源共享。

7. 多终端支持。平台支持台式电脑、PAD、手提电脑等多终端登录模式，尤其适合电子书包、平板电脑进课堂等项目的实施。

十三、电教设备管理系统

电教设备管理系统以区县、学校两级管理为基础，市(省)主管部门实现全市(省)电教设备使用状况实时查看。系统由区县电教设备主管部门定义设备分类、名称与存放功能室类型等基础公共信息，学校负责电教设备的录入与流通管理，以及学校采购订单的申请等，通过每件设备的唯一序列号记录设备录入时间、存放地点、使用状态等各种信息。系统采用B/S架构，各级电教主管部门可随时查看设备使用的各类统计报表，为电教设备管理工作的有效开展提供参考依据，充分发挥电教设备为提高教学质量服务的作用。

1. 数据统计报表灵活全面。系统能根据各级用户权限和需要汇总统计设备资金台账、设备库存、移动、报修、报损等各类数据，还可以根据设备分类和存放的功能室统计设备使用状况。

2. 多级化部署。系统除了支持学校和县区装备主管部门之间的交互外，还提供市级乃至省级数据报表查看功能，方便对全市(省)电教设备配备和使用状况实时查看。

3. 设备管理流程化。每件设备有唯一设备编号标识，便于管理和流通跟踪，设备报修逐级上报，按权限审批。

4. 设备流通批处理。设备入库操作简单，支持快速导入功能，设备的报修、报损、移动等支持批量处理。

5. 基础信息统一设置。设备分类、名称与存放功能室类型等基础公共信息由区县装备主管部门统一设置，学校共享使用，便于设备信息统计。

6. 角色功能清晰明了。各级领导、管理员、维修员、普通用户都有明确的权限，各司其职，互不干涉。

十四、教育资源库管理系统

教育资源库包括本地资源的建设、上传、管理，用户权限管理，资源下载管理，后台统计管理等，帮助教师方便快捷地上传与下载，有利于课堂教学、备课生成及其他教学管理活动。

资源按学科与年级进行分类，根据节点查阅与下载所需资源，同时可将资源上传到系统的指定目录下；每一位教师通过登录认证实现资源的浏览、检索、下载等功能，用户由系统管理员进行设置；可按创建的资源目录结构、资源的类型等方式方便地统计资源上传情况；具有用户下载日志、查阅用户的所有下载记录。

1. 资源查看与检索。在对应的目录下，可输入条件进行简单的检索。

2. 资源上传。用户可以将资源上传到对应的目录(单个文件上传)，管理员可以使用隐藏的导入功能进行文件夹的导入，并能导入文件夹中的子文件夹。

3. 资源结构的创建。可根据实际需求灵活创建目录。

4. 每位教师通过登录认证实现对资源的查看、下载以及上传等功能。

5. 资源下载。教师可将资源下载到本地电脑中。

6. 作为区域资源库，系统可添加学校管理员以及学校普通用户，学校管理员可对学校普通用户进行管理。

十五、校务办公管理系统

校务办公管理系统是致力于解决中小学信息化发展中遇到的管理问题。系统针对办公管理中的公文办理效率低、请示汇报等事务繁多、信息传输量大的特点，强调了信息共享和利用，提高网络协同办公的能力。校务办公系统采用了一端维护、两端同步、系统交互的架构方式，避免了繁琐的重复劳动，又能有效地保证数据的准确性与一致性，可实现日常办公提醒、网络会议、论坛交流等功能，提升学校各部门之间沟通的有效性，实现校园“无纸化，零电话”的高效率办公，帮助中小学实现工作有序可控。

1. 通知管理：可以进行点对点、点对多的定向通知发送，自动统计已阅情况及提交的反馈材料。

2. 公文管理：各部门之间按流程进行公文的发送、查阅、审批、流转，公文分明文和暗文，带有数字签章，保证资料的安全性。

3. 工作安排：根据工作的进度安排学校及个人的工作计划，具备日历查看功能，选择相应的日期即可查看该日或该周的工作计划。

4. 报修管理：通过报修管理及时上报设备、水电等故障，对报修及办理结果进行统计，加快报修的流程和效率。

5. 请假管理：在线填写请假时间、请假时长、审批人及请假事由，即可提交给部门负责人逐级审批。

6. 办公用品管理：该功能是本着勤俭节约和有利于工作的原则而开发的，可实现办公用品的入库、借出和归还等功能，规范办公用品的管理，节省费用开支。

7. 文件共享：将校园内的公用文档集中有序存放，方便各部门查看，便于管理。

8. 个人辅助管理：该模块是为适应个人办公的需要而开发的各种办公辅助工具，有通讯录、备忘录、常用网址、常用信息查询等功能，自由设置，轻松使用。

9. 信息交流：包含投票、聊天、论坛、新闻、公告等子模块，方便各部门及各工作人员之间的信息交流，可以是个人对个人(在线聊天)、个人对集体(发布新闻和公告)、集体对集体(在线论坛)等各种方式。

10. 客户端信息提示：当收到新的待办事件时，桌面将及时弹出待办信息，做到及时、高效率地办公。

十六、电子文档管理系统

随着教育现代化的不断推进，教育信息化已经应用到校园的各个角落。尤其是数字化校园的建立，更让教育现代化的成果得以充分体现。随着学校信息化的发展，学校会拥有大量的各种电子文档资料，这些文档资料由于存放零乱，分类不清，没有统一的管理标准，给文件检索带来非常大的不便，更存在交流困难、容易遗失、安全性差等问题。因此，学校急切需要一个实用的电子文档管理平台，这个平台操作方便、管理过程简单，对提高学校的文档归类、方便使用带来好处。

笔者根据多年的管理实践，结合学校现代化管理的需求，与华网公司联合开发设计出基于学校管理实际的档案平台。《校园电子档案管理系统》是采用.NET 技术开发的，基于 B/S 结构的WEB应用系统,可实现学校的电子文档中的各种资源文档集中、有序存放,并能实现分权管理及分权阅读。

1. 文档结构管理:系统采用树型目录文档结构,文档目录可根据需要任意建立、删除及位置顺序的调整。

2. 文档上传管理:用户可以在网络的任意一台计算机进行文档上传管理,只能上传到权限范围内的文档夹中,一次上传一个或多个文件,支持文件和文件夹批量导入到文档库中。

3. 文档检索管理:系统提供快速和详细分类两种检索方式,可对选定文档夹依文档的各种属性,如文档名称、描述、关键字、上传人、日期范围等进行检索、下载,只显示文档夹权限范围内的资料。

4. 在线浏览下载:用户无需下载文档即可直接浏览文档内容,文档可以是文本、声音、图片、影像资料等多种格式,也可便捷下载到本地进行浏览、修改。

5. 用户和组的管理:系统支持用户和组的管理,可对用户和组进行增、删、改等操作。

6. 文档权限管理:有严格的权限管理,权限定位到用户、组和具体目录,文档目录权限可设为只读、不可读、可写、删除、可管理等,保障文档管理的安全。

7. 文档空间管理:管理员可根据需要管理目录空间大小,每一个用户在建立时都会自动分配自已的空间,提高空间的利用率。

十七、教师业务管理系统

教师业务管理系统主要实现教师任课信息、个人信息、教师获奖、论文、进修培训、常规考核、工作总结、教学成果等综合信息的管理,提供学校教科研、课题管理、工作统计和测评,建立教师的工作档案,动态了解教师各方面的准确数据资料,为学校对人才的培养、使用和综合评估及职称评定提供准确依据。

学校端的数据可自动汇总到教育局中心端,方便教育局对整个辖区教师信息及业务状况进行全面、实时的动态掌握,为本辖区教师队伍建设发展提供科学的决策依据。

1. 综合查询。强大的筛选查询功能,可以查询教师档案相关信息,包括基本信息、学习经历、培训经历以及职务职称信息;查询课题研究情况,可根据所属单位、课题类别、课题名称、主持人、立项时间以及结项时间对课题信息进行综合查询,并支持导出相关的数据信息;查询所管辖的各个单位中教师已发表论文情况、论文获奖情况以及论著信息。

2. 教师档案。对教师基本信息、受教育情况、工作信息、职务职称、家庭成员、个人证书以及工龄、教龄信息做了统一的记录和管理,方便学校集中、统一管理教师各项信息,还可以通过教师姓名、所属部门、行政职务、职称对校内教师信息进行查询、筛选,方便定位、查看。

3. 获奖情况。获奖情况模块按照业务获奖和其他获奖,不同性质的获奖进行了分类集中管理。记录了获奖的名称、获奖类别、获奖项目、教师姓名、获奖级别、颁奖单位等获奖信息。

4. 课题研究管理。对学校教师每学期的课题研究情况进行综合管理,不仅记录了学校内教师课题开展情况,还可以上传教师课题研究资料,保存课题研究各阶段的相关资料。可以对多个课题的状态进行批量修改。

5. 论文论著信息管理。对教师发表论文论著的情况、获奖情况做了一个统一的系统管理。已发表论文信息记录了包括论文题目、作者、参与人、发表刊物、刊物级别、发表时间等信息项;获奖论文记录了包括论文题目、作者、参与人、奖项名称、获奖级别、获奖等第、获奖时间、颁奖单位等信息项;论著记录了包括论著题目、出版社、主编、合作者、发布时间、是否获奖等信息项。

6. 信息统计。强大的查询、汇总、统计功能,满足了各校查看统计本校教师总体情况以及上级部门查看各校现有教师水平的基本需求。汇总统计了教师基本信息,并多维度、多角度地管理和收集教师成长信息,区域也可以更快速、更便捷地了解和掌握各种教师的报表信息,满足区域基教工作的开展。包括多种报表,如工作情况一览表、班主任一览表、教职工信息统计、教师职称统计、职称年龄统计、教师学历统计、学科结构统计、学科学历统计、政治面貌统计、获奖信息统计、课题研究统计、论文论著统计。

十八、成绩分析管理系统

学生成绩的管理和分析是教学工作中的一项重要内容,面对一堆繁琐的数据,原有的手工统计越来越不适应校园信息化发展的需要。

成绩分析管理系统(B/S版)是一套能够满足广大中小学校成绩分析需求的管理软件,本软件主要由学生、教师、考试等基本信息设置和成绩的维护(录入)、查询、统计等模块组成。操作简单,使用方便,功能适用,保证成绩的统计分析质量。

系统支持批量导入学生成绩数据,减轻了成绩录入人员的工作量;以三维图表的形式呈现学生、教师、班级成绩的纵向和横向比较,直观、简洁、方便查看;对每个学生的成绩数据进行跟踪分析,教师、家长、学生都可以由此了解该生的成绩变化趋势,查漏补缺,提高学习成绩;教师还可以在线填写教师评语,生成和打印学生成绩单,听取家长的反馈意见。

1. 成绩录入:采用分布式的成绩录入,提供考场录入、班级录入和批量导入等多种方式,实现数据轻松入库。

2. 成绩查看:可通过用户登录及时查询学生考试分数及在班级和年级的排名情况,以及历次成绩变化趋势图表,系统提供的成绩标签可供下载打印。

3. 成绩统计:可按班级、年级、任课教师、学生等各种角色实现均分、低分率、及格率、优分率、班级名次、年级名次、分数段等多种方式进行在线统计。

4. 横向比较分析:系统提供班级之间和教师所授班级之间成绩的横向比较,自动生成成绩对比柱状图,便于了解教学中的差距,为及时调整教学策略提供了有效的参考。

5. 纵向比较分析:可针对学生及班级实现历年历次考试单科、总分成绩及名次的纵向曲线图,为及时动态地分析教师教学及学生学习情况提供了直观的分析依据。

6. 成绩报表:系统提供了强大的报表生成功能,学校教务部门可根据已录入好的学生成绩数据根据不同要求生成各种成绩数据报表,供导出下载与打印。

7. 成绩报告单:系统可根据学生期中、期末成绩等数据,以及老师、学生、家长的评语,自动生成标准的学期成绩报告单供查询和打印,无需进行人工计算和格式设置。

8. 权限管理:系统有严格的权限管理,可按实际需求灵活设置工作范围内的查询、修改、统计等权限,保障了成绩数据信息的安全。

十九、教师绩效考核管理系统

教师绩效考核工作不仅是教育人事制度改革的重要内容,也是学校管理的重要手段,考评结果与教师的奖惩、职称评定、工资待遇等紧密联系在一起。但现在学校普遍存在考核项目主客随意、考核方法落后、考核实施不力等问题,未能客观、科学、公平、公正地评价教师。因此,以一套合理的绩效考核方案调动教师工作积极性、规范学校管理体系势在必行。

系统汇聚了区域内各学校的考核指标,建立区域考核指标库,并预置多套模版。可制定不同的考核方案,分类进行考核。系统支持月考核、季度考核、学期考核和年终考核等多种考核方式,定性与定量考核相结合,能够满足学校的不同考核需求。

1. 三级部署,多角色管理。系统采用市、区(县)和学校三级部署模式,设置不同的角色权限,实现系统的分布管理和应用,使得各级用户的系统应用更具针对性、操作更容易。

2. 考核灵活多样。按学校实际使用需求对不同人员可制定不同的考核方案和考核指标,提供平时考核与阶段考核相结合的综合考核方式。

3. 指标紧密、细化。考核指标是绩效考核管理中考核细则和评分标准的依据,可创建符合本校特色的指标等级和考核细则,满足学校对于考核标准的细化的要求。

4. 考核过程灵活、可控。考核过程中,可根据学校需求对考核过程的各阶段进行灵活控制,保证考核各阶段的准确性和公正性。

5. 考核公平公正。考核细则量化,同一细则可有不同的考核人员。在考核整个过程中,始终将客观、公正、公平贯穿于考核工作的各环节。

6. 考核结果直观、明了。通过综合历次考核生成教师的最后得分表,并可分析教师历次考核结果和排名,使学校领导和教学人员都更加了解自身的优势与不足,使之能更好地进行工作反思,扬长避短。

二十、学生综合素质评价管理系统

学生综合素质评价管理系统采用.NET技术开发,基于WEB架构,是一款为学校在新课程改革背景下建立学生成长电子化手册的教育信息化应用软件。该系统管理和记录学生的综合素质评价,包括道德品质、公民素养、学习能力、交流与合作、运动与健康、审美与表现等方面。实现学生常规表现的记录与汇总,教师对学生和学生相互之间网上评价管理,可自动生成评价等级;每个学生有自己的帐号,可随时上传管理和查阅自己作品成果及成长资料,了解自身发展状况;教师及家长及时互动,跟踪学生成长过程,在线动态分析,引导学生健康发展。

1. 综合素质评价。学生、教师、家长都可以通过系统实现学生互评、家长评、教师评,多方位反映学生情况,提高学生素质评价的准确性。

2. 德育考评。教师可以及时反映学生的在校表现,录入对应的评论及评价缘由,同时进行德育加减分,教师、学校、家长就可以多方位快捷了解学生在学校的各种表现及每月、每学期的德育学分情况。

3. 成绩录入及评语设置。班主任可以方便快捷地导入学生各科的学期成绩,添加学生的学期评语,评价学生素质、德育表现,形成对学生的综合素质评价信息,使学校老师、家长更快更全面地了解学生每个学期的在校情况或动态。

4. 信息查询。学生、家长可以查询学生的学习成绩、素质评价、教师评语和综合评价,全面了解学生的在校德育、成绩学习和教师评价等各种信息,及时把握学生在校成长情况,方便针对问题指导。

二十一、智能排课管理系统

智能排课管理系统是一款专门用于中小学排课的 WEB 架构辅助办公软件。该软件操作简单、方便，只需设置相关的排课规则和限制条件，系统即可通过智能优化算法进行自动排课，再通过手工排课直接拖动教师或课程到指定的课表，自动提醒排课冲突，使课表的编排更加合理和人性化。系统按需求自动生成全校、年级、班级、教师、教研组、场地等各种课表，可以方便地在线实时查询、导出、打印，同时提供日常调课管理及相关信息的统计等功能，最大限度地减轻教务处的排课工作量。

1. 初始化方便。可通过导入模板一次性完成排课所需的基本信息与排课规则，大幅度减少工作量。也可用程序内置的排课信息及基本规则，快速完成排课的各项数据准备工作。

2. 授课设置清晰明了。可细致设置教师的授课信息，如学科、班级、课时、授课地点，操作便捷、易用。

3. 自动排课。通过内嵌的排课规则及优化的智能算法，能做到一键排课，排课结果符合学校实际教学情况。

4. 手动排课。手动排课(调课)可按班级、年级、教师进行，排课过程中可随时查看班级、教师已排状况。自动排课与手动排课可结合运行，使课表更科学化、人性化。

5. 课表打印。可进行学校总课表、年级课表、班级课表、教师课表、当日课表、场地课表等网上查询和打印。同时提供批量打印功能，减轻管理人员的劳动强度。

6. 课表历史记录查看。提供历年各类课表查询统计功能。

二十二、装备与实验教学管理系统

装备与实验教学管理系统是针对学校及上级主管部门对装备与实验的配置、使用、管理等实际使用需求而开发的应用管理系统。

本系统由学校应用端和装备管理中心端组成。学校应用端实现了对学校实验教学的预约、安排、管理及实验方案计划的制订以及对学校的各类装备的编目、流通、查询、统计、订购、报损、数据上报等功能。上级主管部门通过装备管理中心端在网上就可以实时了解所辖学校的各类装备配备、使用、订购、报损及各类统计报表的查阅等。

通过本系统的使用，可以充分发挥装备为一线教学服务的作用，做到装备管理规范、设备利用率高、统计报表便捷准确。同时有利于对本地装备应用水平的监督、指导及管理等，推动装备应用管理工作数字化和网络化的高效开展。

1. 实验管理。根据学校的实际需求制定学期实验计划，添加及管理实验方案，创建及管理各学科实验室，有效进行实验预约、实验安排以及实验管理等工作。

2. 流通管理。用户可以根据需求对学校的各类装备进行入库、借还、报损、维修等流通操作，可以实时了解学校各项教学资源的使用情况。对学校的低值易耗品进行添加、流通、销毁等操作，可以通过程序计算出各项易耗品的使用情况、消耗情况，以及仪器的维修和报废工作、数据上报上级中心等。

3. 统计报表。针对学校的报表信息，进行实验开出统计、实验使用统计、器材使用统计、分组实验开出率、演示实验开出率、仪器完好率以及仪器账目核算、易耗品账目核算。其中，帐目核算包括:总账、学科账、分类账、仪器账以及仪器详细流通账。

4. 采购管理。获得及查看装备配置标准、推荐产品信息、教师购买申请添加、学校自身购买物品查阅、订单管理及上报等功能。

5. 基本信息管理。管理学校基本信息、学期设置、教师基本信息、班级管理、节次管理、学科管理、仪器设备配置目录管理以及实验器材室管理。

二十三、教育综合评估管理系统

本系统用于教育局对学校的督导考评,也可用于学校对教师的考评。

1. 系统概述

教育督导评估管理系统是对教育督导工作进行监督、检查、评估和指导的高效、实时、信息化的应用管理平台,解决了督导检查中资料查找不便、资料存储量大、检查不便且统计复杂的问题。

系统分为两级结构,可从省、市、区(县)进行部署实施,上级管理单位可通过灵活的督导指标体系与检查部门,被检查单位的设置,监督与指导下级单位教育教学方方面面的内容,有效地督促指导下级单位完善内部管理,遵循教育规律,提高教育质量。

2. 系统框架

教育综合评估管理系统框架如图 2-4 所示。

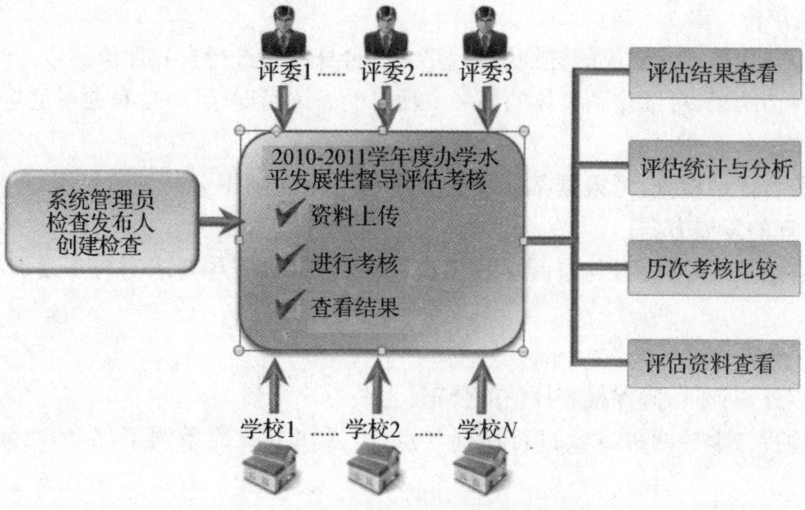

图 2-4　教育综合评估管理系统框架图

3. 系统特点

教育综合评估管理系统特点包括:

①不同角色具有不同权限,具体细化到具体的某一个项目的考评。

②不同用户检查所对应的项目及学校。

③针对具体项目所上传的公共资料进行检查。

④按项目或学校进行检查,操作简便。

⑤检查结果可细化到具体项目得分与失分情况。

⑥通过得分形成横向比较与纵向比较,并可图形展示(图 2-5)。

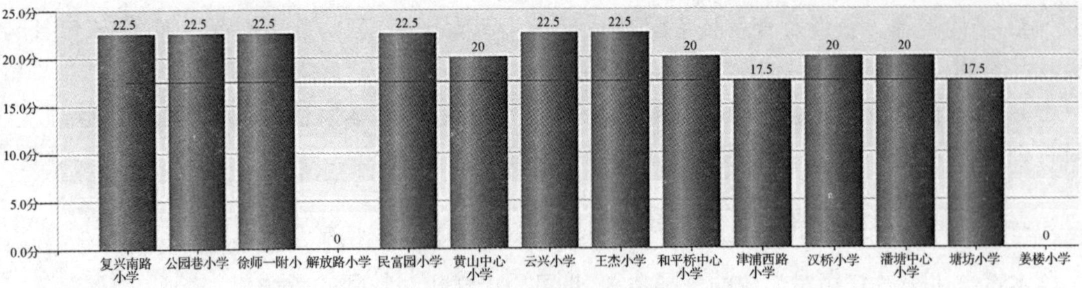

图 2－5　系统通过得分形成图形展示

4. 系统功能

(1) 检查发布人

①根据各地实际工作的相关的教育督导文件以及教育教学管理要求创建督导检查项目，并设置每一项的具体说明。

②合理安排检查项目的具体检查部门与专家评委。

③管理在检查中学校提交的资料、自评的时间、评估专家进行评价的时间、评估结果查看的时间，实现督导评估流程有序可控。

④对检查的资料、评估得分与评估分析进行管理。

(2) 下级单位

①根据检查项目提交对应的详细资料，并结合自身情况进行自我评价。

②查看评估结果，可细化到具体的某一个项目的考评情况，了解自身的不足与缺点以便更好地开展工作。

③对于综合评估检查，可根据某一项目查看自身历次的得分与评价情况，便于分析并总结，确定更合理的发展方向。

④在检查结束后，可查看与查阅学校历次督导资料，以督导要求对自身发展提供更好的依据。

(3) 评估专家

①实名点评与评价，确保检查评估的公正、公平。

②可按项目与学校两种方式进行检查与点评，操作方式简单明了，节约时间，提高工作效率。

(4) 机关领导

①查看下级单位的评估结果，细化到具体的项目得分与失分情况，了解其不足与缺点，为实现更有针对性的工作决策提供依据。

②通过每次检查评估中的横向比较，嘉奖发展快的单位，激励存在不足的单位，有效地督促指导本区域内教育教学质量全面提高。

第三节　数字化云校园建设规范标准

在数字化校园建设过程中，硬件是基础，软件是关键。数字化校园的硬件建设要与学校的发展相适应，要兼顾今后的长久发展，争取做到有长远规划，一次性投资。避免重复投资给学校带来的资源浪费。在数字化校园建设过程中,硬件系统的建设比较容易实施,不一定需要多么昂贵的设备,也不一定需要多么超前的需求。对于学校来说,功能的实现需要实用、稳定,具有一定的拓展性就可以满足日常的教育教学需求了,真正发挥这些设备的功能则可以减少硬件设施的投入,减少硬件资金投入可以让更多的学校有能力做这些基础建设。硬件建设主要围绕各系统基础环境建设、身份认证建设、安全体系建设等,各校可以根据自身特点建设符合本校特点与使用需求的硬件系统。

一、硬件设备的采购

数字化校园在进行硬件设备采购规划前,要充分调研学校对硬件设施的刚性需求,满足各功能教室及学校的使用需求。根据不同需求配置不同的设备,按照价格适中、兼顾发展的原则进行硬件配置,使其在充分满足学校需求的基础上留有一定的升级空间,为学校建设及发展提供有效的硬件保障。同时,对于可进行整合的公共资源进行有效调配,实现一机多用、一房多用,避免造成资源浪费。

伴随着计算机技术与信息技术的发展与结合,整个社会以惊人的速度跃入全新的网络信息化时代。网络技术是一个“更新换代”的发展过程,新技术的发展层出不穷,而其发展均以应用为最终目的。因此,以互联网为代表的新一代网络技术正渗入校园网的建设中。

1. 物联网走进校园网

物联网的英文名称是:Internet of Things,也称为 Web of Things。被视为互联网的应用扩展,应用创新是物联网的发展核心,以用户体验为核心的创新则是物联网发展的灵魂。其目的是实现物与物、物与人,即所有的物都与网络相连,便于识别、管理和控制。

物联网其本身也具有智能处理的能力,可以对物体实施智能化控制。物联网将传感器和智能处理有机结合,利用模式识别等各种技术扩充应用领域。从传感器获得的大量数据中分析和处理出有意义的信息,以适应不同用户的不同需要。目前,物联网多用于学校校园网的安防管理,并可建立基于校园网的信息管理平台。随着传感技术的不断发展,物联网在校园中的应用也将进一步深入。将物联网应用于教学和建设,为相关专业建立真正意义上的实训基地提供技术支持成为可能。

2. 三网融合应用于校园网

三网融合是指电信网、广播电视网、互联网的三大网络资源整合。目的是通过优化现有、综合利用网络资源、采用数字化连接、高速数据传输与交换、高度集成化业务、简化终端接口、智能化控制等方式改变现有信息网络,为用户提供数据、视频、语音等多媒体信息服务。

三网融合利用现有的电视设备进行改造,形成数字电视信息网,实现多应用、多业务功能。在此基础之上,电视网、电信网与互联网相互补充,实现基于“三网融合”技术的校园网由光纤通讯网、数字电视网升级的同轴电缆双向网络组成,即电视和广播采用数字技术与数字广播技术,把电视信号与广播信号转换为数据包,在区域网内进行广播,形成校内的广播与电视台网,学校内任何一个终端设备都可接收。

3. 无线局域网络及 3G 入驻校园

无线局域网络(Wireless Local Area Networks,WLAN)是相当便捷的数据传输系统,它利用射频技术,取代旧式的双绞线所构成的局域网络,使得无线局域网络能利用简单的架构让用户通过它达到“信息随身化”的境界。目前,无线网络已完成校园教学建筑及校园公共休息场所、教职工办公楼与电教网络中心的互联。

3G即三代移动通信技术,是支持高速信息传送的移动通信技术。三代移动通信技术的特征是可同时进行语音以及数据的传输,速度通常能达到几百千比特(每秒)以上。校园网可利用3G为基础进行建设,以3G网络作为主体,以WLAN网络覆盖方式对学校内热点地区进行补充,使无线校园网络具有高带宽和无线接入等优势。

二、构建网络平台

网络基础建设:学校将所有行政办公、功能教室等接入校园网络,根据需要适时扩充校园网网络终端,可在每个教室中布置至少两处网络终端,实现学校校园网有线网络全覆盖。

建设AP无线网络,对有线网络进行有效补充,同时满足移动用户在校园周边、运动场地等地点的网络需求,满足在任意时间、任意方式联机上网获取信息的需要,为用户的工作、学习、生活提供方便、快捷的校园网网络服务。

改善校园网与外网的互联互通,在现有校园城域网出口带宽100兆的基础上,增加一条100兆带宽的专用出口,实现校园网多出口、多链路的负载均衡机制,建成稳定可靠的校园网。

构建网络安全体系:根据学校网络运行的实际情况,增购网络流量监测与分析系统,建立校园网络安全体系,构建校园网络安全屏障,实现用户分级管理、网络监控、上网行为控制、网络异常报警等功能,保证校园网络的安全,保证关键数据、关键应用、关键部门的安全,实现校园网络及其应用系统安全高效的运行。

1. 构建服务器集群和存储系统

网络中心是学校网络的核心部位,学校网络中心建设要做到切合实际,因校而异,确保效益最大化、建设规范化、管理科学化、使用人性化。机房必须具备防尘、防潮、防雷、抗静电、阻燃、绝缘、隔热、降噪音等物理环境,防盗设施齐全,应避开强磁场的干扰,选择设在建筑物的中间层,方便管理和布线,避免设在最高层、地下室和用水设备下层。

网络中心机房包括主机房和辅助房。主机房是存放各类服务器、网络设备、机柜等重要设备的专用房间;辅助房用于存放UPS电源、维护工具等设备,辅助房根据实际情况可与主机房合并使用。根据学校规模和实际应用需求确定网络中心机房大小,主机房原则上面积不小于20 m^2,层高不低于2.8 m,能满足现有各类设备的存放要求,并为今后的发展预留可扩展的空间。网络中心一般采用双回路供电(照明、空调等通用设备由供电公司供电,服务器等专用设备经UPS后供电,所有线路分相独立走线)。UPS作为中心机房建设的基本设备,各校应采购其为机房提供稳定、持续的供电,并在断电情况下保障机房一定的供电时间。UPS容量应是总用电功率的1.5倍,在线备用时间应大于2 h。机房采用独立接入的三相五线制或单相三线制电源。有条件的学校可为中心机房配备独立的发电机。

网络中心机房的服务器应至少满足学校各种应用所需的计算能力和承载空间,应用需求应占服务器最大负载的40%以内。中心机房采用机柜方式统一管理,网络设备、服务器、配线架等设备统一安装到机柜里面。机柜应整齐排放,机柜与墙体的距离不小于0.6 m,方便管理和维护。中心机房应至少采用可网管快速以太网交换机,能满足整个校园网的数据交换,设备的日常负载应保持在其最大负载能力的20%~40%之间。作为校园网的总出口的路由器,其路由转发能力满足学校各种应用所需的带宽要求,设备的日常负载应保持在其最大负载能力的10%~30%之间。该设备也可由三层交换机或防火墙代替。中心机房可采用硬件或软件防火墙,配置防火墙的原则是根据网络规模、实际并发连接和流量选择设备的类型。

中心机房的实际数据使用空间应保持在总存储空间的50%以内,重要的数据应采用实时备份,有条件的学校可采用高速、大容量设备实现集中存储。有条件的学校还可配置入侵防护系统,入侵防护系统必须与防火墙保持联动,形成一个防护体系。中心机房必须具有可控制本区域用户上网行为的管理系统,该系统可以采用本地或远程(区域统一平台)的方式,实现网络行为监测、记录、控制等功能。校园网络服务器及存储设备,配置服务器、磁盘阵列,为数据存储中心提供存储空间,保证存储容量达到20TB。

2. 建设满足教学需要的终端

随着信息网络的迅速发展和教学理念的转变,“电子书包”在教育信息化的浪潮中应运而生。现在被教育界广泛关注的“电子书包”并非横空出世,1999年世界上第一台应用在课堂教学的多媒体无线电子簿步入了新加坡德明中学一年级的课堂,十年过后,“电子书包”又再度兴起并备受关注。到目前为止,虽然“电子书包”的概念没有界定,但有一点业内已达成共识——“电子书包”不是单纯地把教材装进移动终端,而是新的教育理念和教学模式加网络环境的应用。“电子书包”在第一个十年的发展中,除了存在技术和价格上的困难之外,没有建立起综合的网络支撑平台、优质的教学资源、教育观念指导等,成为其一直无法推广的原因。

学术界普遍认为一个完整的“电子书包”应该包括4个方面:第一是硬件,学生移动终端。它既是一个具有读写功能的书包,又是一个移动的即时交流工具。第二是与终端无缝连接的网络支撑平台。这是一个基础的、综合的工程,它能提供学习的数字资源和管理平台,同时也是师生、生生交流的平台。第三是丰富的数字化资源。要有大量的优质教育教学资源提供给学生,实现优质教育资源的共享。同时还要有一支优秀的课程资源建设的队伍,对教育资源进行筛选,确保资源的优质性。第四是数字出版业的支持。教材永远是教与学的核心,数字化的教学需要电子化的教材,所以“电子书包”的施行需要数字出版业的跟进。

作为未来的学习工具,“电子书包”最核心的服务功能应是围绕电子课本展开学习活动,仅靠单一的终端产品是无法发挥出“电子书包”应有的潜能。对学生而言,“电子书包”应具备互动学具和学习服务的功能。互动学具有两种,一是将传统物理性的学习工具以数字化、虚拟化的形式呈现,例如电子词典、虚拟直尺等;另一种则是结合认知科学和学习理论的研究成果而设计的用以支持学习活动优化的新兴工具,例如概念图工具、群件工具等。相对于前者,后者可能是今后学具发展的重点。“电子书包”所具备的学习服务旨在提高学生的学习效率,例如学习记录、进度管理、评价服务、信息过滤、网络安全防护等。对于教师而言,应有数字化的备课工具和授课工具。无论教师的备课还是学生的学习,都还有一个关键要素——数字化内容资源。

“电子书包”是一个系统,不是几个要素的简单拼凑。它是一个产业,需要政府的组织推动,需要凝聚各界共识来协力运作。通过创新理念,整合资源,打造产品,树立品牌,打通硬件、平台、软件产业链,使产品和服务真正深入人心。这样,由移动终端、网络平台、学生、教师所构成的新型教学系统出现了,如何使“师—生”互动、“生—机”互动、“生—机—生”互动、“师—机—生”互动,在课前、课中、课后协调有效,将是未来教育的重点研究方向。

智慧桌面作为学生合作学习、创新发展的新终端。智慧桌面可分为教师端、小组合作学习端和学生端。教师端主要功能:教学设计、互动课堂、电子作业、反思学习、用户管理、在线资源和时间管理。学生端主要功能:互动课堂、电子作业、反思学习、自主学习(错题本、自主测试)、用户管理、在线资源和时间管理。

智慧桌面所构建的课堂模式：教师通过网络进行备课，在课堂中学生通过动手实践实现互动式学习、小组合作学习。课中通过教学互动、小组合作学习（贴图）、分发文件、学生示范、讨论等形式，提高学生合作学习的效率。

3.“未来教室”的建设与应用

“未来教室”硬件系统组成主要有触摸黑板及触摸课桌、班级资源中心、网络录播系统、监控系统等 4 个主要模块（图 2－6）。

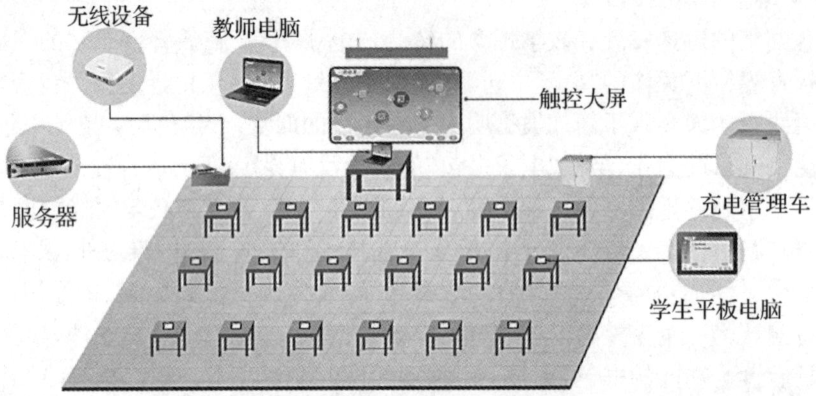

图 2－6 “未来教室”的建设与应用示意图

电子触摸黑板及课桌：在“未来教室”集成系统中，黑板采用了目前技术先进的液晶电视加触摸屏技术，取代了传统的电视、电子白板加投影仪的多媒体解决方案，使未来教室力求布局简洁、美观，而功能实用、够用。电子触摸课桌整合了最新的触摸屏、中控技术、人体工学、多媒体和网络技术。因为教材资源的电子化，可以省去学生背着沉重的书包，达到减负的效果，多种信息资源，多种教学途径，为素质教育改革提供最有力的基础。各种作业的完成，各种课本的节约，只要一个 U 盘就可以实现，轻松完成信息化学习。

完整的班级资源中心：“未来教室”通过资源子系统访问到校园资源中心、教育城域网区县级资源中心、教育城域网市级资源中心、互联网资源，并利用各项多媒体及网络设备，如电子触摸课桌、班级网络存储、交互式电子白板、实物展台、电脑终端等，为教师与学生提供方便快捷的多媒体教学与学习环境。教育资源平台里有海量的视频、音频、文本等教育教学资源提供给老师、学生学习参考。

网络录播系统模块：网络录播系统是通过“未来教室”建立多媒体录播室，把课堂中的优秀教师授课内容以视频形式录制下来，放在网络上作为本地教育资源，供其他的教师或学生在线观看学习。教师可以通过远程评课系统对录播的优秀课程进行在线交流、评价，提高教师的教学水平。通过录播系统将名师课程录制下来，放到教育网上，建设适应本地需求的网络教育资源，让广大师生共享“名师”优质教育资源，增强校际之间的教学经验交流，从而带动教育整体质量的提高。

课堂监测控制系统：监控系统模块是一套融合普通校园监控与现代教学管理的新系统，系统采用先进的信号传输方式、高质量的图像处理技术和完善的安全保障措施，可以对教师授课情况以及校园每个角落进行实时监控，并将监控视频存储到校园资源中心，同时上传至教育城域网各级资源中心。可实现教学现场实时观摩、考场实时监控、教学评估等功能，进一步增强学校现代化教学和管理质量。

4. 数字化校园管理软件建设

通过共享数据中心平台,可以对来自各部门的信息资源进行汇集、分发、管理、利用。包括:①在共享库的基础上尽可能扩展数据的集成范围,形成大而全的数据中心,作为全校数据统计分析、智能决策支持的权威数据库;②数据库尽可能集成到数据中心运行,特别是学校的核心应用,如教务、学工、人事、科研、办公等应用系统的数据库;③对于需独立运行的应用系统,通过数据交换与共享服务平台来实现数据的集成与共享,如学校的财务、图书馆管理等应用系统通过数据交换的方式实现数据的共享;④制定规范的数据变更流程,按谁产生、谁维护、谁负责的原则管理权威数据源。数据中心和各业务系统共同构成一个学校完整的数字化校园信息平台系统,数据中心实现数据在各业务系统间的共享;共享数据和各业务系统数据在一起,支持面向最终用户的查询、统计、分析、报表和打印。

统一身份认证平台建设:建立统一的身份认证中心,实现单点登录,一个帐号和密码,一次认证即可访问所授权的所有信息系统。包括:①建立统一的集中身份库即统一身份数据中心,对数字化校园信息系统所有用户提供集中和统一管理,同时根据各个业务应用系统的认证方式的不同提供各种灵活的认证机制;②在数字化校园信息系统集中身份库的基础上,通过身份管理技术实现身份库与各个现有业务应用系统(门户、教学、教务等系统)用户身份信息在满足数字化校园信息系统内部业务流程的规则前提下,实现用户信息的自动同步处理等功能;③在数字化校园信息系统集中身份库基础上,提供基于单点登录,使得用户只需要通过一次身份认证过程就可以访问具有相应权限的所有资源。通过统一身份认证的建设,将为数字化校园信息系统的建设,特别是数字化校园信息系统安全控制与管理打下良好的基础。

统一信息门户平台建设:建设统一信息门户平台,将各种应用系统、数据资源和互联网资源集成到一个信息管理平台之上,把分立系统的不同功能有效地组织起来,为各类用户提供一个统一的信息服务入口,并提供可配置性的功能,提供 WEB 网站页面风格、布局、内容等方面的定制工具,通过友好交互的界面,把门户建设成为一个对所有“校园人”都有用、易用、常用、爱用的信息服务窗口,让校领导、教职员工、学生可以方便地获取到与个人工作、管理、学习、生活、娱乐等相关的信息服务。统一信息门户平台建设重点解决以下几方面的问题:①符合师生使用习惯的高效、可靠的平台。②提供符合通用标准的、可持续升级的框架。③提供各种 WEB 应用系统与门户系统集成的手段,用于完成对不同应用系统的界面集成。④提供安全的凭证登录手段,用于实现对外部系统和内部无法改造系统的访问时的单点登录。⑤提供满足用户个性化使用需求的界面自定义功能。⑥提供门户应用开发框架、工具支持,解决学校一些非系统级应用的快速实现要求。

教育资源管理平台建设:信息和教育教学资源建设是教育信息化的核心,资源共享是信息技术教学的最基本特征之一。数字化校园在教育教学资源库建设方面要从各专业特点出发,紧贴学校建设及发展需求,结合学校实际建设与教育发展相匹配的教育教学资源库。

实现教学和管理的网络化,为信息共享加速。积极推进校园网建设,为教室、办公室配备计算机、投影仪、打印机等相关的设备,并及时对多媒体教室进行设备更新;将国际互联网引入到校园中,方便师生网上获取知识,有效地扩展了课堂教学的空间和知识含量;校园网的建成为学校的网络办公提供了施展空间,师生互动、专业教学资源库等功能发挥,使学校的教育教学变得快捷、便利和丰富多彩。

提升教师的信息化水平，是实现数字化校园与专业建设整合的根本。教师是数字化校园的创造者和长期使用者，同时也是专业建设的发展者；教师的信息化水平决定了数字化校园的建设水平和使用效率，教师的信息化水平发展也必将促进专业建设的发展。所以，在抓紧数字化校园基础设施建设的同时，加强全体教师信息技术的培训，倡导和鼓励广大教师利用信息技术手段，积极探索、创新教学方法，实现信息技术与专业建设的整合至关重要。学校要根据实际情况，每学期组织教师进行计算机基础培训、计算机多媒体知识与课件制作技术培训，满足各专业教师信息技术发展需求；配合学校统一部署，把信息技术运用能力纳入教师工作考评内容，制定相应规章制度，鼓励教师积极开展信息技术教育工作。

5. 数字化校园大数据构建

数据交换平台实现各个应用系统之间的数据交换与共享，包括各应用之间数据交换规则的定制、数据发送和数据接收。数据交换平台作为各应用系统之间的数据中转站，建立各应用之间的请求、应答、订阅、发布模式，完成数据共享、交换功能。同时要求数据交换平台提供交换数据规范。

大数据是什么？自从互联网进入 WEB 2.0 时代以来，网络应用产生了巨大的变化，人们不仅单方面获取信息，同时也在创造信息，例如人们通过即时通信和社交网络媒体分享兴趣爱好、讨论策划活动，物联网和移动互联网则能感知用户的包括地理位置、行为轨迹等数据，而电子商务提供商可以通过浏览、询价、对比等数据来判断买家喜好。互联网保留了网络用户发布的大量文本、多媒体内容和行为数据，使得服务提供者们通过挖掘分析，从凌乱纷繁的数据背后能够找到更符合用户兴趣和习惯的产品和服务，并使得对产品和服务进行针对性的调整和优化成为可能。“大数据”因此进入业界的视野，其概念指的是所涉及的规模和范围超越传统工具和技术手段的能力、不能在合理时间处理并辅助决策的数据，以及在此基础上衍生的技术和应用。大数据的特征可用 5 个“V”来描述：数量庞大(Volume)、种类繁多(Variety)、高速产生 (Velocity)、真实准确(Veracity) 和价值巨大(Value)。与传统数据处理的概念不同，大数据强调数据的全面性、半结构化和准结构化等非结构化数据以及非直接的数据内容是大数据的重要组成部分；大数据是伴随着用户行为自然产生的，并非因为需要调查而产生。大数据技术所面对的问题重点并不在于收集和掌握的数据信息有多么巨大，而在于如何对这些数据进行专业化处理，寻找出问题并提供解决的方法。

校园大数据是在信息化校园建设与运行基础上不断发展起来的，基本上经历了数据积累阶段、数据展示与利用阶段和数据分析与决策阶段，最终实现有效服务于学校和师生用户。

数据积累阶段：在信息化校园建设取得初步成果的当前阶段，业务部门完成了基本的业务信息化，能用信息系统来辅助业务的处理、提高工作效率，让业务部门意识到信息化对提高业务效率的重要性。由于信息系统的使用和共享数据库的建立，各种业务数据、网络数据和资源数据被保存下来，形成了一定的历史信息集合。尽管业务部门和信息化部门还不完全清楚如何能更好地利用这些数据改进流程和提升业务水平，但数据的巨大价值和重要性却已深入人心。

数据展示与利用阶段：在信息化效率提升的条件下，学校的业务部门对数据分析和利用产生了迫切的需求，以期提升业务管理水平。学校的教学和科研部门的需求往往最迫切，数据的整合、梳理、展示和利用是这个阶段的主要特征。通过数据集成和整合，形成历史数据仓库，建立以服务为目标的数据集市和主题数据库，以此形成数据展示平台。通过简便易用的数据集成和数据展示分析利用工具，有助于业务部门脱离自身单方面业务数据的局限，并跳出相对专业的技术壁垒,立足于全校数据的宏观层面开展工作。

数据分析与决策阶段:数据分析、决策是大数据利用的高级阶段。校园信息资源和数据种类、数量极大丰富,从业务数据到网络数据,从师生日常的学习、工作到生活数据等无所不有。对大数据的分析是对不同数据维度的量化和相关性研究。在这个阶段,业务部门深刻体会数据带来的成效,业务的发展则催生了业务部门对数据的依赖,数据作为核心资产和资源深入人心,人们无法离开数据单独进行决策,数据处理与分析技术得到广泛应用并成熟发展。

大数据技术是指从各种各样类型的巨量数据中,快速获得有价值信息的技术。解决大数据问题的核心是大数据技术。目前所说的"大数据"不仅指数据本身的规模,也包括采集数据的工具、平台和数据分析系统。大数据研发目的是发展大数据技术并将其应用到相关领域,通过解决巨量数据处理问题促进其突破性发展。因此,大数据时代带来的挑战不仅体现在如何处理巨量数据从中获取有价值的信息,也体现在如何加强大数据技术研发,抢占时代发展的前沿。校园大数据是在信息化校园建设与运行基础上不断发展起来的,基本上经历了数据积累阶段、数据展示与利用阶段和数据分析与决策阶段,最终实现有效服务于学校和师生用户。

三、管理人员的培训

1. 网络管理人员培训

党的十七大报告中明确要求:"大力发展文化产业,繁荣文化市场,增强国际竞争力。运用高新技术创新文化生产方式,培育新的文化业态,加快构建传播快捷、覆盖广泛的文化传播体系。加强网络文化建设。"要完成这一光荣而艰巨的历史使命,需要成千上万的高技术人才。网管,就是在新时代高起点上兴起的一支新的文化产业大军,重视和加强网管队伍建设,是"推进文化创新,增强文化发展活力,解放和发展文化生产力"的重要内容。

(1) 网络管理员的定义和社会意义

简单地说,就是计算机网络管理员,是从事计算机网络安全管理和系统维护的专业技术人员。据不完全统计,我国目前在各行各业的职业网管已达百万之众。如在新闻出版、银行金融、科研机构等行业工作的网管就分别有 10 万人左右。

与某些花拳绣腿者迥异,网管靠默默无闻,靠勤学苦练,靠真才实学,脚踏实地工作在网络管理岗位上,不断满足飞速发展的经济建设和人们日益增长的物质文化需求,为"建设健康上网环境,打造和谐网络文化",为文化创新、科技进步和社会发展,为精神文明建设作出了不可磨灭的贡献。特别是在繁荣与增强我国文化产业的国际竞争力,构建传播快捷、覆盖广泛的文化传播体系,培育新的文化业态,加强网络文化建设,完成时代赋予的历史使命等方面,发挥着举足轻重,甚至是不可替代的作用。我们应当高度重视和充分肯定网管,网管是我国网络文化建设的中坚力量。

(2) 网络管理员的职业特点

网络管理员的工作范围仅限于有计算机网络的工作环境。科研机构、政府部门、学校、部队、技术单位、保密机关、企业等等,凡是对计算机局域网(城域网、公网、内网、互联网)等网络有直接使用和构成依赖关系的单位或部门,都有网管。网管的职业特点主要表现为:第一,他们可以从事但又不是专门的程序编制人员。第二,他们必须立足于某一局域网并为其服务。第三,他们以局域网络的建立和维护为主要职责,而局域网络的建立又往往是在配合职业编程人员的状态下进行的,随着编程机构为各行各业编制的"网络解决方案"的日臻完善,这种配合将越来越间接。最终，网管将变成仅限于对现成“网络”的解读和利用，网管只解决网络与设备、网络与使用者之间的问题。而网络所使用的“局域网”内部的核心问题，一般将由当初编制它的专业程序员来完成。第四，他们是网络领域的弄潮儿，置身丰富多彩、泥沙俱下的网络世界而独善其身，高度专业的科学技术表象内，却充分体现着丰富而深刻的社会学意义。冷漠而单纯的技术操作，体现着热情而饱满的人文精神。第五，就网管群体的普遍意义而言，他们具有聪明的头脑和整体完美的人格。

(3) 网络管理员的分类

网管有专职和兼职之分。兼职又分为单位内网管兼任其他业务和一个网管从事几个网络的管理两种。根据任务不同，网管可分为网络总管和网络技术员。网络总管多为专职，一般技术较为全面过硬。而网络技术员一般来说技术水平相对较弱，他们往往还兼任其他任务。

用人单位可以根据自己的网络规模确定使用网管的类型、人数。一般来说，小型网络只聘用网络技术员，遇有特殊需要临时聘请网络总管维护。中、大型“网络”则网络总管和技术员两类都需要。

网管，还可分为有执业资格和无执业资格两类。他们应当是按照国家相关法规或部门、行业的有关制度要求，进行过专业训练和培训，并获得从业资格的人员。笔者认为，随着国家相关法规的逐步完善，网管技术规程的逐步规范，未经培训且考试不合格的网络管理人员，用人单位应当拒绝使用。

(4) 网络管理员的主要技术职责

①负责网络系统的科学构建和及时维护。

②负责网络系统的技术安全、使用安全与硬件安全，防止黑客破坏和不良侵袭。

③实时调整程序参数和系统升级，确保系统稳定、功能有效。

④承担网络系统的技术保障、功能优化和网络增值等任务，负责与 ISP 供应商进行网络技术协调。

⑤负责与上游机构、友邻单位、合作部门进行技术连接与协调。

⑥负责向网络使用人员介绍与教授本网络系统的特点与操作方法，传授关于网络、计算机等方面的知识。

⑦贯彻国家法律、法规对网络系统提出的技术要求和专业规范，做好监控软件和防火墙、上网记录等事项的安装、使用、备份与维护。

⑧做好相关设备安全及防火、防盗、防潮等工作，确保不丢失，不因设备安装、使用与管理不当而损坏。

⑨完成领导交办的其他任务。

(5) 网络管理员的人文精神

从现实的角度看，有些网络对网管的技术要求不是太高，不要求其具有能够从事编程等更高的技术水平。但在实际工作中，网管技术水平的高低、职业操守的优劣、工作经验的多少、人文精神的品位、技术运用的出发点及责任心的强弱，对网络安全和效能的发挥影响极大。我们常常看到，一个硬件设施和网络环境比较优越的系统，因为没有好的网管而制约其效能的发挥，甚至长期处于瘫痪状态。所以，随着网络环境的不断优化以及需求的不断提高，对网管的要求也越来越高，这就不可避免地要提升网管的层次。网管必须是品德、技术、身体等素质都较高的人员，同时必须也是用人单位特别信任的人员。

网管不仅要懂网络技术，还要会传授计算机和网络知识、传授操作技巧，要具备传道授业的本领,尤其需要高品位的人文精神。这些精神主要包括:尊重技术,精益求精;诚实守信,尽职尽责;关心单位,热爱顾客;磊落做人,踏实做事;具有“建设健康上网环境,打造和谐网络文化”的光荣感,以及推进文化创新,增强文化发展活力,解放和发展文化生产力,繁荣与增强我国文化产业的国际竞争力,构建传播快捷、覆盖广泛的文化传播体系,培育新的文化业态,加强网络文化建设的使命感。能够自觉地把技术创新、技术运用的出发点和归宿与推动行业进步、提高网民素质紧密结合起来,而不是仅仅为了某一单位、部门或集团的局部及眼前利益。

2. 普通教师的培训

在发展现代教育技术的任务中,培训师资队伍是前提。目前,大量的教学媒体被闲置,表面上看是由于软件不够,而事实上,主要是由于现代教育技术的运用对教师提出了更高的要求。许多教师之所以不支持教育技术的运用,是害怕和逃避新的挑战。因此,发展现代教育技术,必须首先重视教师的培训,必须把建设一支具有强烈的运用现代教育技术意识、先进的教育理论和熟练的操作技能的教师队伍作为发展现代教育技术的首要任务。教育需要在教育观念、教学手段、教学内容等多方面进行改革,现代教育技术为变革教育教学方式,提高教学效果提供了可靠的理论基础与实践手段。在教学过程中运用现代教育技术来优化教学过程,提高教学质量和效率的前提是教师必须掌握教育技术的理论、手段、方法和技巧,教师必须充分认识到学习现代教育技术的重要意义,必须掌握现代教育技术,以完成信息时代赋予教师的使命。

(1) 培训教师队伍首先要统一认识

在小学教育教学中,是否需要运用现代教育技术以及如何运用现代教育技术,首先有一个认识问题。只有真正认识到:现代教育技术的进步与利用在促进传统教育向现代教育转变中,在全面贯彻国家的教育方针和实施素质教育中发挥着极其重要的作用,才可能在小学教育、教学中积极创造条件,全面运用现代教育技术。在培训教师运用现代教育技术的实践中,笔者认为主要有以下三个认识要统一。在运用现代教育技术的所有因素中,人是关键因素。当提到现代教育技术先进,人们常常会与一些现代化的设备马上联系在一起。应该说,现代化的设备在运用现代教育技术时是十分重要的一个因素,但绝不是关键的和决定性的因素,决定性的因素是人,是教师,而并非设备。

回顾计算机应用于教育和教学的历程,我们可以十分清晰地看到:在20世纪80年代末,由于学校电脑少,因此,主要矛盾在于硬件缺乏,没有足够的硬件提供给教师学习现代教育技术和在课堂教学中使用。到90年代初,学校购买了计算机,待许多现代教育设备硬件问题得到缓解后,主要矛盾转变为缺乏在各科教学中的应用性软件。而在近几年中,已经出现了一些优秀的教学软件和优秀的计算机操作平台,这时又出现了两种情况:一是部分教师难以运用这些优秀的教学软件;二是部分教师用这些计算机操作平台为应试教育服务。前者的原因是学校的各科教师没有使用计算机的意识,或者是计算机应用水平比较低。而后者的原因是没有端正的现代化的教育思想。通过实践使我们充分地认识到:在运用现代教育技术的所有因素中,教师是关键因素。提高各科教师的现代教育技术的意识和应用水平已成为最为紧迫的问题。在学校教育改革的过程中(包括推广计算机教育的过程),无论把师资培训工作看得多么重要都不过分。把师资培训工作作为重中之重来抓,不遗余力地开展好这项工作,以确保学校教师能充分地运用现代教育技术,使其成为学校领导和教师牢固的观念。

使教师牢固地树立终身教育思想是培训教师运用现代教育技术的根本。教师是现代教育技术运用中的关键性因素,教师角色的改变或教师素质的提高,是现代教育技术发挥应有作用的重要条件。从实践看,高素质的教师能积极推广和发现现代教育技术,而低素质的教师是现代教育技术推广和发展的最大障碍因素。有些教师表面上认为,运用现代教育技术的条件不成熟,如缺少计算机、辅助教学软件不够、使用起来麻烦等等。而事实是,现代教育技术的应用对教师的素质提出了新的要求,部分教师之所以不支持现代教育技术的运用,实质上是害怕和逃避新的挑战。应该使学校领导和教师通过学习、讨论,举行各种观点的报告会、专家讲座等,逐步认识到:“教育者必须先受教育”。我们必须树立终身教育的思想,要活到老,学到老。对日渐普及的教育技术的发展,教师不能充耳不闻,作壁上观,害怕和逃避都无济于事,主动地迎接挑战才是我们的出路。

(2) 在教师终身教育思想逐步确立后,主要应抓好以下几方面的学习:

首先是更新观念,树立锐意改革的决心。现代教育技术在学校教育和教学领域中的应用,既是教学改革的需要,又是教学改革的内容,同时也应该成为教学改革的动力。如果学校的教师不转变“应试教育”的观念,缺乏锐意改革的思想和决心,缺乏艰苦奋斗、迎难而上的创造精神,是不可能真正投身到现代教育的应用中去的。经过实践,笔者认为:当前转变观念首先要转变教师的角色和转变学生的地位,使教师从“灌输者”的角色变换为学生学习的指导者、学生活动的合作者的角色;使学生由接受灌输的被动地位转化为主动参与、发现、探索的主体地位。

其次是要调整和改进自身的知识结构和能力结构。就知识结构而言,一方面要学习和掌握现代教育技术的有关知识,如掌握现代信息技术的一些基础知识,会操作计算机、投影等媒体工具,会使用电子音像教材(计算机软件、录像带等)进行辅助教学;另一方面要学习和掌握现代教育思想和学习理论,就能力结构而言,要通过学习不断提高对各种影响教育的客观条件(如教学内容、教学环境等)进行教育加工的能力,对教育的组织领导能力。

在运用现代教育技术时,我们的教师不但需要专业修养、教学法的知识、教育心理学的理论,而且更为重要的是终身教育思想的确立和真正具有教育科研的意识与不断创新的精神。

再次创立学校的“计算机文化”是培训教师运用现代教育技术的重要目标。

学校计算机的广泛应用,必将对教师在学校的各种教育行为产生广泛和深刻的影响。最能体现学校“计算机文化”的知识结构和能力素质,是与“教育、教学信息的获取、分析和加工”有关的基础知识和实际能力,其中教育、教学信息的获取包括信息的发现、信息采集与信息优选,学校所有的教师应能从光盘上去采集和优选教育信息;教育、教学信息分析,包括信息分类、信息综合、信息查错与信息评价。学校的教师应能对自己储存在电脑中的教育信息进行分类整理、综合和评价;教育、教学信息加工则包括信息的排序和检索、信息的组织与表达、信息的存储与变换以及信息的控制与舆论等。学校所有教师都应该能利用网络进行教育、教学信息的检索。这种与教育、教学信息的获取、分析、加工的有关知识的多少和能力的强弱,既是学校“计算机文化”水平高低和素质优劣的具体体现,又是信息社会对学校合格教师培养和培训所提出的最基本要求。

(3) 培训教师队伍必须落实具体可行的操作方法

在运用现代教育技术时,思想认识的统一是极其重要的,但仅有观念的正确是远远不够的,还必须制定和落实切实可行的操作方法,用以培训教师运用教育技术。

①在培训程序上:宜采用渐进式培训方式。小学教师一般比较重视教学技能的提高,而轻视教育理论学习和教育课题研究,往往认为直接教育学生是自己的事,而研究是专家的事。同时教师之间存在着阅历、学业基础、思想观念上的诸多差距,如果一开始就要求每一位教师都能主动阅读教育理论书籍、人人掌握现代教育技术、个个开展课题研究是不现实的,也容易使

学习流于形式,甚至引起教师的反感。我们对学校教师队伍进行了分析,针对实际情况采用了渐进式的培训模式,取得了较好的效果。

开展每月文摘学习活动时,我们不是简单地布置任务,而是根据教师的接受能力渐渐提高要求,先要求教师每月完成1 000字的文摘,自愿写300～500字的体会,并自己录入电脑。等教师适应这种学习方式后,再将要求提高到除每月完成1 000～1 500字的文摘外必须写300～500字的体会,一学期后撰写教学体会和论文的要求就提高到1 000字。就这样,使教师从摘录别人的观点为主渐渐过渡到写自己的想法为主,提高学习的有效性。

学校教师的计算机培训历经了部分教师带头学、全体教师参与学、不同水平分层学三个不同阶段。学校先鼓励青年教师带头学,由于年轻人接受能力强,很快就掌握了这一新技术。然后,学校就向全体教师提出学习计算机的要求,在电脑学习上组成新的"互助组",由青年教师帮助老教师学习,并制定考核办法。经过一年多的培训,学校所有的教师都能熟练地进行文字的编辑排版和打印,并能熟练地运用Windows和PowerPoint软件。在此基础上,不少教师对计算机的学习又提出了更高的要求。这时采用分层次培训的方式,分成三个电脑学习小组,学校每位教师可根据年龄、兴趣和接受能力自由选择一个小组参加计算机学习活动,分层培训使不同水平的教师在原有基础上均有了提高,深化了学校计算机培训的成果。

②在培训方式上:宜采用学用结合培训方式。要使培训活动坚持下去,就应为教师们提供运用所学知识的机会,以激发教师进一步学习的积极性。学校要求每位教师必须每月录入1 000～1 500字的文摘,排版并打印出来;要求教师利用计算机来进行成绩处理;鼓励教师用计算机备课、用计算机设计和打印练习题等;引导和鼓励教师尤其是年轻教师进行计算机辅助教学的尝试和探索,还定期组织青年教师进行汉字录入、投影片制作、计算机辅助教学软件设计等比赛,进一步提高教师的计算机操作技能。通过以上这些措施,教师们常常感到学习计算机不仅可以学到知识,而且还大大提高了工作效率,从中看到了计算机的优越性,增强了学习和使用计算机的兴趣和热情,形成了良性循环。

为了养成积累资料的好习惯,学校要求教师每月写文摘和体会,并汇集成册,让教师们传阅;还组织观点报告会,鼓励教师开展课题研究,使教师感受到学习理论的重要性,形成理论学习与教学实践之间的良性循环。

③在培训内容上:宜采用课题研究的培训方式。教师们花大量时间去阅读教育理论书籍、学习计算机应用知识、参加观点报告会,其最终目的还是为了提高教学效率,深化教学改革。而其中开展课题研究是将所学知识有效地用于教学实践的最好办法。因此,学校将课题研究作为一种重要的师资培训形式,并采取措施落实这项工作,制定了《学校教育科研课题管理办法》《学校教师论文交流、发表、获奖奖励条例》,激发教师开展课题研究、总结教学经验的积极性。

对职前教育:适当增加普及计算机基础知识的内容;在教学法课中,增加计算机辅助教育的单元,学习计算机辅助教育的基本模式并接触一部分软件;新开有关如何选择和创造性地使用软件,包括如何使用教育评估软件的课程;新开如何使用信息网络进行查询、分类以及与学生在网上展开个别交流有关的课程。

对职后教育:职后教师培训现代教育技术的主要内容有三个方面,即计算机意识、知识、技术与态度;学科教育理论与学科最新发展;多媒体技术和教育心理学的理论和实践。第一方面主要解决教师操作计算机的问题,使教师能够熟练地使用计算机,真正把计算机当做自己备课、授课、组织学生活动的工具;第二方面主要是加强教师的学科修养,并且帮助教师更进一步地把握学科教育的目的和本质;第三方面主要解决如何用现代教育手段更好地达到教学目的的理论问题。要特别指出的是,运用现代教育技术中的师资培训,绝不只是计算机操作技能培训,更不是组织大多数教师去学习计算机语言,开发计算机软件,而是指立足于在掌握现代教育和现代多媒体教育技术的基础上的应用,要突出教育教学软件和平台的创造性应用,而不是突出编程开发。现在还存在许多学校要求大多数教师学程序设计,用来开发教学软件,这也曾经是我们走过的弯路,愿同行们在我们的教训中获得启示。

第四节　大庆路小学数字化校园建设方案

为了更好地巩固教育现代化的创建成果,全面推进素质教育,提高学校的办学效益,根据上级主管部门的相关要求及学校的实际情况,制订以下实施方案。

一、组织领导

学校成立数字化校园创建与信息技术应用工作领导小组,负责数字化校园的指导工作,学校主要领导担任组长。下设工作小组,由电教中心的主任任组长。

组　长:邱健筠

副组长:刘苏敏

成　员:黄祖军　李　萍　孙述红　刘海勤

孙月梁　赵　雯　刘　园　周海燕

二、基础环境建设

学校按要求完成校园广播网、校园闭路电视系统(或网络视频系统)及校园电视台的建设工作,完成学校校园网,并宽带接入教育城域网,信息点覆盖学校所有教育、教学及生活场所,百兆带宽到桌面,有独立的网络中心。学校建有多媒体制作室、多媒体电子教室,每班都拥有一套多媒体教学设备。

学校有计算机网络教室和电子阅览室,规模达到相关要求。学校建设有符合省市统一标准的、具有一定开放性、扩展性并能彰显个性的数字化校园管理平台,实现教学、科研、管理及服务的信息化。完善图书管理、实验管理、计算机教室管理、教师专业成长、学生综合评价、绩效考核、教学管理、电子档案等管理软件。

学校加强个性化资源建设,整合优质资源,构建开放性的校本资源库(含读书、测评、案例、课件、试题、教学素材等)。实现四级公共服务平台的通联。

三、教育教学应用

学校推行个性化的教师电子备课及网络教研,能处理相关教育资源,实现信息技术与学科教学的有机整合,教师能有效利用多媒体进行教学。教师充分应用信息技术成果,积极参加各种竞赛,学校中青年教师有教育博客、个人主页及资源。

学生在教师指导下积极利用网络环境开展自主学习、合作学习、探究学习,建设班级博客、学生博客,学生普遍具有较强的在网络环境下进行学习的能力。使网络真正成为学生交流思想、增进感情、发展友谊、展示作品的互动平台。学生及家长可以通过网络查询学生的情况,积极参加各级教育行政部门组织的与信息技术相关的竞赛并获奖。

学校将信息技术与研究性学习、综合实践活动紧密结合,组织学生参加网络环境下的学习,课余时间学校信息化设施向学生开放。学校在推进信息技术应用方面成果突出。发挥示范辐射作用,积极带动周边学校信息技术应用水平的提高,共同促进教育信息化发展,相关论文在市级及以上报纸杂志、教育网站上发表,或在同级竞赛中获奖。学校至少有一个市级及以上现代教育技术方面的教科研课题。运用信息技术手段,进行教育教学改革,开展信息技术科研,促进学校教育教学、教育管理水平的提高,并有随研究进度而更新的课题网站。

学校建有内容丰富、构架合理、服务教育教学、展示师生风采的学校网站。有专人负责维护更新,并积极参加市级及以上的网站大赛评比;每个学科组或年级组有教师管理的主页;每个班级(小学五年级以上)有学生管理的主页。使网站成为师生之间、教师之间、生生之间互动的平台和学校对外交流的窗口。学校将信息技术应用于教学。能制作专题网站、建立网络虚拟学习社区,进行网上作业、网上讨论、网上测试等网上互动活动,能利用"同步课程"等优质教学资源,开展远程教学实验。

学校建设视频会议系统,能实时转播录制课堂教学,并实现网络化的研讨(参照微格教室配置)。

四、学校管理应用

基于城域网的数字化校园管理应用平台能将教师人事管理和学生管理、教务管理、图书管理、课题管理、实验管理等各管理系统相对集成,有通用的数据格式和数据交换标准,实现教育教学、教育科研、后勤服务管理的数字化。

在教师管理和学生管理方面,建立学校完备的教师专业成长系统和学生综合评价系统。对教师的学历、职称、进修及考核获奖等情况进行管理,对学生的综合素质及平时表现等进行管理。

在课题管理方面,对学校科研课题的申报、过程研究、中期评估、结题等工作实行数字化管理。在实验管理方面,实现学校实验仪器的购置、入库、入橱、台账及使用管理等功能,并能实现演示实验和学生分组实验的项目管理。在档案管理方面,初步实现对学校文件档案进行归档、流通、拆档、注销、销毁、权限设置、查询等功能。

完善学校的立体安全管控体系,实现外围的周界报警、中间的视频监控、内层的红外报警体系,实现校园安全的最优化。

五、保障工作措施

制定学校信息化发展规划,并在学校年度(学期)工作计划中,对信息化工作提出具体要求。加强领导,建立以校长牵头、分管校长具体负责、相关部门参与的学校信息化工作领导小组,并定期召开会议,商讨落实学校信息化工作。校长确立以信息化手段促进学校内涵提升的教育理念和管理理念,带头利用信息化手段开展教学和实施管理。

设立教育技术中心,统筹全校信息化建设,有明确的职责规范,能正常开展工作。配备齐全相关的教师。教师要按教育行政部门的要求通过"教育技术能力"培训考核,学校要组织青年教师参加信息技术校本培训,信息技术专任教师及网络管理员要定期参加县级以上专业技能培训,以适应信息技术发展的需要。

学校安排专项经费保证信息化工作的正常开展。安排年度预算时,信息技术的软件和硬件投入及维护费用占学校装备经费的30%以上。学校健全信息化设施使用、管理、维护的各项规章制度，建立有利于加快信息化发展，提高师生信息素养的激励评估机制。

学校重视校园网络管理工作，加强对师生进行系统安全、网络安全、信息安全的教育，明确网络管理人员的职责、权限，对网络定期检查维护，确保网络安全畅通。

第五节　海宁小学智慧校园建设方案

随着网络和信息技术的普及以及国家教育信息化建设的大背景，以计算机网络为基础，以信息和知识资源的共享为手段，强调合作、分享、传承精神的网络化、数字化、智能化有机结合的新型教育、学习和研究的教育环境建设显得尤为重要。

真正的智慧校园应该是利用信息技术以及科学规范的管理对校园内的教学、科研和管理有关的所有信息资源进行整合、集成和全面的数字化，构成统一的用户管理、统一的资源管理和统一的权限控制。通过组织和业务流程再造能够推动学校进行制度创新、管理创新，最终实现教育信息化、决策科学化和管理规范化。

一、建设目标

为提高教育质量、提升教育信息化应用水平而进行的数字校园平台建设，为学校提供一个集各类教育、教学、学习、教研、管理与服务等于一体的数字化平台，能够对信息资源和网络管理技术人员进行合理的配置，提升决策管理层次。

在门户建设方面，搭建学校网络化信息发布平台。在管理应用方面，实现全校教育状态实时监测与管理、行政办公自动化，为管理部门提供决策依据。在教研应用方面，提供支撑学科内容互动的教研与培训工具，以及具有引领性的信息技术与课程整合优质案例资源。在资源建设方面，能够实现全校优质教学资源动态整合与共享，为校外优质资源进入提供开放平台，为师生尽可能提供教学资源与教学工具的支持。

二、建设原则

智慧校园应用平台建设要从全局出发，对项目的各个层次、要素进行统筹考虑。

1. 统筹规划、分步实施。数字化校园应用平台是一项复杂的系统工程，涉及教育系统的方方面面，必须从数字化校园建设的需要出发，统筹规划，合理分工，分步实施，正确把握建设方向，确保各个方面协调发展，形成整体效益和整体优势，防止重复建设，避免资源浪费。

2. 统一平台、互联互通。要建设符合国家标准规范的、全校统一的管理平台，建好门户网站群，实现平台统一、标准统一、用户管理统一以及信息资源的分布式储存和检索统一，实现全校范围内的互联互通，以减少技术屏障，克服“信息孤岛”现象的发生。

3. 共建共享、应用为重。就是要建立并逐步完善全校教育信息资源，建设共建共享激励机制，保障信息资源建设工作持续、高效地向前发展。既要避免重复开发，又要鼓励多样化创新；既要充分利用在教育教学过程中形成的优质教育资源，也要积极发挥其他机构、市场在应用研究、软件开发、技术创新、应用推广等方面的积极作用，促进优势互补和互通有无。要把有效应用作为出发点和终极目标，建立鼓励应用的机制，调动全校师生和公众用户应用信息资源的积极性，以建设促应用，以应用促发展。

4. 统一标准、保障安全。标准规范是数字校园平台建设的重要前提，建设应在统一应用开发标准和数据交换接口标准的前提下,在统一的网络平台下,实现各业务系统的互联互通、数据共享。

在系统建设和应用过程中,要按照国家网络与信息安全的要求,采取相应措施,建立有效的安全保障体系和规范的安全管理体系,保护个人隐私和信息安全。

三、技术指标

智慧校园应用平台在建设的过程中应充分结合学校的自身特点,重点体现平台建设的系统性、实用性、可扩展性、经济性,以及技术上的先进性、成熟性和安全性。在平台的维护过程中整合管理、细化维护,使信息中心的维护人员能够从繁杂的日常维护工作中解脱出来,从而可以对平台进行更系统化的监控和管理。同时,还应满足以下条件:

平台的统一性:平台所有应用采用统一的、面向服务的体系架构,支持分布式、全局式应用扩展。集成 OA 办公系统及相关资源,实现单点登录、统一管理。

平台的规范与标准性:具有统一的资源及信息存储与传输的标准,资源及信息的格式、描述和包装须按照国家相关建设规范与标准执行,保障教育资源与信息的共享与交换。具有标准化系统接口和数据格式。

平台的开放性:基于目前先进的开发技术和标准开放,具备跨平台运行支持能力,可以运行在多种硬件平台和操作系统平台上。

平台的易用性:页面布局合理,功能操作简便,系统结构清晰。浏览普通页面响应时间不大于 3 s。

平台的高并发性:平台单向信息浏览支持 10 万用户同时在线,可根据需要进行平台内各个集群扩展,从而提高并发性能扩展,并能根据系统的用户量增加服务器进行负载均衡,具有良好的可伸缩性。

平台的高存储性:系统应支持不低于 5 T 的业务数据存储、1 T 的数据库数据存储以及 40 T的文件数据存储。

平台的安全性:系统部署环境建立在网络防火墙内,采用登录密码 MD5 加密,网站防止 SQL 注入漏洞,使用验证码技术,支持 CA 认证,采用数据备份机制、数据恢复机制。具备全面的内容审查和监控措施,确保网络安全、访问安全和数据安全,符合国家信息系统安全等级保护的二级要求。

平台的稳定性:系统无故障时间应达到 MTBF 大于 10 000 h,可用率达到 99.9%。确保基础平台稳定可靠地运行。软件的缺陷应小于 0.2%、故障率应小于 0.5%、系统连续运行平均寿命大于 5 年。

平台的可扩展性:支持现有环境下用户并发量、存储量等平滑扩展和硬件随需扩展需求,在未来信息量、用户量不断扩大的情况下,系统能够同步扩展增长。

平台的可移植性、可重用性:具有较强的可移植性、可重用性,保证在将来发展中迅速采用最新出现的技术,适应硬件系统升级以后的平台,并长期保持系统的先进。

平台的兼容性:与互联网、移动通信网、卫星通信网互联互通,满足不同用户在多种网络环境实时接入。兼容多种终端,如 PC、机顶盒、手机等;兼容多种浏览器模式,如 IE、Firefox 等主流浏览器。

平台的可管理性:良好的管理、监控手段,提供对系统各模块、局域网络、服务器、操作系统、数据库及应用等进行管理监控手段，具备有限自恢复、以多种方式进行报警。

四、应用系统

1. 学校基础信息平台

(1) 平台架构

数字化校园应用管理平台，基于学校统一管理平台，学校领导和教师、学生家长可通过统一登录入口使用统一的用户名和密码登录平台，根据自己的权限选择不同的子系统，也可从各个子系统入口登录，各个子系统间实现基础信息共享。

(2) 平台特点

各个子系统间实现基础信息共享、数据互通互联，支持同一平台管理，实现单点登录；也可按个性需求独立安装各个系统模块，逐步实施，分布使用。

为领导者的科学决策服务，实现助教、助学、助管三位一体，满足学校数字化校园建设的需求。

部署和实施容易，易于维护和升级管理。

平台提供第三方软件接口，也可将软件模块与用户已有平台对接，实现统一管理和维护。

2. 校务办公管理系统

(1) 系统概述

校务办公管理系统主要针对办公管理中的公文办理效率低、请示汇报等事务繁多、信息传输量大的特点，强调了信息共享和利用，提高网络协同办公的能力。本软件主要由学校基本信息、通知管理、公文流转管理、留言管理、日程管理、通讯录、请假管理、值班管理、用车管理、报销管理、后勤服务管理、综合信息查询等模块组成，可实现日常办公提醒、进行网络会议、论坛交流等功能，提升学校各部门之间沟通的有效性，实现校园“无纸化，零电话”的高效率办公，帮助中小学校达到工作有序可控的目的。

(2) 系统框架

校务办公管理系统框架如图 2-7 所示。

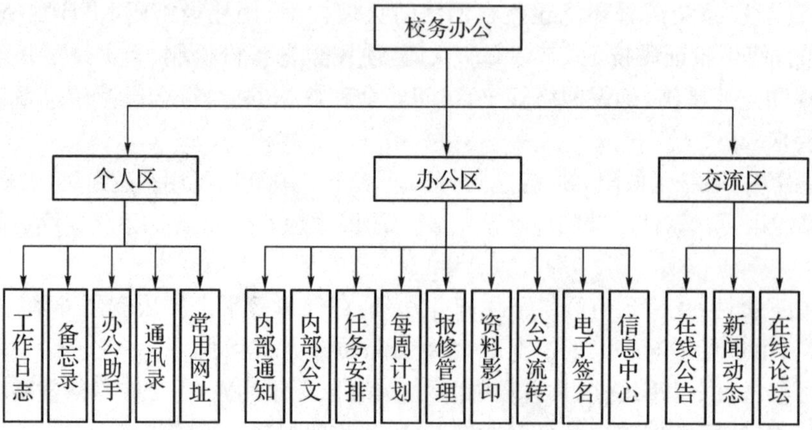

图 2-7　校务办管理系统框架图

(3) 系统功能

①系统设置

可以在校务办公管理系统中设置相应的用户组，以方便公文、通知和任务的发送，并可为每个用户设置系统中相应的操作权限。

为校务办公系统设置相应的工作流,以方便在报销、报修、申请等工作流程中自动进行公文的流转。

②通知管理

可以进行一对一或一对多的定向通知发送,自动统计已阅情况及提交的反馈材料。

③公文管理

各部门之间按流程进行公文的发送、查阅、审批、流转,公文分明文和暗文,带有数字签章,保证资料的安全性。

④工作安排

根据工作的进度安排学校及个人的工作计划,具备日历查看功能,选择相应的日期即可查看该日或该周的工作计划。

⑤报修管理

通过报修管理及时上报设备、水电等故障,对报修及办理结果进行统计,加快报修的流程和效率。

⑥请假管理

在线填写请假时间、请假时长、审批人及请假事由即可提交给部门负责人逐级审批。

⑦办公用品管理

该功能是本着勤俭节约和有利于工作的原则而开发的,可实现办公用品的入库、借出和归还等功能,规范办公用品的管理,节省费用开支。

⑧文件共享

将校园内的公用文档集中有序存放,方便各部门查看,便于管理。

⑨个人辅助管理

该模块是为适应个人办公的需要而开发的各种办公辅助工具,有通讯录、备忘录、常用网址、常用信息查询等功能,自由设置,轻松使用。

⑩信息交流

包含投票、聊天、论坛、新闻、公告等子模块,方便各部门及各工作人员之间的信息交流,可以是个人对个人(在线聊天)、个人对集体(发布新闻和公告)、集体对集体(在线论坛)等各种方式。

⑪客户端信息提示

当收到新的待办事件时,桌面将及时弹出待办信息,做到及时、高效率地办公。

3. 学生成绩分析管理系统

(1) 系统概述

学生的成绩是学生文化素质考核的一部分,是很重要的且不可缺少,作为学校的管理者、教师和学生家长都很关心学生的学习情况。家长关心学生的成绩在区县或市里的排名位置,关心学生成绩进步与否;班主任关心班级整体成绩在学校里的情况;学校领导关心学校的成绩在区县或市里的排名情况,关心学校的升学情况等等。这些都离不开对学生成绩数据的分析,但传统的人工式管理存在许多的缺点和不足,如效率低、及时性差、保密性不强、对于历次的数据无法集中查看比较等。因此,开发成绩分析管理系统是一件必要的事情,它可以提供强大的成绩管理和对成绩数据处理的分析功能,也方便了学生家长在线查询,及时了解学生学习进步情况。

(2) 系统框架

学生成绩分析管理系统框架如图 2－8 所示。

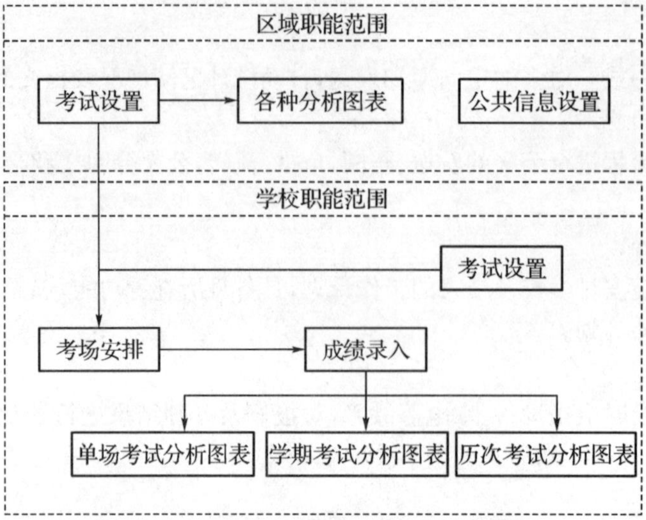

图 2－8　学生成绩分析管理系统框架图

(3) 系统特点

从多维度进行成绩的分析，功能强大，包括每场考试的各类查询报表、统计报表呈现，一学期的成绩指标分析，教师教学成绩的分析，学生的学业跟踪等功能一应俱全。

支持批量导入学生成绩数据，减轻了成绩录入人员的工作量。

图表结合，以三维图表的形式呈现学生、教师、班级成绩的纵向和横向比较，直观、简洁、方便查看。

学生学业的跟踪，对每个学生的成绩数据进行跟踪分析，能直观了解学生的成绩变化趋势。

成绩报表与教师评语相结合，方便学校领导和学生家长了解成绩分析情况。

网页报表，Excel 报表导出相结合，使用灵活。

支持学生家长在线查阅学生的学业情况。

灵活的统计属性设置，一次性设置，长期使用与特殊个性设置相结合。

(4) 系统功能

①考试安排

成绩分析前必须做好考试安排和成绩录入工作，包括：

a. 考试基本信息添加。

b. 试卷其他设置(考试科目、卷分、统计属性值设置)。

c. 成绩录入，支持单科录入、班级录入和 Excel 批量导入。

d. 成绩修改。

②单次成绩查看

针对一场考试查看各种查询报表、统计报表和区域报表，包括：

a. 查询报表：班级成绩单，学生分数条，总分分段查询，总分各科年级前 N 名，总分各科最高分。

b. 统计报表：各班级均分统计，班级成绩分析，科目成绩分析，教师教学分析，均分及三率汇总，总分分数段人数分布，各科分数段人数分布，成绩汇总统计，班级等第分人数统计。

c. 区域报表：班级均分及三率的区域排名，区域前 N 名学生的分布。

③学期成绩查看

学期成绩查看包括一学期的成绩列表，每次考试各科目的成绩明细表，一学期中各教师的教学成绩分析，以及一学期来每次考试的个人成绩指标分析，包括：

a. 成绩列表：查询各学期的学生的期中、期末、平时成绩。

b. 成绩明细表：查询历次考试的成绩明细。

c. 教师教学分析：按班级查看各班各学期的成绩情况，并标明班主任。

d. 成绩指标分析：分析各次考试的均分、优分率、良好率、及格率、低分率。

④学业跟踪

给学生提供入学以来每次考试的学业成绩跟踪，对学生成绩进行过程性跟踪分析，迅速发现学生的成绩变化，为教师和家长对学生的学业了解及以后的教育辅导提供参考依据。

⑤信息设置

默认统计属性设置，减轻了每次考试设置的繁琐。统计属性包括单科区间分析，总分区间分析，等地分设置及权重设置。教师在安排一次考试后就可默认统计属性设置，同时提供了对每次考试的统计属性更改功能，适应各学校的个体情况要求。

4. 教育综合评估管理系统

(1) 系统概述

教育综合评估管理系统是对教育督导工作进行监督、检查、评估和指导的高效、实时、信息化的应用管理平台，解决了督导检查中资料查找不便、资料存储量大且统计复杂的问题。

系统分为两级结构，可从省、市、区(县)进行部署实施，上级管理单位可通过灵活的督导指标体系与检查部门、被检查单位的设置，监督与指导下级单位教育教学方方面面的内容，有效地督促指导下级单位完善内部管理，遵循教育规律，提高教育质量。

(2) 系统框架

教育综合评估管理系统框架如图 2－9 所示。

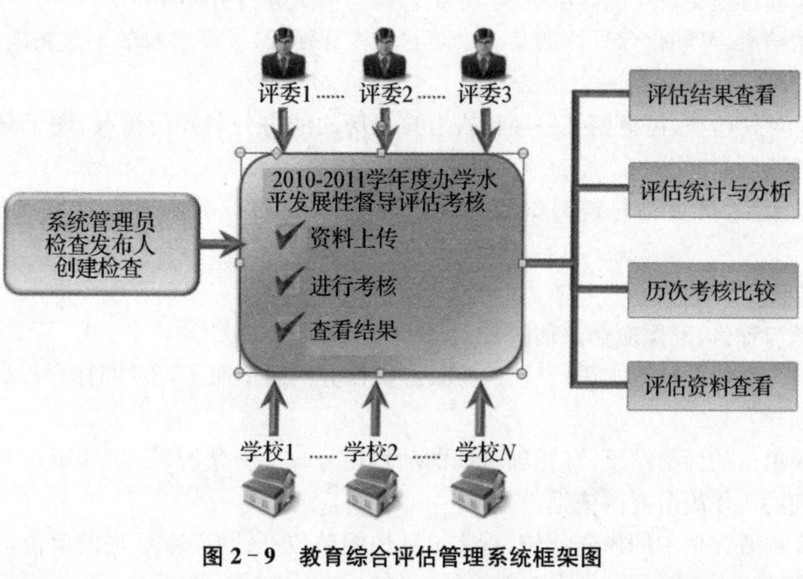

图 2－9　教育综合评估管理系统框架图

(3) 系统特点

不同角色具有不同权限,具体细化到某一个项目的考评。

不同用户检查所对应的项目及学校。

针对具体项目所上传公共资料进行检查。

按项目或学校进行检查,操作简便。

检查结果可细化到具体项目得分与失分情况。

通过得分形成横向比较与纵向比较,并可图形展示(图 2-10)。

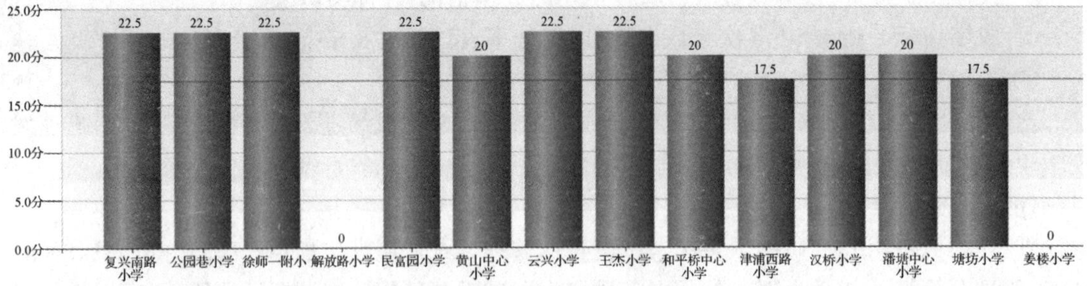

图 2-10 教育综合评估管理系统图形展示

(4) 系统功能

①检查发布人

根据各地实际工作的相关的教育督导文件以及教育教学管理要求创建督导检查项目,并设置每一项的具体说明。

合理安排检查项目的具体检查部门与专家评委。

管理在检查中学校提交资料、自评的时间,评估专家进行评价的时间,评估结果查看的时间,实现督导评估流程有序可控。

对检查的资料、评估得分与评估分析进行管理。

②下级单位

根据检查项目提交对应的详细资料,并结合自身情况进行自我评价。

查看评估结果,可细化到具体的某一个项目的考评情况,了解自身的不足与缺点以便更好地开展工作。

对于综合评估检查,可根据某一项目查看自身历次的得分与评价情况,便于分析并总结,确定更合理的发展方向。

在检查结束后,可查看与查阅学校历次督导资料,以督导要求对自身发展提供更好的依据。

③评估专家

实名点评与评价,确保检查评估的公正、公平。

可按项目与学校两种方式进行检查与点评,操作方式简单明了,节约时间,提高工作效率。

④机关领导

查看下级单位的评估结果,细化到具体的项目得分与失分情况,了解其不足与缺点,为实现更有针对性的工作决策提供依据。

通过每次检查评估中的横向比较,嘉奖发展快的单位,激励存在不足的单位,有效地督促指导本区域内教育教学质量全面提高。

5. 网络电子备课系统

(1) 系统概述

传统模式上的备课是由教师个人独立完成，体现不出团队的协作。而且传统模式的备课方式单一、效率低；教案、素材、课件、习题教学资源等又各自独立；可直接参考资料欠缺、年轻教师备课无人协助指点，造成进步困难等诸多问题。

华网网络电子备课系统基于 Web 设计模式，在严格遵循教学大纲要求的基础上，精心制作和收集了大量的相关资料，集中了众多教育专家和优秀教师的科研成果与教学方法，并提供了丰富的资料和必要的手段，将教学准备、教学实施、备课检查等常规的各个教学环节有机组织起来，形成定位到课堂的教案库、素材库、习题库，组建校本资源库。

通过备课系统教师可将自己的优秀教案共享到学校，将自己的优秀教案和素材与其他教师分享。对于其他教师共享的教案可以进行评论、收藏，并进行二次备课。学校教研组可查看校内教师上传的教案并进行评论，对于优秀教案可进行校内共享，形成学校内的优质备课库与资源库。

(2) 系统特点

①备课资源共建共享

系统采用学校部署应用，学校着重于教师的教学应用，通过系统实现常规备课工作，同时将备课所涉及的素材和课件进行定位到课时的统一管理，对于优秀的教案和资源可以进行学校内共享，形成校级的优秀教案资源库，从整体上大大降低教师的工作量，提升学校教师的教学水平，促进学校教学水平的均衡发展(图 2－11)。

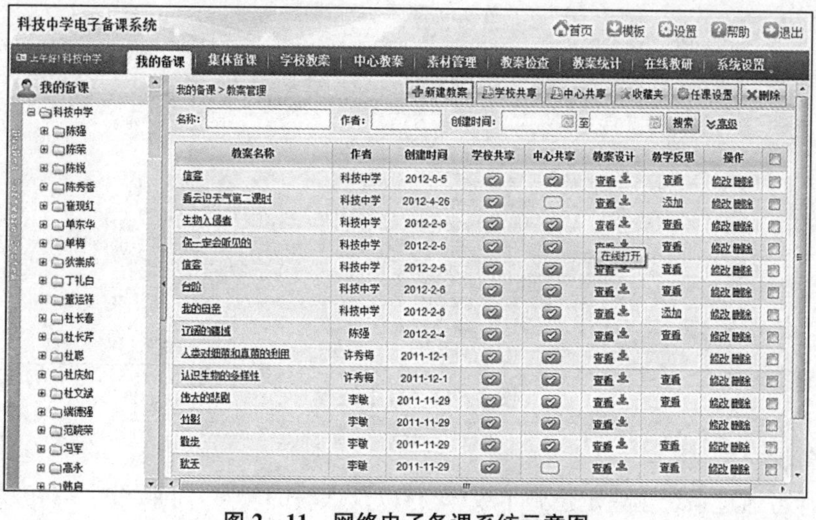

图 2－11　网络电子备课系统示意图

②支持教案在线编辑

教案编辑实现 Word 在线编辑功能，支持公式编辑器和特殊符号的插入等全部功能。

③融入课堂应用

可将课堂中所用到的课件、图片、声音等多种素材及课堂练习、作业布置集成到备课中，同屏显示，易于展示。

④定位到课堂的素材库及习题库

能组建个人备课库，将素材、习题定位到每一个课时，与教案紧密结合，通过每位教师的素材添加，形成校内的共享素材库(图 2－12)。

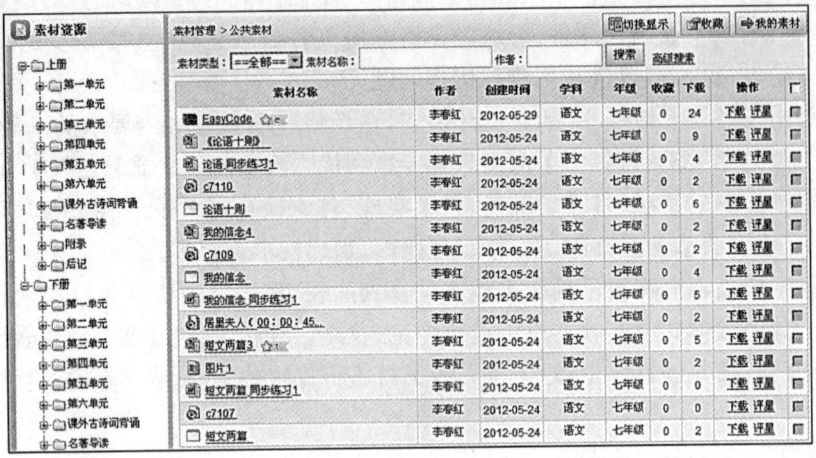

图 2－12　素材资料库

⑤便捷的教案统计和检查

随时按不同的科目与年级分阶段自动进行教案统计，可组织专人对备课及备课准备情况进行检查、点评与打分，个人能及时查看自己的检查结果(图 2－13)。

图 2－13　教案统计

⑥集体备课

学校教师可通过系统创建定位到年级、学科以及课时的教案，同年级同学科教师可针对创建的教案进行教案的编辑，在集体备课模块中系统可以自动记录跟踪不同教师的编辑时间和内容，通过网络集体备课的方式可以避免时间和空间上的影响，多位教师综合各自的教学经验，最终形成优秀的教案，并可以将教案通过共享与系统中其他教师分享。

⑦在线教研

教师可通过系统发起针对所带学科的在线教研课题，对所发起的在线教研课题进行在线讨论。通过在线教研教师可跨学科、年级进行学术探讨，学习经验。

⑧教案检查

学校教研人员可以根据学校需求,随时新建检查,并安排具体检查人员。被设置的检查人员在登录系统后,可在检查中查看对应学科与年级的教师教案,并进行点评,检查公布后,教师可查看教案检查结果(图 2-14)。

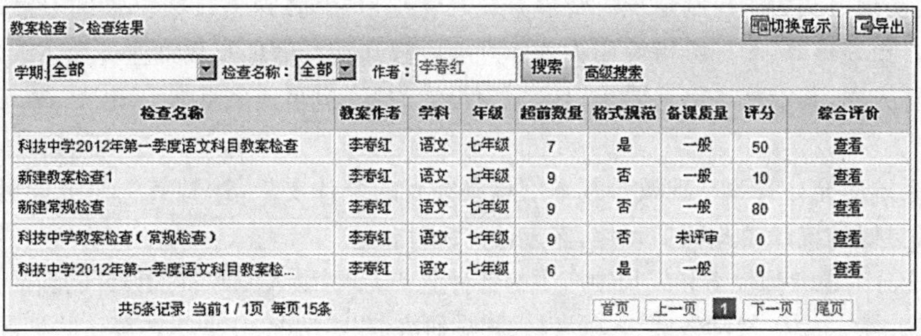

图 2-14 教案检查

⑨教案评比

根据系统的部署方式,可通过系统实施学校教案评比活动,以此带动教师备课的积极性,提高教案质量(图 2-15)。

图 2-15 教案评比

6. 教师业务管理系统

(1) 系统概述

教师是“人类灵魂的工程师”,肩负着为祖国的建设与发展培养人才的历史使命。如何管理好教师队伍、优化教师结构从而提高教学质量是日常校务管理中的一项重要工作,传统的管理存在以下难题:

①教师成长档案数据量大,资料繁多,不易于整理和查阅。

②对于学校每年的基教报表,需要老师耗费很长的时间去整理统计,同时还存在数据准确性的顾虑。

③教师成长档案的建立和跟踪,工作量巨大,对于基教报表的统计无法达到各种需求,也做不到及时性、统一性的管理和统计汇总。

④教师集中性管理、统一化管理、及时性管理等需求都无法达到。

教师业务管理系统主要是实现对教师任课信息、个人信息、教师获奖、论文、进修培训、教学成果等综合信息的管理,给学校提供教科研、课题管理、工作统计,建立教师的工作档案,动态了解教师各方面的准确数据资料。为学校对人才的培养、使用和综合评估及职称评定提供准确依据。

(2) 系统框架

以教师为基层单位,满足学校信息查看及信息统计的设计原则,达到教师成长档案管理的目标,主要实现方式为学校制定统一管理方式及管理目标,教师进行数据整理上报,学校进行汇总统计。报表核算、图例解析等相关工作开展以教师基本信息及教师业务为主线,暂时不考虑人事管理方面,其中基本信息要求以国标为设计原则,也可从实际使用出发,融入新的设计元素。

另外系统应充分参照基础教育基本信息调查表的统计要求,达到其主要统计形式与图表结合,实现更好的统计模式和多元化、多方位的统计信息。

系统充分考虑教师教学和成长中产生的各种业务需求,融入一些特别设计的新的元素,如教师代课信息、教学成绩、教师备课、教师考核、科学研究、获奖情况、作业批改等一些日常工作。

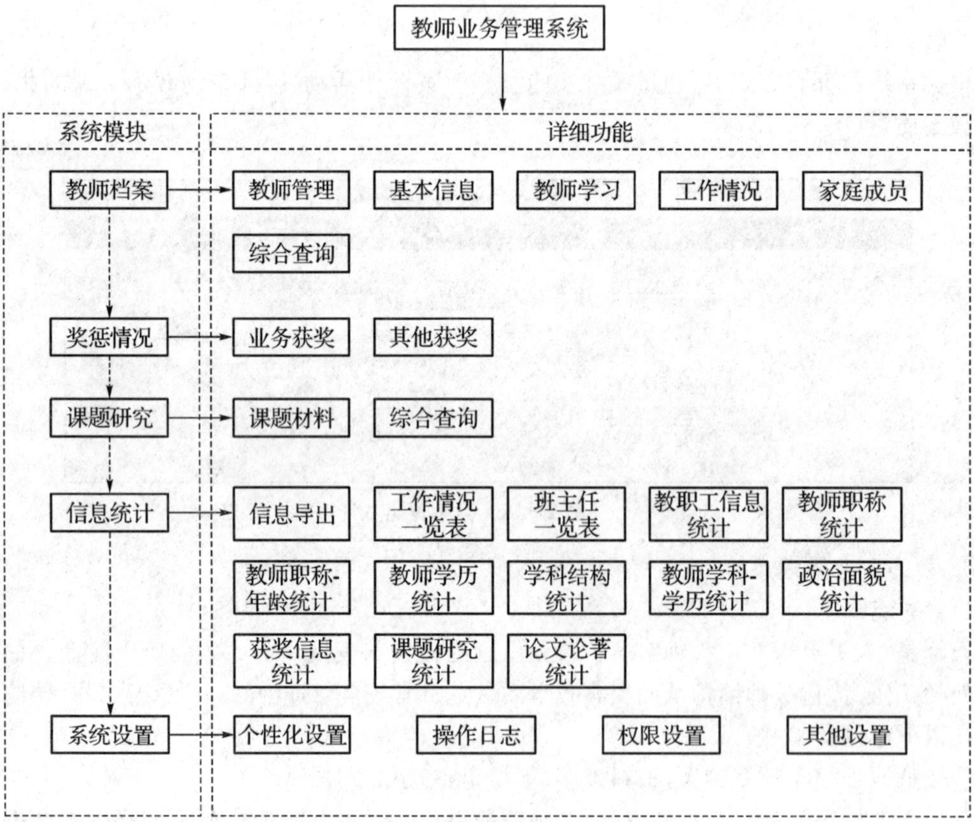

图 2－16　教师业务管理系统框架图

(3) 系统特点

无纸化办公。根据数字化校园信息化建设及管理的需求,提倡现代化、无纸化办公。

集中化管理。通过现代化手段,优化教师信息管理,形成简易操作、集中管理的综合性教师成长档案,其中包括教师档案、科学研究、奖惩情况等。

汇总统计。从多个方面进行多维度、多角度的统计和收集教师成长信息,建立学校教师成长档案信息库，便捷了解和掌握各种教师的报表信息，方便管理工作的开展。

教师业务管理系统，可以有效地实现教师与学校信息互通，学校管理员可以方便快捷地查询、统计学校内的教师基本信息及相关成长信息，如课题开展的情况、论文论著发表、获奖情况等。

（4）系统功能

①教师档案

用于管理各个学校教师的档案信息，可以通过模板导入教师各项基本信息，也可以通过批量修改功能批量修改、添加教师的基本信息。教师档案模块对教师基本信息、受教育情况、工作信息、职务职称、家庭成员、个人证书以及工龄教龄信息做了统一的记录和管理，方便学校集中、统一地管理教师各项信息，还可以通过教师姓名、所属部门、行政职务、职称对校内教师信息进行查询、筛选，方便定位、查看。

图 2－17　教师档案示例

②获奖情况

获奖情况模块按照业务获奖和其他获奖等不同性质的获奖进行了分类集中管理。记录了获奖的名称、获奖类别、获奖项目、教师姓名、获奖级别、颁奖单位等获奖信息。

③课题研究管理

对学校教师每学期的课题研究情况进行综合管理，不仅记录了学校内教师课题开展情况，还可以通过教师上传课题研究资料保存课题研究各阶段的相关资料。可以对多个课题的状态进行状态批量修改。

④论文论著信息管理

对教师发表论文论著的情况、获奖情况做一个统一系统的管理。已发表论文信息记录了包括论文题目、作者、参与人、发表刊物、刊物级别、发表时间等信息项；获奖论文记录了包括论文题目、作者、参与人、奖项名称、获奖级别、获奖等第、获奖时间、颁奖单位等信息项；论著记录包括论著题目、出版社、主编、合作者、出版时间、是否获奖等信息项。

⑤信息统计

强大的查询、汇总、统计功能，满足了各校查看统计本校教师总体情况以及上级部门查看各校现有教师水平的基本需求。汇总统计了教师的基本信息，并多维度、多角度地管理和收集教师成长信息，区域也可以更快速、更便捷地了解和掌握各种教师的报表信息，满足区域基教工作的开展。包括多种报表，如工作情况一览表、班主任一览表、教职工信息统计、教师职称统计、职称与年龄统计、教师学历统计、学科结构统计、学科与学历统计、政治面貌统计、获奖信息统计、课题研究统计、论文及论著统计等。

7. 教师绩效考核管理系统

(1) 系统概述

教师年度考评工作，不仅是学校管理的重要内容，也是学校管理的重要手段。由于这一考评结果与教师的奖惩、职称评定、工资待遇等紧密联系在一起，因此其一直是广大教师关注的焦点。现今学校普遍存在考核项目主客随意、考核不好实施、考核方法落后等问题，未能客观、科学、公正地评价教师，致使绩效工资有绩无效、无绩有效，严重打击了教师的积极性。因此，一套合理的绩效考核方案让教师的绩效工资能成为促进学校教育事业快速发展的动力之源。

教师绩效考核管理系统通过搜集各地区各校的绩效考核方案，通过总结各校考核细则，提取出具有共性的地方，建立考核指标库，将教师考核中可能会存在的各种细则方案汇集在指标库中，同时支持自定义考核指标，并预置多套考核模板，可直接提取使用。

管理员可灵活控制考核各环节的启动，考核小组可按项目或按教师进行点评打分，教师可对应参照各考核项目上传资料。系统通过提供简单的、便捷的、流程化的操作方式，为学校绩效考核开展提供有效的帮助。

(2) 系统特点

①预置指标库

系统汇聚各地区各校的绩效考核方案，分类汇总，提取具有共性的部分细则添加到指标库中，并提供多个实用模板，可选取使用。

②考核类型多样

按学校实际使用需求对不同层次人员可制定不同的考核方案，对不同职位、不同工作的人员具有不同的考核指标与模板。

③考核方式多样

定义平时考核、年后总结等多种考核方式，分别表现为：按月考核、按季度考核、按学期考核、按年考核，实现平时考核与阶段考核相结合。

④定性考核与定量考核相结合

提供打分、等第两种考评方法，定性考核与定量考核相结合，保证考核结果客观、易于操作。

⑤考核体系灵活

可灵活建立考核体系，控制考核各阶段开启，适合各种学校考核方案需求。

⑥考核目标明确

按学校实际使用需求对不同层次人员制定不同的考核方案，对不同工作进行定性、定量考核，对每阶段的考核可由教师或指定人上传对应的指定资料，参照资料考核。

⑦考核公平公正

考核细则量化，同一细则可有不同考核人员。在考核的整个过程中，始终将客观、公正、公平贯穿于考核工作的各环节之中。

⑧考核结果明细

通过历次考核生成最后的教师得分表,对同一考核中的人员形成得分排名表,并分析教师历次考核结果,以图形展示。

⑨支持批量打印

对于考核细则、考核结果等各项报表,可进行导出打印。

(3) 系统功能

①管理员

管理学校用户、设置分组信息、基础分。

发布学校通知公告。

维护学校指标库与模板库,可添加管理指标与模板。

设置考核的资料上传人与检查人员。

新建考核,并开启考核各阶段的上传/考评/结果发布的三阶段进行状态。

查看考核整体情况以及各阶段明细。

查看全校各教师的考核结果,并可查看历次考核情况。

若设置了上传资料权限,则可以对所有被考核用户在对应的项目中上传资料。

若设置了考核权限,则可在所对应项目下对被考核用户进行考核评价。

②超级读用户(校领导)

查看考核整体情况以及各阶段明细。

查看全校各教师的考核结果,并可查看历次考核情况。

若设置了上传资料权限,则可以对所有被考核用户在对应的项目中上传资料。

若设置了考核权限,则可在所对应项目下对被考核用户进行考核评价。

③教师

若设置了上传资料权限,则可以对所有被考核用户在对应的项目中上传资料。

若设置了考核权限,则可在所对应项目下对被考核用户进行考核评价。

查看自身检查结果。

8. 教育博客群管理系统

(1) 系统概述

教育博客群系统能够实现日志、相册、群组于一体,分学科进行展示与管理,达到教师知识的共享与交流,使网络博客成为教师课堂之外的教育教学工具,实现师生互动交流。

(2) 系统功能

①自动生成博客群

按学校和学科生成博客群。每个学科和学校都有独立的主页,显示本学科和本校的最新日志、相册、分类日志等内容,实现全区教育资源的知识共享与有效整合。

②独立的权限设置

每一个学科和学校都有自己的管理员,细化管理权限,实现多部门分头管理。

③用户管理

用户可根据学科或学校分类进行注册,支持中文用户名;注册用户需要通过管理员审核才能发布日志；管理员可方便地进行用户的查询、修改、删除、审核等操作。

④个人空间管理

系统提供多套模板，用户可方便地制作出别具特色的空间；用户可修改个人资料、发布日志、上传课件、发表相片、创建圈子、发表留言、加为好友、申请博客之星、发表评论等；可管理日志、课件、相册、圈子、留言、评论等；用户可根据需要添加圈子模块，模块支持鼠标拖拽功能。

⑤内容管理

管理员可对所有用户发布的内容进行管理。包括日志管理、评论管理、相片管理、留言管理、课件管理、博客之星管理、圈子管理等。

⑥模板管理

管理员可添加、编辑、删除系统模板、学科模板、用户模板，模板编辑支持可视化编辑和代码编辑。

⑦常规设置

管理员可进行发布网站公告、添加友情链接、查看系统操作日志、管理日志分类、课件分类、博客分类、上传文件、限制 IP 访问、过滤敏感字符等常规操作。

⑧热门话题管理

管理员可根据当前关注焦点，设置热门日志为头条，显示在首页醒目位置，并可设置头条颜色。

⑨数据统计

管理员可按专业和学科统计查看用户的日志数、评论数和课件数。

9. 学生综合素质评价系统

(1) 系统概述

学生综合素质评价系统是为方便学校对学生的综合素质、德育表现、学业成绩等各方面信息进行有效管理、查看而设计的一套系统。该系统操作简便、快捷，全程和全面记录学生在校的成长历程，完全符合国家新课改背景下的学生综合素质评价标准。

该系统初始化信息简单、快捷，采用了数据导入功能，可由管理员一次性将基础信息导入数据库。数据导入成功后，班主任即可对学生各项信息进行考评。考评信息的查询根据登录人的角色不同，显示的信息内容也不同。管理员可查询所有的信息，班主任只能查询本班学生的相关信息，学生和家长只能查看学生本人的相关信息。所查询的信息均可方便地导出到 Excel 或 Word，方便打印输出。

(2) 系统的优点及特点

①学生综合素质考评

学生综合素质模板包括道德品质、公民素养、学习能力、交流与合作、运动与健康、审美与表现等 6 项内容，是按照国家最新课改背景下的学生综合素质评价标准制定的，管理员也可以根据学校的情况做相应的修改，然后导入系统。根据角色，考评包括学生自我评价、组内评价、教师评价、家长评价等 4 项。各角色只需单选每条考评信息的等级(如 A、B)，系统自动计算得出学生的综合评价结果。操作十分简单，易用。

②学生德育信息考评

考评条例可以结合学校的实际情况，添加导入德育条例。老师考评时只需选择相应的德育条例，输入考评分值和考评理由即可，然后系统自动汇总。各角色可以查询考评的详细信息，每周汇总、每月汇总、学期汇总等信息。统计信息准确、全面，方便查找，同时还可以导出到Excel或Word，方便管理。

③学生综合信息

根据学校的学期报告单样式制作学生综合信息表，该表涵盖了学业成绩(学分)、综合素质、突出表现、学生评语等各项信息，学生、家长、老师可以很方便地在网上获取学生的综合信息，全面了解学生的在校动向。

10. 学生学习测评平台

(1) 系统概述

学生学习测评平台基于Web 2.0理念进行设计，围绕教师教学、学生学习、家庭辅导等应用需求，以学生为主体，引领教师将"教本位"变为"学本位"，从而优化教学行为，提高课堂效率。为师生提供了基于网络的课后"教与学"辅导平台；为教师提供在线轻松便捷备课、资源管理、资源推送、学生管理；为学生提供课堂学习、课后复习和拓展学习等诸多与教育教学有关的学习环境。

学生测评平台将教师与学生应用高度整合，将课前、课中、课后紧密结合，通过教师教学、学生学习和家长辅导的综合应用，形成日常教学与终身教育相结合的应用管理模式。同时可以形成有地方教学特色的教师教学资源库和学生学习资源库，打造以学生为中心的综合学习服务平台。

系统集共建共享题库、学习资源建设、学习辅导、作业布置、个人错题跟踪、课堂平板互动等多种功能于一体，可实现课堂辅助教学、"课堂＋课后"作业练习、师生交流以及课后辅导等功能。教师通过网络上反馈的统计信息快速地了解学生的答题情况和知识点的掌握情况，为下一步的教学调整和安排提供依据，也为学生提供了一种自主学习、自我检查的方式。

①教师应用

设置预习重点，推送预习资源，让学生预习更加有针对性、更为有效。

可与华网网络电子备课系统相结合，在老师备课的同时向学生推送课程的预习素材和相关学案，帮助学生进行课前预习。

组建共享题库，形成融合教师智慧、带有本校特色的题库资源。

查看本班学生课堂练习情况，当堂了解学生各知识点掌握情况，对掌握薄弱的知识点及时进行解析和指导，充分利用有限的上课时间，保证课堂教学质量。

根据学生当堂练习情况，统一布置(或分层次布置)家庭作业，教师可及时跟踪学生作业情况。

②学生应用

通过平台查看各任课教师推送的学习资源，进行课前预习。

在课堂上，学生个人课堂练习情况可实时汇总给教师，与教师建立课堂互动。

自动形成学生个人错题集，学生可根据情况反思错题原因，归类、总结经验。

课后回顾课堂练习，对掌握薄弱的知识点进行二次练习，夯实基础。

在线完成家庭作业，系统自动判断对错，学生可及时了解作业情况。

分类查看个人总结过的错题，辅助学生高效复习，堵住丢分点。

③家长应用

家长可通过平台查看学生课堂练习的完成情况，对学生在校学习信息进行实时掌控。

及时查看老师推送的学习资料和作业布置情况，能够对学生的课前预习、课后复习有效地进行辅导。

(2) 系统定位

配合“以学生为学习主体，以教师为主导”的教育思想。

形成定位到课、到知识点的题库资源。

采用管理模式开展教学，与课堂教学同步。

课堂师生实时互动，教师可及时获得教学情况反馈，了解学生对各知识点的掌握情况。

(3) 系统优势

①让“因材施教”成为可能

教师可按知识点、习题难易度，按比例设计作业。

可根据学生课堂掌握情况，统一或分层安排作业难度。

提供了有效的数据依据，辅助实现了分层教学、因材施教的教学目标。

以班级为单位，让互联学习在更小的可控范围内。

②提高课堂教学效率，教学效果及时反馈

学生带着预习问题听课，自主、合作、探究 。

教师实时查看学生随堂练习情况，了解学生易错题与知识点掌握情况，针对性地进行讲解。

通过系统统计分析功能，快速准确地把握学生各知识点掌握情况。

③学生自主拓展

完成作业后，可自主查看习题对错情况，查看习题解析。

作业情况及时反馈给任课教师，方便教师及时了解各学生知识点掌握情况。

错题自动进入错题库。

学生可分类收藏个人错题，二次反思。

学习过程记录和分析。

④勤于课前

由教师分析重难点，罗列知识点，推送预习资源。

学生有思想地听课，主动进行学习与探究。

⑤比传统教学模式更加直观、确切，且大大节省了教师上课后批改练习和作业的时间

⑥引领教师将“教本位”变为“学本位”

⑦形式学生错题集

系统自动汇总形成学生个人错题集，学生有针对性地复习、练习。

反思错题原因，分类汇总、查看自己总结过的错题，有效提高复习效率及效果。

⑧采用管理模式开展教学，与课堂教学同步，从而优化教学行为，提高课堂效率

⑨以教材目录为中心，开展教师备课、教学，辅导学生学习

⑩利用移动设备辅助教学

利用现代化移动终端平板电脑，结合教师的课堂教学，提高现场教学质量。可以让教师在授课的同时，结合课堂互动，快速了解学生的掌握程度，适时调整授课方式与进度，提高授课质量。

a. 与课程同步家校互通

定位到课的教师教学资源及教学过程、学生学习资源及学习过程，提高信息的有效性与学生学习的同步针对性。

引入家庭因素,让家长更有效地了解学生在校学习情况,及时回馈学生课后的学习情况。

b. 用户统一,平台互通,消灭信息孤岛

与备课系统平台实现同步管理,统一登录,使操作更加灵活,完善信息化整体解决方案,增加系统可执行力。

c. 引入科学的评价机制,优化信息质量

对教师制作的素材、题目,引入有效的评价评比与引导机制,快速形成具有个性化、本地化的各种资源信息库。

d. 引入学生成长机制,完善教学体系

根据学生知识点掌握情况,逐步提升练习难度。

及时记录与掌握学生对于整个学习过程的掌握程度,更好地为学生制订学习计划,形成属于每个学生的家教平台。

(4) 主要功能

①教师端功能介绍

a. 多种登录方式

教师可以根据个人情况选择通过电脑、平板电脑登录系统。

b. 教学运用

课堂练习:教师可实时查看到学生做题情况,了解各知识点掌握情况,针对掌握薄弱的知识点及时进行有效的解析和指导,充分利用有限的上课时间。

家庭作业:可根据学生当堂知识点掌握情况、题目难易程度,设置基础组、提升组作业内容,分层次布置学生家庭作业。

错题统计(图 2-18):可按知识点、按章节、按题型、按难易度、按错误分类了解所带班级错题情况,并可通过查看各图表直观地了解所带班级学生各知识点的掌握情况。

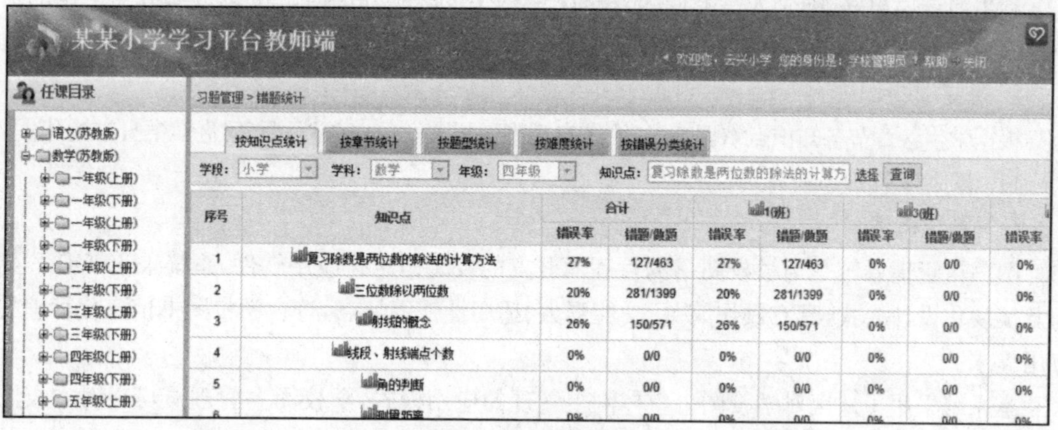

图 2-18　错题统计

②学生端功能介绍

a. 多种登录方式

学生可以根据个人情况选择通过电脑、平板电脑登录系统。

b. 自我学习(图 2-19)

课前有针对性的预习:学生可看到任课教师推送的预习资源,并根据教师针对课分析的学习重难点、学习目标进行有针对性的预习以及知识拓展。

图 2－19　自我学习平台

c. 练习回顾

学生可以按日期回顾历次课堂练习情况，并对错误率较高的练习再次进行强化练习。

d. 我的错题

将学生的错题自动汇总形成个人错题集，记录该生历次错题情况，方便学生翻阅、提升。

e. 错题收藏

学生通过反思、归纳个人错题原因，进行归类总结，形成有价值、有针对性、分类明确的错题收藏夹。

f. 智能推题

根据学生各章节各知识点掌握情况，系统自动推送相关学习、练习资源，促进学生自主提升。

11. 图书馆管理系统

(1) 系统概述

图书馆管理系统是为学校图书的管理而开发的校园信息化应用软件，系统采用了 B/S 架构及模块化设计模式，具有操作简单、功能强大、适用性强等特点，符合学校图书信息化管理的应用需求。

本系统采用了地区对学校图书整体网上管理的应用模式，学校图书管理员可以对本校图书进行网上入库、借还、查询及统计等管理操作。通过本系统的使用，实现学校图书资源的网络共享和图书管理的标准化，推动图书管理工作信息化和网络化地高效开展。

(2) 功能特点

①实现图书资源共享

读者可以登录图书资源管理中心实时了解学校的最新图书信息，方便地查询校内图书信息，实现全校图书资源共享。

②实现图书资源统一管理

学校管理者通过数据汇总功能实现对校内图书的借阅情况、馆藏情况、更新情况、管理员情况及其他各类统计报表及时在线掌握。

③实现图书网上借还管理

实现读者进行网上查询和预借,支持条码扫描、IC 卡、指纹识别(支持校园一卡通)等方式的借阅,方便读者的同时提高图书管理员的借阅管理效率。

④实现书刊信息高效管理

考虑用户多方面的需求,采用多条件查询管理功能,极大地方便管理员对庞大的书刊信息进行查询管理,提高了管理工作的效率,减少了管理工作量(图 2－20)。

选择	分类检索号	图书条码	正题名	作者	单价	出版社	出版日期	操作
☐	B848.4/1	9787802280878	卡耐基大全集	【美】戴尔.卡耐基	45	人民出版社	2008-12-01	修改 删除
☐	G633.955.2/1	000009	中小学美术教学评价	李永正	15	东北师范大学出版社	2005-05-01	修改 删除
☐	G633.955.2/2	000021	中小学美术教学活动设计	戴高桃	23	北京大学出版社	2005-06-01	修改 删除
☐	G623.102/1	000012	小学品德与生活（社会）教学活动设计	刘道溶	19	北京大学出版社	2005-06-01	修改 删除
☐	G623.312/1	000015	小学英语教学活动设计	卢福波	14	北京大学出版社	2005-06-01	修改 删除
☐	G623.502/1	000018	小学数学教学活动设计	陈清容	25	北京大学出版社	2005-06-01	修改 删除
☐	G633.951.2/1	000024	中小学音乐教学活动设计	张开军	18	北京大学出版社	2005-06-01	修改 删除
☐	G632.41/1	000031	项目学习教师指南	【美】马克教育研究所	28	教育科学出版社	2008-09-01	修改 删除
☐	G41/1	000027	以学定教	刘次林	25	教育科学出版社	2008-04-01	修改 删除
☐	G451.6/1	000033	教师成长与师德修养	唐凯麒	23	教育科学出版社	2007-10-01	修改 删除
☐	G424.1/1	000040	优质提问教学法	刘彦 译	19	中国轻工业出版社	2009-01-01	修改 删除
☐	G623.502/2	000005	小学数学教学活动设计	陈清容	25	北京大学出版社	2005-06-01	修改 删除
☐	G633.202/1	000008	中小学体育（体育与健康）教学活动设计	邱裕良	16	北京大学出版社	2005-06-01	修改 删除
☐	G451/1	000011	教师实践智慧及其养成	邓友超	22.8	教育科学出版社	2007-04-01	修改 删除
☐	G623.202/1	000028	小学语文教学活动设计	郑明江	19	北京大学出版社	2005-06-01	修改 删除
☐	G633.955.2/3	000003	新课程典型课案例与点评	李永正	20	东北师范大学出版社	2004-12-01	修改 删除
☐	G633.955.2/4	000030	新课程典型课案例与点评	李永正	20	东北师范大学出版社	2004-12-01	修改 删除
☐	G441/1	000029	不同的人格不同的教学	王文秀 译	24	中国轻工业出版社	2009-01-01	修改 删除

图 2－20 书刊信息高效管理

⑤读者管理

提供细致的读者管理功能,使管理员能够全面了解读者的基本信息及借还情况,极大地方便管理员对各类读者进行相应的管理。

⑥丰富的报表查询统计

系统为了方便管理员全面了解图书各方面信息,采用强大细致的报表统计功能,使管理员能够一目了然地获取到书库图书各方面信息,方便管理员进行细致的管理。

⑦简易的图书入库管理

提供 100 余万套学校常用图书目录,支持图书信息批量导入和便捷的图书添加功能,简化管理员对图书的入库操作。

12. 电子文档管理系统

(1) 系统概述

随着学校信息化的发展,学校拥有大量的各类电子文档资料。这些文档资料由于存放散乱、分类不明、没有统一的管理,带来了检索不便、交流困难、易遗失、安全性差等问题。因此,学校迫切需要一个好的电子文档管理平台,针对不同用户为其提供不同的文件夹操作权限,提高学校各类文档管理的效率和安全。电子文档管理系统可实现学校的电子文档如电子教案、课件、规章制度、管理文件、影音资料、照片等的集中、有序存放和分权限管理,有效地解决学校在电子文档管理中存在的各种问题(图 2-21)。

图 2-21　电子文档管理系统

(2) 系统特点

采用 Windows 资源管理器模式查看。

检索方便,支持快速和详细检索。

权限灵活管理,不同目录不同管理权限。

集中存放,分类管理,分类查看,下载方便。

用于迎评验收中的资料展示。

作为学校历年各部门各项工作资料积累,查询方便。

图片集中存储使用,可缩略图查看。

可作为学校本地资料存储使用,可按科目、年级、类型建立学校资源库。

(3) 系统功能

①文档结构管理

系统采用树型目录文档结构,文档目录可根据需要任意建立、删除及位置顺序的调整(图 2-22)。

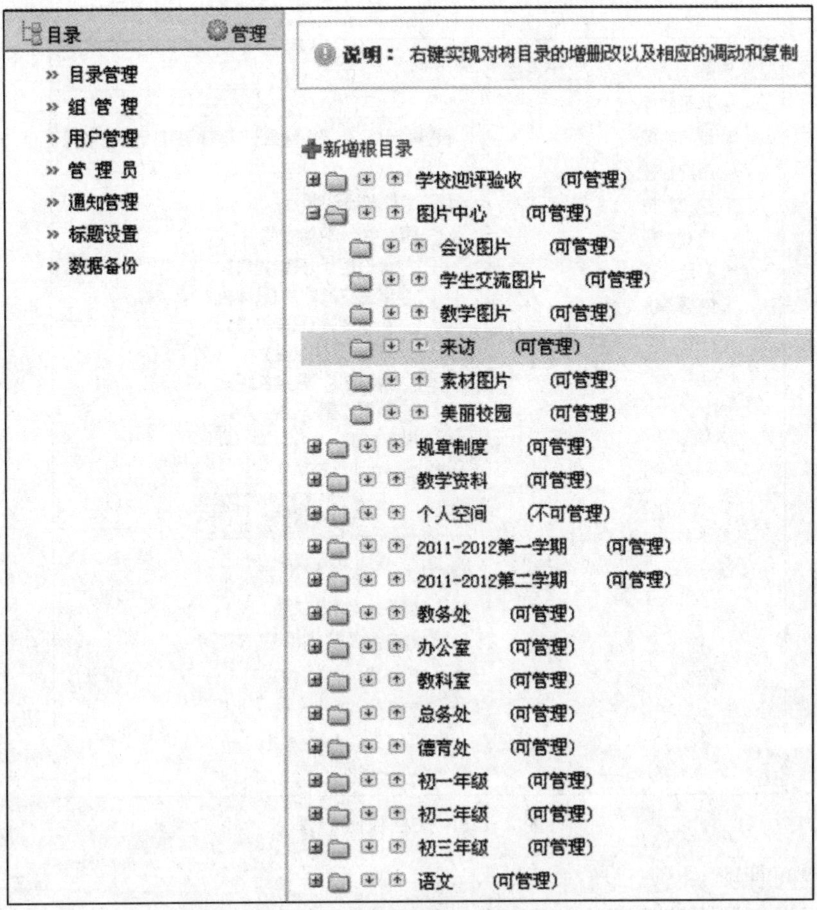

图 2-22　树型目录文档结构

②文档上传管理

用户可以在网络中的任意一台计算机进行文档上传管理,只能上传到权限范围内的文档夹中,一次上传一个或多个文件,支持文件和文件夹批量导入到文档库中。文件的浏览可以以列表和缩略图的方式进行。

③文档检索管理

系统提供快速和详细分类两种检索方式。可对选定文档夹依据文档的各种属性,如文档名称、描述、关键字、上传人、日期范围等进行检索、下载,只显示文档夹权限范围内的资料。

④在线浏览下载

用户无需下载文档即可直接浏览文档内容,文档可以是文本、声音、图片、影像资料等多种格式,也可便捷下载到本地进行浏览、修改。

⑤用户和组的管理

系统支持用户和组的管理，可对用户和组进行增、删、改等操作。

⑥文档权限管理

有严格的权限管理，权限定位到用户、组和具体目录，文档目录权限可设为只读、不可读、可写、删除、可管理等，保障文档管理的安全(图 2-23)。

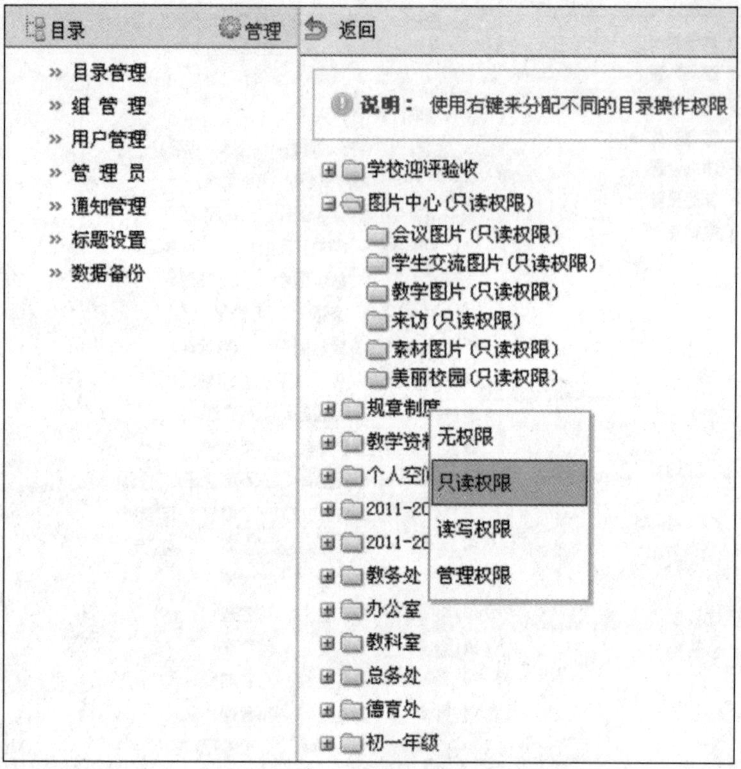

图 2-23 文档权限管理

⑦文档空间管理

管理员可根据需要管理目录空间大小，每一个用户在建立时都会自动分配自己的空间，提高空间的利用率。

⑧信息发布管理

通过信息发布管理，用户可以快速地了解校园文档的动态。

五、服务体系

1. 产品安装

(1) 现场安装

由技术服务人员到用户现场进行产品的安装调试并给予必要的现场指导和解答，确保产品能顺利运行。

(2) 远程安装

由技术服务人员通过专门的远程视频协同会议软件，进行产品的远程调试安装，讲解产品安装过程以及使用过程中的注意事项，并针对安装问题给予用户解答。

(3) 培训承诺

为了使用户能够在最短的时间内尽快熟练地掌握、使用系统，需制定系统而详细的培训计划。

在培训内容、时间、人数、地点以及师资安排等方面均按用户对培训服务的要求。经用户方确认同意后就可以按照制定的培训计划实施。

在培训方式上，采用两种培训方式，现场安装演示培训和远程系统演示培训相结合，同时提供一个演示系统进行现场模拟操作；提供给每个培训用户一套详细完备、通俗易懂的使用手册。

在培训人员的安排上，派出拥有系统培训资格的专业培训讲师进行培训。

用户单位的培训安排在软件安装调试完成后，系统试运行期间，对用户系统进行监测维护。

2. 培训内容

根据不同用户角色制定不同的培训方案，使用户尽快熟练操作使用软件。培训内容包括：

①各系统的每个功能模块介绍。

②各系统的按不同角色不同权限的操作使用方法。

③各系统的整体架构及管理流程。

④各系统的基本日常维护方法及基本操作问题的解决方案等。

3. 培训方式

根据培训内容的实现方式，分为现场演示培训和远程系统演示培训。

现场演示培训：为了使用户能够对软件尽快熟悉，并且掌握各系统的基本功能及简单操作，由用户内部组织相应人员(10 人以上)接受产品现场培训。在培训过程中培训人员会针对系统的配置、权限及系统功能进行详细的演示和问题解答。

远程系统演示培训：安排的用户培训计划在系统试运行期间开始，会安排专门的客服培训人员运用专门的远程视频协同会议软件，针对不同用户角色进行远程系统演示培训。所有产品均提供针对于用户角色的视频或 PPT 及相关技术使用资料。

第六节　大庆路小学信息技术课程基地建设方案

一、建设目标与意义

课程基地建设的目的在于不断改进教师的教学方式，引导学生高效学习，促进教师专业成长，推动学校特色发展。课程基地是以全面提高学生综合素质和实践能力为目标，以转变课程内容的实施方式为重点，以创设新型学习环境为主线，促进学生在活动、实践、体验、探究中提高学习效能、发掘潜能特长的综合性教学平台。建设课程基地旨在改变教学方式、促进有效学习、优化教学过程，全面提高学生综合素质，是转变人才培养方式的必要途径和有效措施。

1981 年，联合国教科文组织与世界信息处联合会在瑞士洛桑举行了第三届世界计算机教育应用大会。会上，前苏联计算机教育专家亚而相夫提出了程序设计是第二文化的观点。根据这一倡导，在听取了与会专家的建议后，原国家教委于 1982 年决定在清华大学、北京大学、北京师范大学、复旦大学和华东师范大学等 5 所大学的附属中学开设 BASIC 程序语言选修课，这就是我国中小学计算机教育的开端。

到 1982 年底，全国已有 19 所中学开展了计算机教育活动。1983 年，原国家教委召开了全国中小学计算机教育实验工作会议。会议在总结经验的基础上，研究制定了中学计算机选修课教学大纲，规定了相应的教学内容，并制定了计算机选修课程的目标是:①初步了解计算机的基本原理和它对人类社会的影响;②掌握基本的BASIC语言并初步具有读写程序和上机调试的能力;③逐步培养逻辑思维能力和分析问题、解决问题的能力。1984年2月16日，邓小平在上海视察教育工作期间，提出了“计算机的普及要从娃娃抓起”的要求。这对我国中小学计算机教育起到了不可估量的推动作用。

数字化学习的完整内涵是，利用现代信息技术手段，通过信息技术与学科课程的有效整合来实现一种理想的学习环境和全新的、能充分体现学生主体作用的学习方式，从而彻底改革传统的教学结构和教育本质，达到培养大批具有21世纪能力素质的人才(即创新人才)的目的。

数字化学习的方法就是信息技术与学科课程的整合，即通过有效的整合可以建构出一种理想的学习环境。这种环境可以支持真实的情境创设、不受时空限制的资源共享、快速灵活的信息获取、丰富多样的交互方式、打破地区界限的协作交流，以及有利于培养学习者创造性地自主发现和自主探索……在此基础上，实现一种能充分体现学生主体作用的全新学习方式——研究性学习与合作式学习。

基于以上思考，为了贯彻落实国家、省中长期教育改革和发展规划纲要精神，深化基础教育课程改革，推进大庆路小学特色发展、办学模式和育人方式的多样化、个性化，利用优势、做好定位，积极学习借鉴兄弟学校信息技术的先进经验，组织专人考察团赴扬州市多所名校考察信息技术的建设情况，积极组织申报小学信息技术课程实验基地，努力搭建学科文化平台。

二、学校情况

大庆路小学始建于1989年，是连云港市较早的省级实验小学。学校占地1.32公顷，52名教职工承担着千名学生的教育任务。校园小巧玲珑，三进庭院，环境优美。教学办公大楼色彩明丽，花坛雕塑点缀其间，错落有致。学校环境优雅，碧草如茵，翠柏挺立，绿树葱茏，鲜花盛开。现代化的专用教室、自动化的管理、网络化的办公满足教育现代化的教学需要。

学校严格执行规范办学行为的要求，深入实施素质教育，全面提升教育教学质量。学校以规范管理为突破口，以教育科研为切入点，以量化绩效考核为导向，以提高教师课堂教学水平、全面提升教育教学质量为中心，自加压力、负重发展，在困难中求发展，在发展中求创新，在创新中求实效。

目前，学校班班实现电子白板的多媒体教学，在管理方面有校内办公系统、电子备课系统、FTP传输系统、校园广播系统、安全监控系统、校园电视系统、校园局域网、视频编辑系统等现代化设备，基本实现教育现代化。“强管理、重科研、育名师、创特色”已经成为大庆路小学的发展思路。

三、特色优势

课程改革以来，大庆路小学取得了飞跃式的发展，教学质量不断提高，办学综合成效比较突出。无论是学校的整体发展，还是教师与学生的个性发展，都取得了优异的成绩。

学校先后被命名为“全国红旗大队”“江苏省绿色学校”“江苏省教育科研基地”“江苏省现代教育技术实验学校”“连云港市基础教育课程改革特色学校”“连云港市基础教育课程改革优秀学校”“连云港市基础教育课程改革实验工作先进集体”“连云港市课程改革实验基地”“连云港市管理规范示范校”“连云港市一级学校”“新浦区教育信息化工作先进集体”“新浦区教育

装备工作先进集体”等。

学校撰写的《课程改革方案》获江苏省课程方案评比一等奖；承担省教研室主编的《综合实践活动教师指导用书》和《课堂诊断丛书》的部分编写工作；作为全省唯一小学代表在江苏省“小学综合实践活动研讨会”中作首席发言。

1. 成立创建领导小组

为做好课程基地建设工作，学校专门成立创建课程基地领导小组。邱建�校长（中学信息技术高级教师）担任组长，孙述红副校长（连云港市小学语文学科带头人、中学语文高级教师）、刘海勤副校长（连云港市“333”工程骨干教师）担任副组长，由信息中心主任孙月梁（连云港市信息技术基本功大赛获得者）以及其他几位信息技术骨干教师组成课程基地领导小组的主要成员。学校从思想上、实践上全方位积极主动响应落实省级、市级的基础教育课程改革精神，为学校的特色发展、高位发展全力以赴。

2. 信息技术教师情况

大庆路小学现有专职的信息技术教师 4 人，兼职信息技术教师 3 人，其中中学高级教师 1 人。同时还外聘连云港师范高等专科学校冯伯虎教授、连云港市电教馆杨近臣馆长作为专家指导学校课程教学中数字化学习基地建设工作。

邱健筠被市教育局评为“市现代教育技术应用先进工作者”“市教育现代化建设先进个人”“市教育信息化和装备管理现代化应用先进个人”，所撰写的《现代教育技术的误区》《网络技术在学校管理中的运用》等多篇论文在国家级和省级刊物上发表。

孙月梁被市教育局评为“市现代教育技术先进个人”“市教育信息化工作先进个人”，被区教育局评为“教育技术装备先进个人”，获连云港市“小学信息技术指导教师专业技能大赛”二等奖。

王怀中被市教育局评为“市教育信息化和装备管理现代化应用先进个人”。

朱孟明在市“信息技术与优质资源在教学中的有效应用”课堂教学评比中获得活动二等奖，在区课堂教学评比活动中获得一等奖。

荆吉在区“信息技术与优质资源在教学中的有效应用”课堂教学评比活动中获得二等奖。

3. 学生信息技术获奖情况

大庆路小学学生积极参加各种竞赛，刘畅、王帅等分别获得“江苏省青少年奥林匹克信息技术与应用”一、二等奖。韩睿等在省市区纵横码、电脑绘画中也分获一、二等奖。据不完全统计，近三年来学校学生参加各级各类比赛获奖达 62 人（次）。

四、建设内容

1. 总体目标

用三年左右的时间，建设一流的以信息技术课程基地建设为基础的数字化网络环境、数字化教学资源环境、数字化教学与学习环境、数字化管理工作环境，实现数字化学习、数字化教学、数字化科研、数字化管理和数字化生活，创建数字化虚拟空间，实现学校的信息化和现代化。

2. 具体目标

以信息技术课程基地建设为基础的数字化校园是以网络为基础，利用先进的信息化手段和工具，实现从环境（包括设备、教室等）、资源（如图书、讲义、课件等）到活动（包括教、学、管理、服务、办公等）的数字化，在传统校园的基础上，构建一个数字空间，拓展现实校园的时间和空间维度，提升传统校园的工作效率，扩展传统校园的功能，最终实现教育过程的全面数字化，从而提高教学质量、科研和管理水平。

数字化环境:数字化校园的硬件基础。包括:覆盖全校、技术先进、功能齐全的高速校园网络;数字化广播系统和电视系统;数字化多媒体制作、演示系统;建立健全满足教学需要的计算机机房、数字化阅览室和多媒体教学系统等。

数字化管理:指校务管理系统,包括办公、人事、教务、校产等管理子系统。

数字化学习:指数字化校园软件平台和资源两方面。建立先进实用的应用平台和应用系统。包括:校园信息发布系统、校务管理系统、教育教学系统、学生自学平台、家校联系平台、实验图书管理系统和生活服务系统。

加强现有信息资源的数字化工作,不断开发信息资源,实现资源共享。重视现有信息资源的数字化工作,把具有优势和特色的传统媒介的信息资源尽快数字化。加强各类教育信息资源库的建设,包括教育教学资源库、科研资源库、管理资源库、学生信息库、数字化图书馆等涉及教学、科研、管理等各个方面的信息资源库。积极开发基于 WEB、FTP 等技术的各类网络信息资源,充分利用这些信息为学校、社会和家庭提供优质服务。

数字化科研:主要规划科研项目管理、科技图书情报查询。加强教科研信息的收集、处理、存储、分析。加强科研课题的申报立项、研究过程的管理及著作成果的管理。

3. 信息技术课程实施基础及现状

大庆路小学在小学信息技术课程基地建设中坚持"科学规划、分步实施、设备标准、突出应用"的创建理念,重点实施"设备标准化、教育信息化、管理网络化"三大任务。

(1) 分步实施,信息装备规范

学校自 2008 年起就启动了教育现代化的建设工作,把数字化校园的创建列入学校的发展工作。制订规划、分步实施。首先多方筹措资金,配备标准的微格教室、计算机网络教室、多媒体多功能教室、电子阅览室以及校园广播系统、校园监控系统、闭路电视系统、校园局域网等现代化设施。还配备了适合小学生实际需求的科学实验室、自然仪器室、图书阅览室、音乐室、美术室、心理咨询室。

目前,学校校园网上运行校园管理系统、电子档案系统、网络教研系统、教师专业成长系统、教师绩效考核系统、学生综合评价系统等现代化管理软件,全部运用于学校的教育教学与学校管理。目前,学校建设有一定规模的数据库,如教务管理、学籍管理、人事管理、财务管理、图书仪器管理等,全面构建数学化校园,率先实现教育现代化。

(2) 数字技术,搭建素质教育平台

信息技术课程基地的创建,为全面实施素质教育、提升教育教学质量提供保障。为此,学校认真落实数字化装备在教育教学中的应用。

首先,学校率先建立教师博客群。教师将自己日常的生活感悟、教学心得、教案设计、教育反思等上传发表,超越传统时空局限,促进教师个人发展,让大家可以共享知识和思想,记录教师成长的轨迹。

其次,学校建立班级博客。教师将自己的教育思想、教育观念发布到班级的博客上,让学生及时进行阅读,进行深刻的领会。学生也可以将自己学习过程中的不解问题通过博客向教师反馈,教师及时给予解决。除了学习上的交流以外,还可以进行思想上、心理上的交流。学生学习生活中总有一些问题不愿意或者不敢当面向教师提出来,可以通过博客提出来,方便教师给予及时的解答。

另外,教育信息化的电子备课、教育资源的网络化可以为家长提供家庭教育的素材。网络化的电子备课为家校联系提供了好的空间,也减轻了教师的劳动强度,大大提高了教学效率。同时,学校还把班级博客、学生博客应用到学校的教育与管理当中,取得了良好的效益。

学校还以课程基地建设为契机,推进教学资源的数字化进程。例如:构建一个科学的、操作简易的、互动性优越的资源管理软件平台,方便老师们把平时积累的课件、积件、教案、试题、参考资料、课例实录、教学心得、教研论文、活动与竞赛资料等随时上传,实现科学分类、查询浏览、下载整合、互动共享、自主维护等功能。也许有人要问:为什么一定要花这么大的精力做资源的数字化工作呢? 理由很简单:只有数字化的资源,才能实现信息传递、获取、存储、处理、加工等的快捷性,才能实现资源高度的共享性与良好的互动性。

(3) 数字管理,彰显网络管理内涵

学校实现了办公自动化、教师教研网络化、家教联系立体化、安全管理网络化,在完成市城域网的平台基础之上,学校还自行开发了"教师专业成长"和"学生综合评价"等管理平台,最大限度地发挥现代教育技术的功效。教师的专业成长系统把教师思想、业务水平、科研能力等方面的基础资料进行整合,通过平台的动态化管理,实现教师的综合性评价,促进了教师的专业发展。学生的综合评价系统主要解决学生的评价单一呈现模式问题,重点记录学生的学业水平、兴趣爱好、思想动态、个性特长等方面的资料,通过评价体系在网络上呈现,家长可以通过网络了解自己孩子的基本情况,有利于学生的个性化评价。目前,大庆路小学还实现了网络读书、电子期刊、FTP 传输、VOD 点播、网络监控等现代化的管理方式,使学校管理的模式从单一化转入综合化,提高了学校的管理效益。

4. 信息技术课程与其他学科的整合

要提高小学生信息技术的素养,重点还应该进行数字化学习,实际上就是信息技术与学科的整合,但不是把信息技术仅仅作为辅助教或者辅助学的工具,而是强调利用信息技术建构一种新型的教学环境,以实现能支持自主探索、多重交互、情境创设、合作学习、资源共享等多方面要求的学习方式,从而把学生学习的积极性、主动性充分调动起来,使课堂的教学结构发生根本改变(改变的标志是师生关系和师生地位作用的变化),学生的创新精神和实践能力的培养也就落到了实处。

(1) 利用信息技术改变传统的学科教学结构

教学手段的改革主要体现在现代化教学设施上,很多学校都配置了语言实验室、计算机网络教室、闭路电视系统、多功能厅等等。这些教学手段的更新使教学环境有了很大的改善,这是非常需要的。教学方法的改革那就更多了,每个学科都在进行探索,单以语文学科为例,比较重要的教学方法改革就有 20 多种。应该说在这方面各个学科都取得了一定的成绩。

可见,从内容、手段、方法这三个方面来看,都进行了不同程度的改革,但是忽略了另一个非常重要的问题,就是教学结构的改革。不是说内容、手段、方法的改革不重要,而是应该在教学结构改变的前提下来进行内容、手段与方法的整体改革,才能真正取得实际效果。

传统的教学系统只有教师、学生和教材三个要素。在现代化的教学系统中,多了一个要素——"教学媒体"。按照系统论的观点,这四个要素不是孤立地、简单地组合在一起,而是相互联系、相互作用的有机整体。教学系统四个要素相互联系、相互作用的具体体现就是教学结构。

多年来统治我们各级各类学校尤其是中小学的传统教学结构,用一句话来概括,就是以教师为中心的教学结构。在这种结构下,教师是主动的施教者,甚至是教学过程的绝对权威。教师通过口授、板书把知识传递给学生；作为学习过程主体的学生在整个教学过程中只是用耳朵在听，处于被动接受状态，是外部刺激的接收器（相当于收音机或电视机）；媒体在教学过程中主要是辅助教师，即用于演示重点和难点的直观教具。在这种结构下，教材是学生获取知识的唯一来源，老师讲这本教材，复习和考试都是依据这本教材。实施信息技术与课程整合正是为了有效地改变传统的教学结构，即彻底改变教学系统中四个要素的地位与作用。

(2) 做好课程中数字化学习的必要前提条件——建设各个学科的教学资源

没有丰富的高质量的教学资源，就谈不上让学生自主学习，更不可能让学生进行自主发现和自主探索，教师主宰课堂、学生被动接受知识的状态就难以改变。但是重视教学资源的建设，并非要求所有教师都去开发多媒体素材或课件，而是要求广大教师努力搜集、整理和充分利用互联网上的已有资源。只要是网站上有的，不管是国内的还是国外的（国外也有不少免费的教学软件），都可以采用“拿来主义”。只有在确实找不到与学习主题相关的资源（或者找到的资源不够理想）的情况下，才有必要由教师自己去进行开发。

充分利用各级各类的网校资源。目前，我国的网络教育发展很快，全国已经有上百所高校开设了网络学院，高校主要是通过网络实施学历教育与终身教育。社会上也有一些直接针对中小学的“网校”，如“101 远程教育网”等。“校校通”工程实施以来，越来越多的中小学校建设起了自己的校园网、教育网。

(3) 课程学科中的数字化学习目标任务

语文：运用数字化学习的方法，通过两年左右使上二年级的学生掌握 2 500～3 000 个常用汉字，能打出 1 000 字左右的电脑文章。英语：小学阶段掌握 3 000 个左右的英语单词，基本解决听说读写的水平。信息技术：小学毕业达到初中毕业生的水平。其他学科：通过在学科中的数字化学习，使教学质量和教学效率得到大幅度地提高。

5. 数字化学习其他方面的运用

(1) 网络论坛

就是在网络中讨论交流的平台。论坛以其开放的特点深受学生的欢迎。这个板块的设立，为学生与外界联系提供了很好的沟通平台，学生将自己的学习观点发布到论坛上，让别人及时进行阅读，进行深刻的领会。学生还可以将自己学习过程中的不解问题，通过论坛向教师反馈，教师及时给予解决。除了学习上的交流以外，论坛还可以进行思想上、心理上的交流。

(2) 学习论坛

还可以成为学习的重要辅助工具。教师把所教的教案及学习内容放在论坛上，让家长进行阅读，进而指导学生进行学习。家长可以通过论坛了解孩子所学的内容，进而恰当的家庭辅导，也可以运用论坛及时与教师沟通孩子的思想状况、学习情况。论坛的应用为家校联系提供了良好的空间，也减轻了教师的劳动强度，大大地提高了教学效率。

(3) 课程基地的建设

课程基地的建设，可以强化信息技术与学科的整合，更重要的是可以提升学生的信息素养。我们所说的信息化并不仅仅是着眼于现代化的硬件设备，更要体现在学校管理和软件资源的开发与利用，创新之处就是体现在管理与应用方面。突出现代化设施的使用，包括教育资源的优化配置，合理使用和高效开发创造一个良好的教育环境，以促进学校在新时期的新课程改革与教育教学管理中跨越式发展。

从学校的整体发展出发，立足于信息化校园的构建和学校管理的高效性研究，引导学生参与信息化校园教与学的建设,建立高效的现代化构建机制。

由于信息技术的渗透而引起的应用领域中的变革使人眼花缭乱、应接不暇。处于信息时代,就应该对信息技术及其对人类文化的影响有本质的认识,应该能具有在信息社会学习文化、取得知识与信息的基本意识与能力,特别是能够利用现代社会所需要的信息,也就是具有一种信息素质或信息文化,即熟练掌握运用计算机获取、传递和处理信息的能力。这是每个人信息时代应具有的基本素质,培养21世纪合格人才必须加强信息素质教育。

(4) 信息技术课程教学是提高学生信息素质的基础

信息技术与其他学科的整合,是学生认识和学会使用信息技术的主要途径,学生利用信息技术这一工具学会学习的能力,培养学生的创造性、责任感、方法与态度等。例如:在教学浏览器操作时,教师除了讲浏览器基本的操作方法,还应该把如何利用浏览器获取自己所需要的知识渗透到教学中去,使学生在掌握计算机知识的同时也发展了学生利用计算机获取知识的能力。

6. 网络技术辅助信息技术课程实施

网络技术是培养信息素质的一条重要的途径:将多媒体和网络技术应用于教育领域,大大缩短了时空的距离,使各种形式的教育得以实施。多媒体技术是一种将声音、文字、图像、动画和视频等多种媒体的信息通过计算机进行数字化加工处理,并和通信技术结合的一门综合技术。它具有教学媒体信息多维化、集成化和交互性等特征。

网络技术是通过计算机间的相互连接,实现网上信息资源共享。将两者结合起来,可以提高教学效率、扩大教学规模、培养学生创造力和个性差异,提供多样化和多维化教学信息空间。如今从教学的角度看,现代社会所必需的信息已远远超出了个人所能掌握的知识限度,传统的教学观念和教育框架也无法适应这种知识爆炸式的冲击。在知识爆炸的时代,教师的重要作用不是去给学生灌输大量的现成知识,而是向他们揭示知识的结构。教学内容不再是死板的条框、定义的复制,而成了理解、处理信息的学习过程。教学手段从对学科知识的掌握过渡到培养学生的信息处理和创造性能力,并使他们理解信息对当今社会与人类的影响,认识到信息资源的重要性和担负起时代的责任感。

7. 程序设计教学有利于培养学生的创造性思维

创造性思维,是在创造活动中需要创造性解决问题情境中表现的有创造性的思维活动,它能提供新颖独创而又有价值的思维成果。创造性思维一般包括准备、酝酿、顿悟和验证四个阶段。而设计一个正确的程序一般要经过以下几个过程:设想、框图、程序、调试、修改、成功,这正是四个阶段的最有利展现。在设计中,调试过程时,如果运行结果不满意,就需要修改后再次调试,直到达到预期效果。这是一个艰难的思维过程,并且常常有着不同的算法解决同一个问题的情况。在这里,学生们的创造性会淋漓尽致地发挥,思维能力也会得到跳跃式拓展和提高。程序设计教学有利于强化学生思维训练,优化学生思维品质。

五、预期效能

小学信息技术课程实施基地的建设,将大大地拓宽学校的教育教学手段,为学生提供更优质、更灵活的学习环境。

首先,学校有了一整套数字化教育与管理的平台,提高了学校的教育效率与管理水平。

其次,教师在课堂教学中可以将校园网络、数字化的管理模块,广泛应用到课堂教学中。一方面提高了广大教师收集、处理信息的应用能力,为课堂教学手段丰富打下扎实的基础;另一方面对广大教师的自身成长提供了保证，尤其是学校的网络教研平台、教师专业成长平台、教师绩效考核平台为教师的专业成长构建了发展的舞台。

学校的管理水平也有很大的提高。网络办公、电子政务、网络监控等平台提高了学校的管理水平，也提升了学校的管理效益。课程教学中的数字化学习方式也为学生学习与家校联系拓展了空间，丰富了家校联系的手段。学校微格系统、视频点播系统的应用可以让家长更好地了解学校教学的实际状况，提高了学校的教育教学水平。

六、建设保障

1. 硬件设施

学校目前已经建设了一套完整的校园网络，完成的硬件平台有：多媒体网络教室、多媒体综合教室、多媒体制作中心、多媒体电子图书阅览室、四星级网络中心、视频会议系统、网络电视传输系统、班班通多媒体设施、四级网络技术公共服务体系等，基本满足小学信息技术课程实施的所有硬件需求。

2. 软件应用平台

拥有网络技术管理系统、校园自动化办公系统、教学研讨网络平台、多媒体课件制作系统、电子网络备课系统、图书仪器管理系统、教师专业成长系统、绩效考核系统、学生综合评价系统、教师考评系统、视频点播系统、学校网站、教育博客等丰富的教育资源。

3. 高标准的管理设施及人才保障

学校有一个覆盖全校管理机构和教学机构并为提供教学、管理和决策三个不同层次所需要的数据、信息和知识的校园网络系统。另外，学校还有一批信息素养较高的研究管理人才。学校的校长邱建筠和信息中心主任孙月梁熟悉学校现代化管理，精通网络技术领域的硬软件操作，熟悉数字化校园的研究内容，掌握数字化校园的发展方向。课题组人员信息素养高，熟练操作多媒体设备，都有自己的专长。

4. 经费保障

小学信息技术课程基地的创建已经列入学校的发展规划，现代化的设施已经基本到位。学校每年用于数字化校园投入达到 20 万元，专项经费不低于 3 万元/年。

随着教育现代化的全面实施，课程教学中的数字化建设也将成为学校未来发展的重要内容。大庆路小学结合学校的实际，在上级相关部门的支持下，全面实施数字化校园的建设，率先在全市达到数字化校园的要求，前期投入经费达 124 多万元。现在，学校有公共使用经费、预算外资金收入和上级下拨的专项资金，学校有足够的资金保障课程基地建设的发展需要。学校每年将拿出 40 万元左右的资金进一步完善课程基地建设，其中 30 万元用于基础设施建设，10 万元用于教师学生的培训学习。

七、时序进度

根据学校的发展实际，结合基地建设的相关要求，学校对基地建设排出时间表：

2011 年 9—12 月，完善基础设施，申报市级课程基地。

2012 年 1—6 月，全面落实基地发展要求，完成前期的硬件设施。

2012 年 7—12 月，完善数字化建设的平台建设，完成数字化学习的框架建构。

2013 年 1—6 月，完成课程学习中数字化建设的校外实施基地，进行中期评估。

2013 年 7—12 月,完成数字化学习平台的扩展,总结平台使用效能。

2014 年 1—6 月,全面总结课程基地建设的成果,归纳存在的不足。

第七节　“数字化云科技”课程建设项目计划书

为深入贯彻党的“十八大”提出的把立德树人作为教育的根本任务的要求,贯彻落实国家、省《中长期教育改革和发展规划纲要》,建设数字化云校园,提高教学质量,办人民满意的教育,根据江苏省教育厅、江苏省财政厅《关于推进小学特色文化建设工程的意见》精神,基于校情,大庆路小学拟开展“数字化云科技”课程建设。为使此课程建设顺利进行,特制定项目计划书。

一、基本情况

“数字化云科技”课程建设项目基本情况见表 2-1。

表 2-1　“数字化云科技”课程建设项目基本情况表

<table>
<tr><td colspan="2">项目名称</td><td colspan="2">“数字化云科技”特色建设</td></tr>
<tr><td colspan="2">责任人及建设人员</td><td>姓名</td><td>职务</td></tr>
<tr><td colspan="2">教育局主要负责人</td><td>王宏新</td><td>区政协副主席、教育局长</td></tr>
<tr><td colspan="2">课程建设学校校长</td><td>邱健筠</td><td>校长</td></tr>
<tr><td rowspan="3">共建学校</td><td>校长</td><td>刘永萍</td><td>校长</td></tr>
<tr><td rowspan="2">挂职老师</td><td>丁吉</td><td>信息中心主任</td></tr>
<tr><td>陶园</td><td>科学教师</td></tr>
</table>

二、建设基础

连云港市大庆路小学始建于 1989 年,是连云港市较早获批的省、市实验小学,率先荣获江苏省现代教育技术实验学校、省数字化学习试点校、省绿色学校,连云港市管理规范示范校、市信息化示范学校等称号。学校充分运用教育现代化创建成果,全面推进数字化云校园建设,积累了丰富的办学经验,形成了鲜明的办学特色,成为一所办学理念新颖、师资力量雄厚、现代化程度很高的小学(图 2-24、图 2-25)。

学校曾获全国数字化校园创意比赛二等奖、江苏省网站评比一等奖、“连云港市教育信息化和装备现代化应用先进集体”“连云港市优秀学校网站评比十佳网站”“连云港市中小学生科技模型比赛小学组团体一等奖”等。学校通过省现代教育示范校、市信息化示范学校、市数字化学校评估验收。目前,学校已开设了“车模”“航模”“机器人制作”“金钥匙科技”等学生社团,有多个社团被评为市、区十佳、优秀社团,其中航模社团在连云港市航模大赛中已连续三次获得市团体一等奖,机器人社团也在省、市比赛中获奖,百余名学生获得各类项目的奖次。学校多次被多家媒体报道,湖南省教育厅、河南虞城县教育局、南京江宁区教育局、南通如皋市教育局先后组团来学校参观考察。数字化云校园建设已经成为港城教育的亮点。

图 2－24　学校数字化展览馆

图 2－25　学校科技体验馆

三、内涵诠释

学校以"修德至善 厚学求真"为校训，用"善"作为学校文化思想内核，以学善、明善、行善为主线，逐步完善课程基地建设的核心理念，为培养创新人才服务。

"善"解读本义为"吉祥"，动词用有"擅长、修治、友好"等义项，做名词用有"好人"意，还可做姓氏。"善"，作为生活理念，是大众化的一般概念；作为意识形态，是圣贤哲人关注的重大思想伦理命题。《国语・晋语》中指出："善，德之建也"。《左传・昭公十二年》有"供养三德为善"一说。《大学》中有："大学之道，在明德，在亲民，在止于至善"。（意：大学的宗旨在于弘扬光明正大的品德，在于使人弃旧图新，在于使人达到最完善的境界。）《论语・述而》中子曰："择其善者而从之，其不善者而改之"。

"善"是基于对老子的《道德经第八章》（易性第八）："上善若水。水善利万物而不争，处众人之所恶，故几于道"。这句话可以理解为：水有滋养万物的德行，它使万物得到它的利益，而不与万物发生矛盾、冲突，故天下最大的善性莫如水。数字化云科技也是学校"善"文化的具体体现，意为通过数字技术，提高学生的素养，成为社会发展的有用之才。

四、建设思路

连云港市大庆路小学"数字化云科技"课程建设旨在以数字网络为载体，以"云技术"为服务，着力培养学生的创新精神与实践能力，培养全面发展的优秀学生，完善已有的"连云港市小学信息技术精品课程基地"建设；项目以提高课程实施水平为抓手，通过发掘"数字化云科技"的时代应用价值，创设有文化品位的课程环境；通过建设物态性学习载体，呈现数字化教学资源，培植课程改革典型案例；通过创新课程结构提高校本化实施能力，实施合作式做中学，边动手、边认知、边体验、边探究，实现课程的多样性、选择性、开放性；通过激发学生的学习兴趣、潜能特长，不断提高学生的实践能力和综合素质，走出一条个性化的特色之路。以名师引领项目发展，以项目促进教师成长，用项目培养学生兴趣，激发师生的效能感、悦纳感、幸福感，最终加快学校的特色发展、创新发展和内涵发展。

五、建设内容

1. 创设具有"数字化云科技"特色的教学环境

(1) 营建"数字化云科技"的校园氛围

学校实现从物质、精神到管理的数字化，通过数字技术和"云校园"这些层面进行校园学习环境建设。如人性化且功能完备的数字媒体教室、交互式同步教室、网络录播教室、数字科技体验馆、数字科技展示厅、物联网科技探索教室等。成功的基础硬件建设，能在潜移默化中营造积极向上、催人奋进的环境氛围，并且为课程实施提供保障。学校还将继续开展"科普教育周""创新科技节"等，组织学生参加省、市级中小学生创新科技大赛。通过丰富多彩的活动使学生充分发挥聪明才智、培养实践创新能力、发展个性特长；激励更多学生参与创意活动，使创新意识和能力的培养成为师生的价值追求(图 2-26、图 2-27)。

图 2-26　学校科技探究室

图 2-27　学校数字化图书馆

(2) 营造具有"数字化云科技"特色的教学环境

学校从培训师生的数字化科技理念出发，将"云科技"有效地融合于各学科的教学过程中，以此来营造一种新型的教学环境，实现一种既能发挥教师主导作用又能充分体现学生主体地位的以"自主、探索、合作"为特征的教与学方式。将"班级科技特色"作为文化名片，结合白板教学、电子书包等形式，从里到外将"数字化云科技"探索渗透到每节课的教学中。从而把研究、探索的主动性、积极性、创造性较充分地发挥出来，使传统的以教师为中心的课堂教学结构发生根本性变革。

(3) 打造"数字化云科技"项目专用场馆

学校着力打造"数字化智慧校园"，准备筹建"物联网体验教室""数字探究教室"，完善校园的物联网架构。其中，校园物联网框架包括科学安保管理、智能教学技术、数字化管理技术；物联体验教室主要包括数字化科学研究观察中心、数字化科技种植园等项目。专用场馆的建设使用微型校园物联网系统，为开发学生学习科学探究奥秘的潜能、提升学生综合素养提供最理想的平台(图 2-28、图 2-29)。

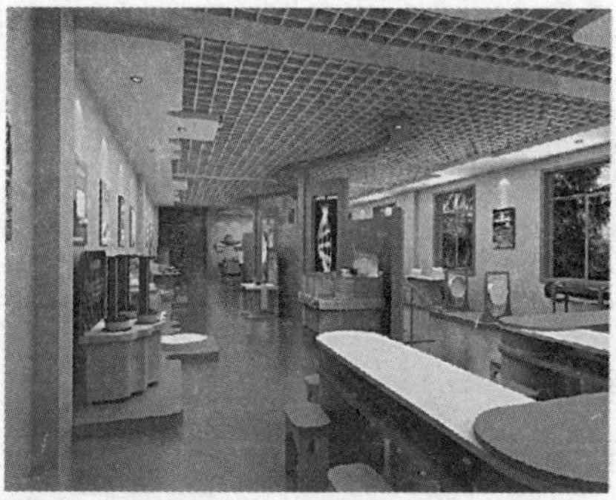

图 2-28　现代化科技馆

图 2-29　数字化科技学科教室

2. 开发具有“数字化云科技”特色的课程资源

(1) 立足于具有“数字化云科技”特色的课堂主阵地

课堂永远是课程资源存在的核心与归宿，也是课程资源的价值体现。需要立足科学课堂主阵地，将具有“数字化”特色的科技内容作为学科教学内容的重要组成部分，收集学科教科书上具有“数字化”特点的科技元素，形式多样地渗透云科技特色，带领学生进入云科技时代。通过学习与了解“数字化云科技”内涵，走近云科技特色课程领域，激发学生学习兴趣；通过创新实践操作，培养与增强学生设计、制作、实践能力，将科技知识与动手操作实践能力逐步渗透，进而扎根于学生的学习生活中。

(2) 开发具有“数字化云科技”特色的校本课程

遵照国家课程标准，以科学学科基本内容为基础，深入挖掘有趣、易操作、符合学生年龄特征和身心特点的云科技特色资源，将其纳入学校课程计划，开发出具有数字化特点的科技系列校本课程。结合已落成的科技馆、科技体验室，在已经开发的《航模制作》《机器人实践操作》课程基础上，继续设计开发《科技达人小发明》《科学学具设计与制作》《数字化高科技体验畅想》等系列科技课程。每周一节“我的畅想——云科技体验与创作”活动课，两周一次数字化科技知识校本培训，每月一次科技达人创作实践评比大赛，以灵活有序的制度化管理模式形成校本课程机制，以创新型活动形式引领课程实施方向，最终推进课程有效实施。

(3) 实现“数字化云科技”特色课程下的学科整合

以推进“数字化云科技”特色课程为抓手，依托课程基地建设，突出“数字化云科技”特色课程资源与各学科教学的整合运用，构建“数字化”课堂。学校各学科都结合数字化特点着力于课堂的整合，如语文学科的数字化图文结合的欣赏，数学学科的图形变换与数字化实践操作，美术学科的数字化设计与欣赏……运用数字化技术在课堂这块主阵地突出高科技的技术优势，学生开发思维，开拓想象空间，打破时空局限，尝试动手操作与实践，从而实现尝试体验、自主探究、合作共享的新课程理念下的特色课程建设目标，最终激发学生个性思维，提升学生综合素养。

3. 搭建具有“数字化云科技”特色的互动平台

(1) 建设“物联网创新工作坊”

互联网技术与移动通信网络的不断深入发展，促使了新一代网络技术——物联网，这项技术能更好地为广大师生的工作、学习和日常生活服务，为学校数字化应用与信息化系统的高效整合提供更有利的条件。为此，在大庆路小学前期建设的校园科学体验馆的基础上，增加物联网实验室器材、设备，将添置互动创意体验系统，包括：传感电子系统、网络传输系统、创意展示。弥补目前应试教育中对学生的个性发展、创造性思维、动手能力和团队合作能力等关键情商和智商能力培养的严重欠缺和不足，训练学生获得比知识更重要的创造力、主动求知能力、批判力、挑战力等，激发学生的潜能和勇于挑战的勇气，让学生找到适合自己发展的成功之路(图 2-30、图 2-31)。

图 2-30 学生运用平板终端学习

图 2-31 教师参加网络微课比赛

（2）建设“绿色校园智能系统”

在校园开辟一块绿地建设“绿色校园智能系统”，通过传感系统、网络系统，构建数字化种植环境，创造更加良好的探究和体验环境，让植物种植成为学生乐于参与的社会活动，与数字化结合更能充分发挥学生的动手能力。“绿色校园智能系统”是一个网络化的管理、学习综合平台，集成了传感器、微机电系统和网络三大技术。学习和管理操作完全建立在标准的WEB构架上，处理来自各子系统的实时数据。对采集数据进行受理、分析、处理、校验，以保证数据及时、正确地得到记录分析，同时向管理员提供实时视频及各种环境参数数据。通过种植、观测某种植物生长情况，利用计算机及网络，收集、处理、发布观测信息，交流种植经验，展示研究成果，从而达到提升学生的科学素养、提高信息能力的目的。

（3）完善数字学习平台

教师的教学方面：大庆路小学为数字化云校园建设搭建了“教师网络备课系统”“数字化教学系统”“教研交流系统”等子系统，可实现教师网络备课、同步课堂教学、资源管理、网络评价、资源共享等需求。建立“数字化教学教研系统”“数字化教师成长系统”“数字化教师评价系统”，提高现有资源的利用效率，提高多媒体常态教学的效率和优化多媒体课堂教学的效果。

学生的自主学习方面：学校建立了“学生自主学习系统”“课程同步学习系统”“学生综合评价系统”。利用与课程相关的学习资源制作的、面向学生的学习应用，包括课程预习、练习、考测等内容。学生通过终端实现日常的考试评测，学生端从平台上获取试卷、习题册，客观题提供答题卡，学生直接在终端机上点选答题，主观题提供屏幕手写、纸质原笔迹手写、拍照等多种数据采集方式。其中纸质原笔迹手写方式较为特别，学生直接在纸上答题，通过固定在答题纸上方的数据采集器能够将学生答题笔迹直接传送到终端机上，这种方式不改变学生传统答题模式。学生答题完成后，客观题系统自动判分，主观题需要教师在平台上人工批阅，并给出相关的解题指导，方便学生到平台上查阅（图2－32、图2－33）。

图2－32　数字化同步教室

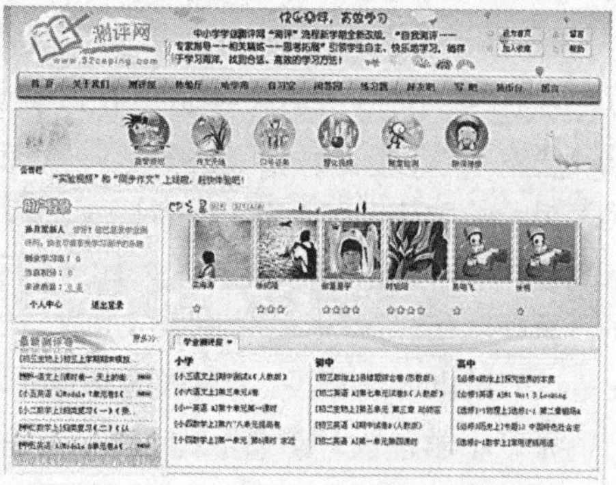

图2－33　学生自主学习系统

（4）建设“数字化云科技”管理平台

“数字化云科技”管理平台包括：“智能教学系统”“设施管理系统”“安防管理系统”“绿色校园系统”。整个平台就是将各种应用系统、数据资源和互联网资源集成到一个信息管理平台之上，它把分类系统的不同功能有效地组织起来，为各类用户提供一个统一的信息服务入口，提高管理效能。

4. 建设具有“数字化云科技”特色的学生社团

建设丰富多彩的科技社团旨在以体验、探究为中心，增强学生的动手能力，拓展学生的课外知识面为目的，以班级化、个性化、特色化项目学习为主体，拓宽学生学习、研究平台，让学生在实践中学习，在学习中发展兴趣，将兴趣升华为特长，告别传统的填鸭式课堂教育，以探究式为主要学习方式，真正实现课程多样性、内容开放性、学习趣味性。

学校在“一班一特色”的基础上针对具有浓厚兴趣爱好与一定科技知识基础的学生，开展以融汇先进科学技术为目的的社团活动，本着以学生兴趣爱好为主要依据，彰显各个社团的特色、个性、风格的原则。目前，学校已开设了有关科技的社团有“车模”“航模”“机器人制作”“金钥匙科技”等。在金钥匙科技知识比赛中有多名学生获得省、市一、二等奖，获得了市、区教育局领导的赞誉。学校还将继续开设“能源创新使用”“科技魔方”“网络编程”“数字天文”等科技社团，旨在通过学校数字化校园的优势，不断打造具有学校特色的科技社团。

六、共建计划

海宁小学始建于1985年，30年来，学校始终坚持“文化立校、内涵发展、开拓进取，稳步推进”。在“让今天的自己胜过昨天的自己”的育人目标引领和激励下，师生携手，努力用理想的教育去实践着教育的理想，是一所融书香校园、数字校园、活动乐园于一体的，具有现代化气息的新型学校。

海纳百川，是海宁人臻于至善的源泉；宁静致远，是海宁人自信奋发的绽放。建校30年来，先后被评为江苏省“文明单位”“青少年科技教育先进校”“中小学优质资源先进校”“素质教育先进学校”“现代教育技术示范学校”“防震减灾科普示范校”“国家级美术教育培训基地”“全国红旗大队”，连云港市“常规管理先进校”“振兴阅读基地实验校”“全面育人先进学校”等荣誉称号。

1. 学校特色优势

(1) 优化教师结构，奠定科技教育基础

多年来，学校在博纳的历史积淀与文化底蕴下，以科技教育凸现学校特色。注重课堂教学、课外活动和社会实践等多维实践载体。持续推进信息技术教育，开展青少年科技创新活动，弘扬科学精神，传播科学思想和科学方法，将现代科学技术知识引入学校教育教学活动中，积极探索了“以德立校、质量兴校、师资强校、科研亮校、特色名校”的可持续发展之路。成立了以陶园老师为组长，具有4位专职及43位兼职的科学教师的科技教育教研组，多位学有专长，在市、区专业技能比赛、优质课评比等活动中脱颖而出。年龄结构、学历层次科学合理，组合优化的教师队伍，是学校提高科技教育品味，开展有序、优质科学教育活动的有效保障。

(2) 强化环境建设，科技教育硕果累累

海宁小学铺设环形塑胶运动场，构建了符合《江苏省现代化学校标准》规定的多媒体学术报告厅、计算机网络专用教室、科普展厅等现代化教学设施，并科学地融入了计算机“校校通”工程，实现了真正意义上的Internet无缝对接和全方位覆盖……近年来，又乘着教育信息化、学校标准化的春风，班班完善了电子白板等多媒体教学系统，其他辅助设施更是一应俱全，科学仪器室、实验室可供24组同学同时进行操作实验；图书室有85平方米，藏有图书48 832册；还有综合实践室、蜡染活动室、布艺操作室、纸蕾丝刻画室。现代化校舍的兴建，教学设施的完备及信息技术的升级完善，为学校全面实施素质教育奠定了坚实的物质基础，为科技教育的开展提供可能。

海宁小学建设了面积达98平方米的防震减灾科普展馆,展馆内布置了20块固定展板、12个展柜、2个大型展台、1个大型的多面体展板,还有地球仪、地震仪等。学校将科技教育纳入课程设置计划,自编校本教材,开设防震减灾科普教育短课。参加连云港市防震减灾科普知识竞赛获团体二等奖。组建的航模社团在省市各级航模比赛中取得了优异的成绩。连续多年组织学生参加"全国青少年科技创新大赛"及"金钥匙科学素养大赛"均获骄人的成绩。董志喜老师发明的电路连接器获得连云港市最佳教具成果奖;关国园老师凭借深厚的电脑知识成为连云港市区信息化技术应用于教育教学方面的强手……32名教师获得"优秀科技辅导员称号"。宁海小学学生109人次获得江苏省历次相关比赛一、二等奖,这些成绩为科技教育的再生长奠定了基础。

(3) 整合内外资源,科技社团彰显特色内涵

科技教育与学科整合,与社会资源链接,丰富课程内涵。海宁小学先后与振兴花卉园、凯创服饰有限公司、葵花社区等单位开展科技教育共建。与连云港市团委联手,利用寒暑假组织学生开展一系列环保夏令营活动:参观田湾核电站,走进林间地头,探究水污染原因、现状及科学整治方法,组织学生参加爱鸟系列活动,参加电脑绘画比赛等,以提高学生的环境保护意识。科技课程的实施和学生社团建设结合起来,组建了"航模""电脑绘画""我爱发明"等科技社团,打破一张课表的局限,拓展课程的外延,丰富课程的内涵,使学生在社会课程实践中认识自然、了解世界、尊重科学规律、把握科学方法。其中,"蜡染""春芽社会实践"等科技社团被评为"连云港市优秀社团","蜡染""春芽社会实践""布艺"等科技社团被评为"新浦区十佳社团"。

2. 共建基础

(1) 异曲同工,孕育相近的特色文化内涵

海宁小学与大庆路小学都地处连云港城区,都秉承着"敢闯、敢试、敢为人先"的办学精神,都能抓住教育改革中的教育现代化建设、学生科学素养的养成建设等一次次契机,充分利用本地区的科技教育平台,利用现代化的企业、高档社区等丰富资源。广开胸襟,开放办学,不断提升教育品质。海宁小学构建"海纳百川,宁静致远"的核心文化,不断丰富"海宁" 元素,丰盈"海宁"内涵,放大"海宁"效应,不断提炼和完善"海宁"特色活动系列,丰富校园文化建设,科创教育文化已成为学校特色。而大庆路小学与时俱进,不断探索办学思路,努力提升办学水平,逐步形成了"信息技术与数字化教学密切整合"的办学特色。两校注重科技教育与基础课程、拓展课程、探究课程的有效整合,凸显学校科技文化特色。

(2) 殊途同归,校际间课程实施理念的趋同

海宁小学与大庆路小学在课程资源的开发和实施方面有很多共生共融之处,两校教师都有相同的课程实施理念——利用网络在了解和挖掘社会资源的基础上,建设科技实践系列课程基地;注重学科间知识的渗透和学科资源的有效整合。走进工厂,了解现代企业技术与管理;走进乡村,体会"汗滴禾下土"的真正内涵;走进社区,感受现代科技为人们生活和工作带来的变化;走进自然,充分体现人与动物、自然的友好和谐;走进军营,了解国防知识,树立国防意识。两校先后被评为省、市综合实践活动课程实施先进校。而在科学课程的常态实施中,两校教师已经借助数字化平台,实现了网上交流,校际间学科组研讨等活动。并以此为依托组建了"航模""我爱发明"等多个科技信息化活动社团,社团活动的开展,促进了科学课程的有效教学。

3. 共建目标

在理性分析两所学校现有优势与不足的基础上,需要立足教育教学实践,以课程实施为抓

手，通过“科技”文化建设的共建工作，达到以下目标：

①促进教师更新教育观念，增强课程意识，提高课程开发能力，发挥个性特长。

②拓宽课程开发与实施的途径，以探索高效的课程教学模式引领师生教、学方式的转变。

③彰显学校“信息科技”特色文化的育人功能，营造师生善教乐学氛围，提供人人发展的“舞台”。

④通过多样化的课程活动形式，拓展师生的视野，使之促进学生科学素养的提升，为学生的终生发展奠定基础。

⑤构建便于学生自主学习、合作学习、探究学习的全新的学习内容，开发个性化的课程资源。

4. 共建内容

(1) 锤炼优秀教师队伍

集两校名师资源，成立“名师工作室”，引领两校教师学习、交流、合作，为教师的专业发展搭建平台。采用“研训结合”模式，借助挂职培训、校际主题教研活动交流、师徒结对跟踪培养、课程开发专题培训等形式打造一支优良的教师队伍。

(2) 共创科技特色文化

依托海宁小学以“博纳”为主题的校园文化特色和综合实践活动课程基地搭建的平台，挖掘科技课程资源，以“科技数字化文化”建设为引领，推广科普知识，开展社团活动，改进学科教学，定期为两校师生搭建展示平台，让师生在课程文化建设中共同成长。从而为大庆路小学“数字化云科技”的特色文化建设奠定坚实的基础，形成以名师引领课程文化，以课程文化促进教师，以教师成就学生，在“建设特色学校，培养特长人才”方面进行卓有成效的探索。

(3) 构建课程特色资源

依托两校地处城区的地理优势，充分利用“数字化云科技”文化的资源特点，拓宽“数字化云科技”文化的学习途径，开发特色化课程资源。注重科技教育与基础课程、拓展课程、探究课程的整合。注重教学过程的多样性、教学环节的变通性、教学内容的新颖性。寓科技教育潜移默化于校园环境、校园文化之中，建立经常性科普校内外活动、宣传阵地，通过综合实践活动、学科整合、黑板报、广播、科技角等形式向学生进行科普宣传，大力营造爱科技、学科技的特色文化氛围。把培养学生科技精神、科技思想、科技方法等寓于各类活动中，丰富现有学校课程实施的内涵与外延，为师生的实践、体验、探究提供特色的创新平台，满足师生不同层次的发展需求。

(4) 搭建网络交流平台

充分利用海宁小学现有的丰富的网络资源和专业的教师配备，帮助学校构建现代化的科技教学平台，数字化的资源信息库及网络展示、交流空间，积极探索教师、计算机、学生三维多向教学模式，实现生生互动、师生互动、家校互动，促进校际互动，提高学生自主获取信息和加工、整理、应用信息的能力，以达到教学互动进程最优化状态。

七、预期效能及愿景展望

1. 预期效能

深化课程建设改革，全面提升教育质量。

建构教师发展平台，提升教师专业水平。

搭建多元学习平台,促进学生自主发展。

实践共建共享双赢,完善学校文化内涵。

2. 愿景展望

(1) 深化课程教学改革

围绕学生综合素质的提升,创新学习方式,提高合作、探究能力。通过师生"玩中学、学中做"的方式,巩固、演示、验证、探究和拓展教学内容,建成培养学生学习能力、实践能力、创新能力的教学"新空间",助推教学改革纵深行进。

(2) 促进学生自主发展

通过研究、开发和重组学科教材资源,将"数字化云科技"与其他学科有机融合,创新课程结构,提高校本化实施能力,提高学生的实践能力、创造能力、审美能力,发展学生的智力,陶冶学生的情操。

(3) 推动教师队伍建设

以课程建设为依托,将课程基地建设成为创新拔尖后备人才培养基地,引进"外援"资源,研制并实施学科教师发展规划,推动教师专业化发展,成为区域教师发展培养的重要阵地,带动区域学科建设水平的整体提高。

(4) 完善学校特色文化

通过特色文化建设,打造精品课程基地,走出一条个性化的办学之路,以名师专家支撑基地,以基地促进教师成长,以教师引领学生成长,最终促进学校特色发展,实现学校内涵突破,发挥基地的示范、引领作用,辐射周边地区,推广"数字化云科技"的校园新文化。

八、建设保障

1. 政策保障

国家、省、市中长期教育改革与发展规划纲要(2010—2020)、江苏省苏教基〔2013〕19号文件对推进小学特色文化建设工程提出了明晰的要求,指明了建设方向,为项目的建设发展提供保障。

2. 制度保障

学校将特色文化建设贯穿学校工作始终,纳入学校发展规划的重要内容,全面实施数字化管理。实行跟踪考评和课程建设管理目标责任制,对在特色文化建设中做出杰出贡献的教职工给予重奖。

3. 组织保障

成立有专家、领导组成的项目领导小组,认真高效地开展建设工作。

教育局主要负责人:王宏新(新浦区教育局局长)。

建设学校校长:邱健筠(大庆路小学校长)。

共建学校校长:刘永萍(海宁小学校长)。

特色建设成员:江莉莉、孙月梁、刘园、朱孟明、谢颖、陶园、丁吉。

特邀专家名师:冯伯虎、郑玉国、陈德通、赵江、韦有江。

领导小组将定期召开工作会议,保障课程建设按计划开展,并及时调整工作方向,解决进程中出现的实际困难。定期邀请该领域的专家组对课程建设的进展作科学指导和论证。

4. 经费保障

项目总投资约90万元,多渠道筹集资金,采取省财政立项支持、市财政配套的方式。资金逐步到位后，分年度实施，分阶段推进，并且成立专项资金管理小组，严格掌握项目资金的到位使用情况，确保专款专用。作为连云港市小学信息技术课程基地，在自身优势和基础建设保障上，学校前期已投资45万元，在现有基础上继续提供经费支持，学校在教师业务培训、资源搜集和活动开展等方面保证经费的落实。

九、序时进度

1. 准备阶段(2014年8月—10月)

明确“数字化云科技”特色文化建设的主要方向和目标，确定项目组成员分工，制定项目实施计划，完成前期准备工作。

2. 实施阶段(2014年11月—2015年11月)

(1) “数字化云科技”管理平台建设

①完善基地互动管理平台：学校与华网公司联合开发项目管理平台，建设项目主题网站，制定学科建设方案，确保常态化使用；制作“物联互动”软件，在信息技术课及科学课中对学生进行技术培训(完成时间：2015年4月)。

②成立“云科技工作坊”，邀请专家入校交流指导，合作举办讲座、沙龙、送培等活动(完成时间：2015年8月)。

(2) “数字化云科技”环境文化建设

①邀请专家现场指导，完善凸显特色的校园环境文化建设方案，聘请专业人士设计施工。制定一班一特色实施方案，论证实施(完成时间：2014年11月)。

②设计“物联创新中心”实施方案，添置设备和制作材料，完成数字化的物联体验专用场馆。(完成时间：2015年3月)。

(3) “数字化云科技”系列校本课程开发利用

①成立校本教材编写组，专家指导研发“数字化云科技”系列校本教材，构建研践体系。成立“数字化云科技”与学科整合研究小组，形成实施方案(完成时间：2014年12月)。

②积累分析典型案例，修整方案，完善数字化云科技课程及学科整合评价体系(完成时间：2015年9月)。

(4) “数字化云科技”学生社团建设

①成立社团建设小组，制定活动制度及方案，确保社团活动正常有序开展(完成时间：2014年11月)。

②积累分析典型案例，修整方案，完善“数字化云科技”学生社团活动评价体系(完成时间：2015年9月)。

(5) “数字化云科技”区域活动开展

①携手连云港市科技馆、市振兴高效农业园、市博物馆、市中小学科技课程基地等，建立校外实践基地(完成时间：2014年11月)。

②开展“基地讲学”“家校结合”“社区联动”“科普知识讲座”“科技发明进课堂”等社会活动(完成时间：2015年11月)。

表 2-2　“数字化云科技”特色文化建设项目支出预算

单位:万元

支出项目名称	资金来源		
	省财政补助	市、区财政投入	小计
合计	30	60	90
一、设备购置费小计	11	27	40
“物联网”体验教室	5	15	20
感知生长——数字农植园设备	2	3	5
感知气象——数字气象站设施	2	3	5
星空探索——数字天文台设备	1	3	5
家园卫士——数字家园安全器材	1	3	5
二、教学资源开发费小计	7	9	20
校园数字文化教学资源开发费	1	2	3
校园数字云科技系统开发费	1	1	2
科技探究室装潢设计教学资源开发费	1	1	2
科技体验馆装潢设计教学资源开发费	1	2	3
数字化展厅装潢设计教学资源开发费	1	2	3
数字云中心装潢设计教学资源开发费	1	1	2
物联网教室装潢设计教学资源开发费	1		5
三、材料费小计	2	3	5
网络材料费、设备材料费	1	2	3
实验材料、常规材料费	1	1	2
四、实验费小计	2	2	4
植物台制作实验费、气象制作实验费	1	1	2
安保实验、天文台制作实验费	1	1	2
五、培训费小计	6	10	16
网络知识培训费	1	1	2
科技制作培训费	1	2	3
物联网维护培训费	1	2	3
设施使用操作培训费	1	1	2
管理平台使用培训费	1	2	3
教师专业成长培训费	1	2	3
六、其他费用小计	2	3	5
专家引领指导费	1	1	2
校本教材开发费	1	2	3

第八节　文化无痕：且行且珍惜

2013 年，随着江苏省小学特色文化项目建设启动，怀着变革学习方式、打造特色学校、培育优秀人才的梦想，小学特色文化建设成为领跑小学学习革命的引领者，在全省基础教育界引发了强烈的关注，也取得辉煌的成绩。如今，一年的时间过去了，就在第一批小学特色文化学校建设仍在如火如荼进行的同时，第二批的申报建设工作又有条不紊地拉开了序幕。

一、一节向兄弟学校学习的课堂

2014 年 6 月 10 日，江苏省教育厅在南京举行了 2014 年小学特色文化建设申报项目答辩会。在答辩现场，最亮的字眼就是“文化”，科技文化、民俗文化、语言文化、乡土文化……精彩的文化架构，让充满竞逐的答辩现场融汇出百家文化的内涵折射。体育课程、品德课程、环境课程，彰显着课程改革以来基础教育取得的辉煌成就。大庆路小学与海宁小学申报的“数字科技”特色文化项目在答辩会上产生很大影响，得到了专家的肯定和兄弟学校的赞誉，江苏省教科院王一军所长称赞这是从头到尾没提“文化”的文化。在观摩答辩过程中，我们学校从兄弟学校的方案中学到了许多先进的东西，用于学校下一步发展，尤其是对学校的特色文化建设提供了很丰富的借鉴经验，也为我们项目的建设打下坚实的基础。

二、一场学校内涵发展的豪门盛宴

大庆路小学非常重视这次特色文化项目申报工作，成立了由校长挂帅的课程基地建设和项目实施领导组，融合了学校教导处、信息处、后勤处等相关处室的集体智慧。首先是分析学校的基础条件，总结学校发展的优势。工作组的老师们反复商讨基地课程方案和建设内容，并邀请市、区领导对申报项目内容进行指导，邀请市、区专家对申报方案进行评估，历经了市、区两级共计 8 次的现场模拟答辩。经过近两个月的艰苦努力，大庆路小学申报的“数字科技”特色项目在连云港市 12 所学校选拔中脱颖而出，取得了进军省城的资格。在省答辩会上，语文特级教师、江苏省教研室陆志平主任认为项目选材非常好，抓住了培养学生能力的关键所在，并且能引领着教育发展的最新方向。

三、一次专家零距离指导的契机

在答辩现场，王一军所长听完我们的汇报后，给予了这样的评价：学校申报这一项目的思路非常好，很有创新性，是一个没有“文化”字样却能很好地体现文化内涵的项目，它能引领学校的发展，符合当前学校教育改革发展的需要。对于学校而言，申报“数字科技”特色文化建设，更多地强调了它的教育意义，体现了它的教育价值。陆志平主任给予了我们这样的评价：学校作为江苏省数字化试点学校，结合学校自身优势，很好地开展了“数字科技”建设项目。省教育厅基础教育处马斌处长这样评价：“数字科技”这个项目从建设的情况看，做得比较实，思维比较清楚，这个项目能更好地聚焦一个核心内容，围绕一个重点，这一点非常好。专家的指导意见给项目建设指明了方向，更坚定了我们做好项目的信心与决心。

四、一扇宣传学校的窗口

本次答辩,专家组对大庆路小学“数字科技”项目建设计划给予了充分肯定,对学校答辩团队的陈述、问题回答给予了高度评价。对于学校特色文化建设,我们认为:学校是有生命的,学校的建设与发展要始终体现人文与科学、物质与精神、时间与空间的完美融合。而小学特色文化建设,为学校深化教育教学改革和课程改革提供了有效平台。小学特色文化建设项目的体验性学习激发了学生学习的兴趣,增强了学生学习的主动性,促进了教师专业成长。通过这一场合,会让更多的学校了解大庆路小学,记住了我们“数字化云校园”的构建,记住了“数字科技”项目给人们带来的视觉享受。

诚然,专家对大庆路小学的项目也提出了诚恳的建议,我们将进一步完善实施方案,结合学校的实际,及时把专家的建议应用于实施过程中,不断丰富项目内涵。我们坚信:大庆路小学全体师生有信心、有能力、有办法建设好“数字科技”学校特色文化项目。只要全体大庆人万众一心,且行且珍惜,大庆路小学的明天一定能够再创奇迹,再创辉煌!

第三章 管理篇:数字柔情云服务

第一节 “云校园”环境下学校精细化管理

随着高水平教育现代化的不断推进,数字技术为学校的发展注入了新鲜的活力,教育观念的转变摧升了师生现代意识的提高,办学条件的改变提高了学校的品位,管理手段的完善提高了办学效益,教育方式的转变也提高了课堂教学的效率,为素质教育的落实打下了坚实的基础。伴随着数字技术的“云”又增添了另一份含义,那就是“云教育”的产生和发展。通俗的说,“云教育”就是一项学校管理的技术,一份为学校特色化发展的途径,一种提供精细化的服务。

《国家中长期教育改革与发展规划纲要》中明确提出在未来时间要建立“云教育”服务模式,这实际上是为“云教育”的建设与发展定调,即“云教育”重在服务。应该说,“云教育”不是常规的资源网站,而是教育信息化服务平台。具体包括:采用云计算技术,充分整合教育资源,构建稳定可靠、低成本的教育云服务模式,提升学校的精细化管理成效。教育现代化让教育工作者不光认识到现代化的“形”,而精细化的管理更让教育工作者体会的教育现代化的“义”。如何实施后教育现代化时代和规范办学行为背景下学校内涵的发展?如何实现教育均衡发展促进教育公平的推进?重要的内涵就是实施精细化的管理。

老子曰:“天下难事,必做于易;天下大事,必做于细”。“精细”是一种意识、一种态度、一种理念、一种文化。“精细化”是“精细”的系统化,精细化管理远远超越了一般意义上的“细节”“精细”,它是系统化、理想化了的“细节”和“精细”。教育现代化的成果更为精细化的管理提供保障。精细化管理内容可概括为管理智慧的精华、管理水平的精通、管理模式的精密、管理成果的精品,这些元素是构建精细化管理的核心。

一、完善“云教育”内涵,实施精细化“乐园”

智慧管理是一种智能化、人文化、艺术化的管理,是精细化管理智慧的一种生成状态。其管理目的明确,善于全面发现、整合教育资源,最大限度地发挥人的积极因素,进行动态运筹策划,有效应对管理危机,以实现管理效益的最大化。在精细化管理过程中,管理者应具有智慧,洋溢着创造精神。无论是学校管理者还是班级管理者,只有拥有智慧,洋溢创造精神,才能为智慧型校园环境的营造提供指导、支持、示范。

1. 构建提升师生内涵的“精神家园”

教师队伍建设是学校师德建设的核心内容,是提升教师生命成色的主要载体,师德是教师生命成色的主要标志。作为学校的管理者,在抓教师队伍的建设中,校长必须紧紧围绕“立德树人”这一主旋律,为教师建立一个“精神特区”。一所学校就是一个大家庭,教师之间,师生之间需要的是一种关爱,一种精神的抚慰,与“精神特区”相比,“精神家园”更为贴切,因此,校长的管理目标是用“大爱文化”将学校构造成为提升生命成色的“精神家园”。为此,学校将“精神家园”的构造要求细化为与教师的日常教学、与学生的每一天密切相关的一个个具体的教育教学行为:一个眼神、一个动作、一句话、一个决定。要求全校每一位教师能做到和蔼可亲的公平地对待每一个学生,面带微笑地面对每一个学生,为此学校开展了一系列常规教育活动:“感动校园”讲述身边的教育故事、“后进生帮扶工程”后进生的转化实施计划、“校园名师工作室”、“新老结对帮扶计划”等,让每个教师用温暖的慈怀,博大的胸怀,无私的襟怀,彰显人梯的情怀,用学生的点滴进步和健康成长来折射自己生命的光彩,让学校成为提升其生命成色的“精神家园”。

2. 构筑提高管理者素养的“研习乐园”

巴尔扎克曾说过:“一个能思考的人才真是一个力量无边的人。”只有始终站在思想前沿的教育者,才能引领教育的潮流,才能打造一流的学校。作为学校的管理者,应是“学者型的管理者”,又要是“管理型的学者”,两者都是“首要”,缺一不可。那么,如何才能成为始终站在思想前沿的“学者型的管理者”同时又是“管理型的学者”呢?笔者以为,提高管理素养的“研习”尤为重要。

首先应该是学习:这是智慧管理的必经途径。富有智慧的管理者总是让学习成为自己和被管理者的一种增长智慧的渠道,一种生活态度,一种生活方式。通过不断地学习,保持与外部世界的交互作用,获得教育精神营养,这是增长教育智慧的重要方式。网络技术的发展更为这种学习提供了很大的方便。教育现代化实现了四级网络公共服务体系,积累了广博的学习资源,为教师的网络学习、博览群书提供方便。通过与大师微博,通过网络互动,主动攀高亲,结远缘来提高自己。其次应该是研究:这是智慧管理的行为方式。学会研究,关注教育的每一瞬间,研究教育的每个现象,关注每个教师的成长。研究教师的专业发展,使教师在教育中享受生命的光彩;关注学校的发展,打造诚信校园、书香校园、数字校园。在师生中倡导以爱育爱、以人立人,倡导学会理解、尊重、激励、欣赏,共同建立富于诚信、富于仁爱、富于进取、拥有高尚文明的道德文化中心;打造书香校园,使读书成为人的最高尚的休闲方式;营造书香校园,进而成为品行高尚、举止文雅、远离俗气的文明人。

3. 打造促进师生成长的“数字校园”

“数字校园”建设是指利用计算机、多媒体、网络等技术,将学校主要的信息资源数字化、网络化,并实现数字化的信息管理方式和沟通传播方式,从而形成高度信息化的人才培养环境。“数字校园”倡导的是学校建设有符合相关标准的,具有一定开放性、扩展性并能彰显个性的数字化校园平台,实现教学、科研、管理及服务的信息化。配备操作简单的图书、实验、计算机管理、学籍、教务、财务管理等软件。另外学校突出个性化资源建设,整合优质资源,构建开放性的校本资源库。教师在现代教育理念的科学指导下,积极利用信息化手段开展网络环境下的教学,优化教学设计,创新教学方法,提高教学效率,实现信息技术与学科教学的有机整合,教师有效地利用电子白板开展教学。教师利用网络对学生知识技能掌握情况进行检查反馈,对学生学习成绩实行计算机动态管理。教师充分利用网络资源开展教研活动,并积极开展校内外网上研讨交流。开设教育博客,通过博客实施教育研讨,通过博客沟通家校联系。构建三位一体的教育体系,提高教育教学的效率。

(1) 建设管理性能强的校园主页

搭建校园管理平台。目前学校实现校务管理、教师专业成长、学生综合评价等平台,以丰富的教学资源、精品课件、活动成果为学生提供多源化的网络环境,让教师、学生、家长和社会各界一起了解学校的发展，分享现代化带来的成果。

(2) 开设学校的“教师博客群”

教师博客是一个师生沟通、家校联系的平台，教师可以通过这个平台与学生、家长开展环境问题的学习交流和情感互动。学生和家长都可以对论坛的帖子和教师博客的帖子发表自己的意见，从而促进了教师与学生、学校与家长之间的交流。

(3) 建立班级主页

目前学校的所有班级建立了班级主页，学校因势利导，鼓励学生在班级主页中就学校管理话题展开讨论，就和谐学校、绿色学校建设提出意见和建议。通过这些新颖快捷、学生喜闻乐见的形式进行交流，师生关系平等融洽，学生参与积极性高，更容易产生心理共鸣和情感认同。

(4) 用好“校信通”

“校信通”是学校与家长联系的一个有效渠道，学校充分利用这一现成资源，安排专人负责定期通过“校信”通向家长发送学校的工作安排和通知等，让家长在第一时间了解学校的情况以及自己孩子在学校的表现。

“数字校园”使学生实现网上查询、课题研究，不断提高搜集、筛选、处理、应用信息的创新能力和自觉抵制不良信息的能力。学生在教师指导下积极利用网络环境开展自主学习、合作学习、探究学习，学生普遍具有较强的在网络环境下进行自主学习的能力。学生在教师指导下积极主动的开展网上交流，使网络真正成为学生交流思想、增进感情、发展友谊、展示作品的互动平台。打造“数字校园”，构建了高性能、高稳定性、高扩展性的校园网络，实现教育资源共享。在教师的专业成长，学生的综合评价等方面实现网络化。学校建设的电子阅览室、多媒体网络教室等设施，为学生的学习提供便利，为教师的专业成长提供平台。

智慧管理具有广阔的时空坐标体系。学校不是真空，它生存于广阔的社会背景，成长于多姿的文化气息。创新更是智慧管理的本质特征，更是学校发展的主题，也是智慧管理的具体体现。管理如果不与创新联系在一起就无所谓智慧管理。多年的教育实践，使我们认识到，学校管理要想走向智慧就应该由“控制”式管理转向“激励”式。即校长要成为教师的服务者，首先自己应该是一个专业化的教师，而且要为师师表，学习、生活、科研、管理、课堂教学等都应该是行家里手。校长要虚心向老师学习，博采众长，鼓励教师超过自己。力求学校管理走向“人本”，走向“能本”，走向“校本”。作为一名校长，如果注重细节修炼智慧管理的能力，可以使自己成为经得起诱惑、沉得住气、善于思考、勇于创新、具有管理智慧的人。拥有管理智慧，实现由普通管理者向管理智慧者的转变。

二、彰显“云教育”意识，实施精细化的“人文”

教育现代化为学校提供了高效的管理平台，但管理者水平的高低也决定了现代化的成效的收益，校长的现代化水平决定了学校现代化的发展程度，校长是否具备了现代化意识？是否具备了现代化的基本素养？是否用现代化的思路推进学校的办学实践？所有这些将直接制约着学校的现代化发展品质，并进而影响区域教育现代化的发展进程。因此学校的管理者必须精通教育现代化。

学校的管理者要坚定自己的管理思想，忠诚于人民的教育事业，做一个理想远大、学养深厚、自信成长的校长。培植好自己的职业心和沟通力，做一个关注师生、亲和力强、影响力大的校长。更要做一个高瞻远瞩、勤于思考、情趣高尚的校长。

学校管理者要重点培养自己的现代化意识,构建致力于学校发展的理念,坚定自己的信念,将教育现代化的战略融通意识,坚定不移地理解并执行区域的教育发展战略,结合学校的实际情况自主发展意识,能主动谋划学校的发展,将现代化的建设创造性地整合到学校发展之中。管理者还必须具有较强的学习意识,积极创造学习条件,抓住一切机会学习,尤其是学习现代教育技术设备的使用。再次是创新培养模式。将参与校长论坛、校长体验等活动结合起来,不断创新培养模式。整合各类专家资源,指导校长办学实践,提升其理论修养和实践能力。

学校管理者要体现人格、修养、学识方面的示范能力,引领师生共同发展,培养师生的现代素质。重点开发学校潜能,构建学校核心发展力,集聚变革力量,推进学校研究与改革,充分调动学校、家长和社会各方面的积极性,共同促进学校发展。建设适合学校发展的现代学校文化,形成现代学校特色,打造现代学校发展品牌。

管理者的现代化素养决定了学校的发展速度,管理者的现代化思维决定了学校的发展方式,管理者的现代化视野决定了学校的发展格局,管理者的现代化高度决定了学校的发展境界。只有全面提升管理者的现代化素养,才能推动区域教育整体发展水平的与时俱进,才能使区域教育不断呈现出新的发展态势,不断攀升到新的发展台阶。

三、构建"云教育"平台,实现精细化的"高效"

传统化的学校管理主要是通过行政手段,教育主管部门通过行文把相关的要求布置给学校,学校召开会议,制订计划方案,再进行检查落实。这些手段都是强制性的。而教育现代化的实施却是科学化的管理,建立以计算机网络为基础的现代化管理信息系统,包括校务管理、安全管理、教育教学管理、教师专业成长管理、学生的综合评价管理等模块。精细化的管理必须把运用现代管理技术和手段以及现代化的物质装备作为突破口,为教育管理现代化提供新的方式。创造必要的条件,有利于促进管理观念的转变和深化。如果没有管理方式的现代化,教育管理现代化就是空话,因此,教育管理精细化不能仅仅停留在物质上,应在此基础上需要向更深层次的现代化发展。

学校网络化的管理主要体现在校务工作的网络化处理。日常事务通过网络进行处理,提高了管理的效率;学校安全的网络化管理,尤其是网络化的视频系统,让网络画面及时地进行传输,让管理者及时掌握学校发生的状况,周围网络报警及红外报警系统的实施更为学校的网络化管理提供了便捷。在教育教学方面,教学管理系统可以把常规的教学工作安排在网络上进行,教师的网络备课系统,把教师从繁重的备课中解放出来,让广大教师共享网络信息,资源的共享更是现代化的又一特征,已经建设的四级公共信息化服务体系,让教育资源使用更为方便。在评价方面,成绩分析系统、电子教务系统的应用更为学校的教育教学工作提供方便。

在教师专业成长方面,加强教师队伍管理是实现教育管理现代化的根本,如何加强教师队伍的建设呢?精细化的管理应该是重要的内容。学校实施的教师专业成长系统详细地记录了教师的日常业务情况,按照固定的标准进行分析评价,较好地体现出教师绩效工作情况。在学校综合评价方面,教师把学生的表现进行电子化的管理,方便了教师的统计与信息处理,"校信通"系统也为家长及时了解学生的表现打下基础。

教育管理的精细化,这是教育现代化的高级目标,更是办好一流学校,打造一流教师队伍,培养一流学生的最高追求。让教师有展示自己的舞台,让学生在原有的基础上得到最好的发展,这就是教育管理的最高水平,更是精细化管理的呈现,代表着教育现代化管理的发展方向。

通过对教育管理精细化的思考,学校对这一内涵有了充分的认识。这一认识是实现小学教育管理精细化的思想保障,教育管理精细化是教育现代化的必然,是教育现代化发展的需要,更是规范办学的必须。

四、创建"云教育"品牌,收获精细化的"质量"

学校管理精细化,有助于学校管理迈上科学、规范与可持续的发展之路。教育教学质量是立校之本。一所学校的精细化管理质量和水平决定着教育教学的质量和水平,代表着一所学校的形象,体现着一所学校的校本精神。"学校无小事,事事皆教育"。精细化管理就是把看似简单、很容易做的事情做好。具体体现在"小事做细,细事做精",要从大事着眼小处入手。通过健全组织系统,实行岗位责任制,做到分工明确,使各项工作和活动之间和谐同步,让学校目标变为行动。坚持质量意识,在实际工作中形成一种质量观念,而且把质量观贯穿于整个工作的始终。

1. 高效课堂的构建

高效课堂教学模式的建构很好地起到了统领教学管理的目的,通过模式的贯彻直接达成了对教师课堂教学行为的规范,从"有效走向高效"。解决了备课的不准确性、课堂的随意性和巩固的盲目性。教师知道备课备什么、怎么备、备得怎么样;课堂上应该讲什么、怎么讲、讲得怎么样;学生清楚学什么、怎么学、怎样学好等。高效课堂教学模式让教师教学有法可依,学校教学管理有理可据。新课程的生本观念是高效课堂的基础,只有学生主动全面参与的课堂才是高效的课堂。多媒体的应用使这种方式成为可能,学校推进高效课堂教学模式,就是要坚持为学生的学而设计教学。课堂上教师的作用和价值集中体现在最大限度地调动学生的积极性,组织学生自主学习。为此,学校建立了以生为本的办学目标,把学生最需要的作为学生的学习目标,教师重点掌握课堂的方向性,有目标的进行引导,把课堂还给学生,放下教师的架子和学生融为一体,创设出民主、平等、和谐的学习氛围,以期达到培养学生自主发展能力的目的。

同样,学生良好的学习习惯更是课堂高效培根育本的突破口。在高效课堂教学模式实施时,学校把学生良好习惯的养成作为高效课堂教学的本源,集中关注了倾听、作业、思考、表达等习惯的养成,让学生建立充分的自信心。学会倾听的习惯,独立作业的习惯,也是教学活动的重要组成部分和自然延续;而积极思考的习惯,是提高学习质量和效率的重要保证,更是落实规范办学行为,实施素质教育,全面提高教育教学质量的关键。

2. 办学品牌的形成

教育现代化的实施加快了学校办学品牌的形成。立足校本、拓展学科、构建综合实践活动体系是学校课程改革的特色,"小课题大文章"构建出学校综合实践活动的新内涵。课题研究学科整合,让教师和学生享受成长的快乐。学校自主开发的校本课程,与必修课程一起构成学校的课程体系。培养了学生的兴趣特长,提高了创新思维和实践能力。教育现代化的实施,为落实学校品牌建设打下了基础。立足课堂、改变模式、构建新型的课堂体系已取得明显的效益。学校的学生综合素质评价系统,客观便捷地评价学生,关注学习的过程性积累已成为课改的主旋律。

科研兴校是学校的治校策略,学校坚持向科研要质量,以小课题研究为突破口,开展了形式多样的、丰富多彩的实践活动,引导学生到生活中去实践、去体验、去感受、去创新。教师在科研中体会出效率的提高。学校严格执行规范办学行为的要求,深入实施素质教育,全面提升教育教学质量。学校以规范管理为突破口,以教育科研为切入点,以量化绩效考核为导向,以提高教师课堂教学水平,全面提升教育教学质量为中心,自加压力、负重发展,在困难中求发展,在发展中求创新,在创新中求实效。学校已初具现代化学校的水平。“课题引领下的综合实践活动”引导学生到生活中去实践、去体验、去感受、去创新已成为学校的办学特色。“强管理、重科研、育名师、创特色”已经成为学校的发展思路。

教育现代化实现了教育的“十月革命”,后教育现代化时期的精细化管理为学校带来的新命题,必须通过提升教育软实力来解决,精细化的管理即是当前学校内涵发展的核心任务,因此充分利用教育现代化的成果,全面构建精细化的校园发展模式,是未来学校发展的必经之路。

第二节　“云教研”环境下教师专业发展的实践与思考

一、引言

教育的关键在教师,教师是教育教学工作的主导,更是学生成长的引领者。教师专业化水平决定教育教学质量的高低,提高教师队伍素质更是教育现代化的重要内容。传统的教研活动大都需要有固定时间与地点,有专人组织进行。由于教师平时事务比较多,除了学校规定的统一时间外,教师很难集中在一起共同研讨自己感兴趣的问题。即使是同一教研组的教师,由于课程安排的原因,也很难较长时间集中研讨。加上交流互动平台的缺乏,教师在教学中遇到的问题往往无法及时解决,时间一长,教师间进行合作教研的氛围就受到影响,协作教研更无法实现。随着网络技术与通讯技术的快速发展,基于网络的“云教研”为教师专业发展提供可能。“云教研”提供强大的应用服务支持,体现按需求提供的弹性服务,满足教师教研的需要。海量可扩展的教育资源、开放分享的互动空间、多样廉价的服务终端适合教师专业发展的需要。

二、“云教研”环境的构建

随着网络技术、通信技术的迅速发展,无线网络、笔记本、智能手机、平板电脑、电子白板等新的媒体终端也开始崭露头角。教育系统中的学科网站越来越多,教育主管部门、教育科研机构、学校都相继构建了门户网站、教研网站和学科主页,这些点连在一起,形成了教育的“云”。

“云教研”是指在现代教育思想指导下,以因特网、移动通信网以及教育城域网和云计算技术为依托,优化区域内各种教育资源,用科学教育方法对学科教育领域的实践和理论进行有意识的探索的新型教学研究模式。“云教研”的构成包括硬件设施和软件资源。硬件主要包括区域服务器、存储空间、客户终端等。软件包括网络研讨、课例传输、沟通反思、资源建设等管理平台。“云教研”主要的特征为:它是一个开放的、通用的信息中心,集成视频互动、研讨实训、网络评价、在线交流、个性化应用和自由拓展等平台;更是动态的、可扩展的服务空间,按教师需求提供教育服务资源;对用户端的设备要求很低,用户可以方便地参与,聚散自如;平台扩展性强、高存储力、更新速度快,数据集中化处理,安全性高。

基于网络环境下的“云教研”协作系统,依托“三通二平台”的实施应用,以“网研共同体”“专家工作坊”“名师研究室”为活动主体,充分发挥专家骨干的引领带动作用,指导教师利用网络开展教学研究工作。“云教研”依据网络打破了传统的教育研究的范畴,汇集学科教师、专家学者的智慧，围绕课堂教学内容实施思维碰撞，探索教师专业化成长的策略和方法，实施全新的教育信息化研究方式。“云教研”凭借着其通信技术的先进性，突破了地域限制、时间限制，缩小了学校、地区的差距，拉近了教师和专家的距离，为教师搭建开放、平等、交互的学习研讨平台。教师通过“云教研”平台开展主题研讨，参与在线备课、在线评课等网络教研活动，通过网络与教育名家、优秀教师进行面对面的交流获取先进的教学经验，形成任务驱动、课题带动、条块联动、片区链动、教师主动、人人行动的“云教研”模式，拓展了教研的深度与广度。

三、“云教研”环境下教师专业发展的实践探索

2010 年，连云港市大庆路小学与徐州华网公司紧密合作，搭建教师网络研讨系统、教学视频录播系统、教师网络学习系统、教学反思系统等教研平台。系统中设立了自主命题、智能测试等模块，为教师网络化的自主学习与专项培训提供了帮助。学校数字化查阅系统、教育资源管理系统更为教师的网络阅读提供了便利，也提高了教师自身搜集、处理、应用信息的能力，有利于教师的专业化成长，完善了教师专业化发展的成长环境。

1. “云教研”支持的网络备课

传统模式上的教师备课是由个人独立完成，体现不出教研团队的协作。大庆路小学与徐州华网软件公司联合开发网络教研系统，提供云存储的教育资源，同时将传统的电子备课与网络研讨有机地结合起来，引导教师采取“独立主备、分色复备、专家点评、择优应用”的模式。即教师把自己主备教案上传学校的网络备课平台上，同教研组的其他教师在规定的时间内登录系统运用批注的形式在原来的备课上进行不同颜色的批注。教师把自己的教学思想及教育理念融入原来的备课当中，实现网络化的二次、三次复备，最终由同年级同学科的教师共同完成本章节备课任务。学校再邀请校内外学科专家登录网络，对教师前期的备课用专用色进行点评，提出修改意见。最后由任课教师结合自己班级的实际选择合适的备课内容完成教学。这种备课方式不仅打破了过去传统备课的单一性和投机性，而且减轻了教师的工作负担，更主要的是能集中同学科教师的集体智慧，实现真正意义上的网络研讨，提高了备课的实效性，提升了教师的备课效率，真正实现了网络化的“云教研”，有利于教师的专业成长和发展。

2. “云教研”支持的自主研习

“云教研”为教师的培训研习提供了平台，它整合了分布式学习、移动学习、网络学习等多种学习方式。不同的学习需求可以有不同的“云”学习方式，满足学习需求的灵活多变。教学中先进的教学思想、课程改革的理念、学科典型课例等都能在智能化的“云”学习平台中找到。另外，“云教研”环境下的学习需要学习者主动去构建学习方式，主动去设计，主动去参与。同样需求的教师围绕相同的目标汇聚在一起，构建了学习共同体，这也是“云教研”的特点之一。大规模大范围的人群参与、创造和传播，使学习效率和学习价值最大化，这才是“云教研”的真正价值。目前，学校使用的华网智能学习平台还可以方便广大教师进行资料积累，结合学校的实际，列出名家视野、学科菜单、素材导航等栏目，为教师转载大量的理论知识、典型课例、教学课件，让教师在最短的时间内了解、学习教育教学改革的最新动态，便于教师自主学习应用研讨。“云教研”系统中多样的学习方式、丰富的教育资源、便捷的查询方式让教师处理信息的能力得到很大的提高。不但提高了教师的工作效率，而且提升了教师的职业幸福感。

3. “云教研”支持的校本研讨

“云教研”环境中提供按需索求特点，有着强大的应用服务功能。包括网络研讨、视频会

议、教学反思等研究平台,像“菜单”一样供教师“点”用。青年教师课堂教学效率不高,便可利用学校微格教学系统多次自主录课,然后再回放观摩,又和资源管理系统中的优秀课例进行对比,思考自己课堂教学中存在的问题,反复地磨课、演课、反思,会找到解决问题的方法。学校教师利用学校的视频会议系统,邀请省、市教育专家进行会诊,找出教师课堂教学中的误区,教研专家结合具体的课堂实例提出自己的修改意见,对广大教师起到十分重要的指导作用。许多教师不用外出就能利用平台与专家对话,与教育名师进行网络交流,聆听专家的教诲,学习名家的经验,对教师的成长起着非常重要的促进作用。为了提高教师对“生态式建构课堂”的理解与认识,学校构思了“汇报展示式”教研形式。即以学校年级组为单位,运用“云教研”系统中的开放互动空间功能,围绕主题先由年级组内部进行互动,把查询的资料保存在自己的存储空间上。然后每个年级各推出三名教师与其他年级进行空间互动,对别人的观点进行点评,肯定其优点指出其不足。最后学校利用周二的业务培训时间,由各个级部推选出来的一名教师进行集中展示,学校利用录播系统进行全程录像,并通过视频会议系统向外传送,邀请市、区教研部门的相关专家进行评议,评出最优秀的教师。

4. “云教研”支持的互动课堂

“云教研”提供互动应用功能,丰富的教学资源,可以便捷实现课堂的互动。“云教研”所提供的一切服务对用户端的设备要求很低,学校师生可以使用原有的普通电脑、智能手机就可享受“云教研”服务。“云教研”提供了丰富的课堂教学模式,而微格教学就是“云教研”的呈现方式之一。大庆路小学借助“云教研”平台中的媒体采集工具,对教师课堂教学进行网络化处理,实现教师教学技能训练和教学过程回放评价。目前,学校的教师利用微格系统进行录课、辩课、演课,教师把精心准备的课堂教学内容在微格教学中呈现,其他的教师或学生利用电脑、iPad、智能手机等终端在异地进行同步听课、评课,学生也可以实行异地授课。学校借助“云教研”平台曾与“长三角优质资源共同体”的结对学校浙江临海小学、上海平凉路小学进行课堂视频传输,与帮扶的朱麻小学实施过微格网络教学,实现了资源的真正共享,取得了明显的成效。同时,微格教学还可以实现同步实录的过程,不同地域的教师如果有问题提出,其他在线教师就会立即进行解答。这种交流研讨的方式突破了时间和空间的限制,降低了交流的成本,提升了教研的效率。“云教研”方式下的互动课堂丰富了课堂教学形式,提高了教师课堂教学技能,提升了教师信息处理能力,促进了教师专业发展。

5. “云教研”支持的教师交流

“云教研”的开放共享性为教师的沟通交流提供了平台。传统的教师交流大多是面对面式的交流,这种交流方式远远不能满足教师沟通的需要。教师需要与外界交流才能促进其成长,而“云教研”环境中移动通信技术为教师的交流反思提供便捷。在传统教育博客及论坛基础上,教育微信、维基(Wiki)等又成了“云教研”时代新的宠儿。

教育博客作为表达个人思想、教育成效、教育感受的平台,深受教师们的喜爱。但教育博客容易受到网络的限制,在网络覆盖不到的地方就没法使用。而教育微信则克服了这个不足,基于移动通信技术的教育微信具有传送图片、视频与短信,支持群聊等功能,系统的语音功能方便教师随时随地进行语音沟通,由此派生出来的微信论坛更可以围绕一个主题进行专题交流,不再拘泥于传统的因特网和个人电脑,方便教师进行交流。

Wiki,又称“维基”,是一种超文本系统,它支持面向社区的协作式写作交流,同时也包括支持这种写作交流的辅助工具。Wiki 具有使用方便及开放互动的特点,可以帮助教师在一个社区内共享某领域的知识。相对于传统网站提供的 E-mail、BBS 以及聊天室等功能，Wiki 站点更强调团队的合作，这给教育交流提供了一个良好的协作环境。Wiki 应用在教学中，既可以作为学习资料的来源，又可以成为师生网上学习交流、协作共创和问题解决的环境。

四、"云教研"实施的思考

网络环境下的"云教研"是教研存在的一种形态，其特点是一种服务，服务的主体应该是教师，目的是促进教师专业化发展。因此，"云教研"必须是以教师的发展为本，让教师永远成为教研的主人。

1. 思考一：如何构建"云教研"的环境？

实施"云教研"需要硬件与软件两方面的要求。首先，学校要有满足教研需要的网络环境和资源。主要包括网络传输、网络存储、网络交换的相关设备。用户终端可以用不同的设备，包括个人电脑 、手机、平板电脑等。丰富的终端设备结合网络技术的发展将是解决"云教研"最关键的问题。其次，系统中还需要添置常用的教研软件，主要包括网络研讨、沟通交流、数字资源管理等软件平台，以满足教师使用。"云教研"作为网络服务提供的教研方式，还应该对服务进行度量。"云教研"服务更像当电力和自来水集中供应之后通过电网和自来水管道网络来提供服务一样。

2. 思考二：如何组建"云教研"团队？

"云教研"目的是提高教研效率，需要集中大家的智慧与才干，需要众多人员参与才能提高教学研究的质量和效益。因此，提高教师的信息化素养是实现"云教研"的基础与前提，研讨的教师必须具备一定的信息能力才能完成好"云教研"任务。所以，组织校本化信息素养培训非常必要。"云教研"需要参加研讨活动的教师根据研讨的主题、结合自己的工作实际，深层次地思考，毫无保留地畅所欲言，相互切磋交流，最终达成共识。所以，这个团体应该是"终身学习型""反思协作型"团队。这样，才能去开展丰富多彩的网络研讨活动，教师在团队中去领悟、去感受、去发展。

3. 思考三："云教研"活动如何管理？

"云教研"活动的成败取决于组织者的策略和教研活动过程。网络教研既强调自主学习，更强调协作学习、共同成长。因此，组织者必须制定明确的研讨主题，设计合理的活动程序，善于在活动过程中捕捉各种重要信息，积极引导研讨，发现典型的、有价值的问题，使研究紧紧围绕主题展开，逐步深化。其次，要确立"云教研"评价的标准。能否提高教研的效率、能否促进教师专业化成长、能否提高教育教学质量都应该是评价的主要内容。因此，如何管理"云教研"也是需要思考的重要内容。

五、结语

大庆路小学在完善教育现代化建设的基础上，充分利用教育信息化的平台，强化"云教研"在教师专业发展中的应用，走出了一条彰显个性的特色发展之路。学校完善教师网络研讨、网络自主发展、教学反思、教师沟通交流、教育资源共享等平台，构建学校的"云教研"环境，也取得了明显的效益。"云教研"丰富的资源、开阔的视野、超越时空以及快捷实时的特点，是传统的教研活动所无法比拟的。但这种形式既有优势，也有不足，所以教师应该把传统的学科研习与"云教研"巧妙结合，互为补充，将两者有机地结合以丰富校本教研形式。当然，由于"云教研”的自律性比较强,需要参与人员的创新与坚持,需要管理者执著的追求,只有这样“云教研”才能彰显出效益。因此,正确认识“云教研”的作用,把握“云教研”的基本原则,创建灵活多样、扎实有效的教研活动模式,对促进教师专业化成长起着重要的作用。

第三节　基于网络环境下教师专业发展评价系统的构建与实践

一、引言

随着教育改革的不断深入,教师专业发展评价已经成为教师专业成长的重要内容。连云港市大庆路小学充分利用教育现代化的创建成果,构建网络化的教师专业发展评价系统,把教师表现性的过程评价与效果性的绩效考核进行网络化管理,记录了教师专业发展的成长轨迹,激发了广大教师的工作积极性与创造性。鼓励教师积极进行教学反思、积极参与教育研究,促进自我发展,为教师的专业发展提供支持工具。

教师专业发展评价是教育评价的重要组成部分,是对教师专业素质和教师在教育工作中的行为表现的测量,进而对提高教师的素质水平和教育教学效果提供结论与建议。但是,传统的教师专业发展评价是面向教师过去的评价,着重于教师个人在评价之前或评价之时的工作表现,更是学校管理者为树立权威、决定奖励和晋升人选等的途径和手段,存在着许多的不足。而网络环境下的教师专业发展评价是过程性的评价。评价的重点不再是结果性的成绩,而转到教师常规的教育教学过程。它不仅关注教师在其发展过程中的主体作用,而且重视教师在评价过程中的作用。网络技术的便捷为教师专业发展提供多经度、多纬度的评价,评价的手段也更加完善。传统的评价大多数是管理者来决定,网络环境下的评价是让学生、家长、教师等都可以参与进来,全方位对教师进行评价。评价的内容也从过去的学业成绩扩展到职业道德、工作总量、基本业务、教学效果、科研成效等方面,丰富了评价的内容。网络环境下教师专业发展评价突出了教师的个别差异。由于每个教师的年龄、学识、教学经历、职业特长不尽相同,这也要求教师具有个性化的知识和技能。网络评价充分考虑了教师的个性差异,学生身心发展的个别差异和多样化的职业选择。评价目的就是促进教师探讨育人规律,反思自身的教育实践,并不断改进完善自己的教育行为,促进教师的专业成长。

二、教师专业成长评价系统的开发

1. 系统概述

基于网络环境的教师专业成长评价系统主要是实现对教师基本业务、个人信息、教学获奖、科研论文、进修培训等综合信息的网络化管理,全方位地给学校提供动态的教师专业发展数据。这些资料为教师的表现性评价提供依据,为学校对教师的培养、使用和综合评估及评优、晋职提供支持,促进教师的专业成长。如果学校把这些数据自动汇总到教育局中心端,还可以方便教育管理部门对整个辖区内的教师信息及业务状况进行全面的、实时的动态掌握,为本辖区教师队伍建设发展提供科学的决策依据。

2. 系统架构

本系统以学校评价教师所用,采用菜单式模式,以教师的基本信息、奖惩情况、教育教学、科研课题等项目,附加上报表核算、图例解析、评价统计、系统设置等功能,实现网络化统计和分析的目的。系统以教师基本信息及教师业务为主线,暂不考虑人事管理方面。其中基本信息要求以国标为设计原则,也可从实际使用出发,融入新的设计元素。另外,系统应充分参照《基础教育基本信息调查表》的统计要求,达到其主要统计形式并图表结合,实现更好的统计模式和多元化、多方位的统计信息。系统充分考虑教师教学和成长中产生的各种业务需求,融入一些由我们特别设计的新元素,如教师代课信息、教学成绩、教师备课、教师考核、科学研究、获奖情况、作业批改等一些日常工作,使评价的内容更为丰富。

3. 系统特点

教师专业成长评价系统是借助网络,通过信息化手段,优化教师信息管理,形成简易操作、集中管理的综合性教师成长评价数据,其中包括教师信息、科学研究、奖惩情况等。

从多个方面进行多维度、多角度的评价和收集教师成长信息,建立学校教师成长数据库,使管理者便捷了解和掌握教师的个人信息、评价资料,方便学校管理工作的开展,促进教师专业化发展。

评价系统不只是教师信息量的叠加,而是一种充满活力的潜在学习方式,能够将教师的获奖成绩运用技术手段有效地展示出来。不仅可以对教师的工作学习情况整体把握,还可以轻松地追踪教师专业发展的轨迹,为教师的终身学习创设良好的空间与氛围。

教师专业成长评价系统,丰富了教师评价的内容,扩展了评价的手段,提高了学校的管理效率,促进了教师专业成长。

4. 基于网络环境的教师专业发展评价系统的功能

(1) 建立教师专业化成长档案,网络管理教师数据信息

教师专业化管理系统用于教师的档案信息,可以通过模板导入教师各项基本信息,也可以通过批量修改功能批量修改、添加教师基本信息。教师档案模块对教师基本信息、受教育情况、工作信息、职务职称、家庭成员、个人证书以及工龄教龄信息做了统一的记录和管理,方便学校集中、统一地管理教师各项信息。还可以通过教师姓名、所属部门、行政职务、职称对校内教师信息进行查询、筛选,方便定位、查看。另外,对教师的各项档案信息进行汇总统计,可以按照所属单位、学年以及学校类型对相关统计信息进行进一步的查询筛选,并提供导出功能,包括教职工信息统计、教师职称统计、教师年龄统计、教师学历统计等(图 3-1)。

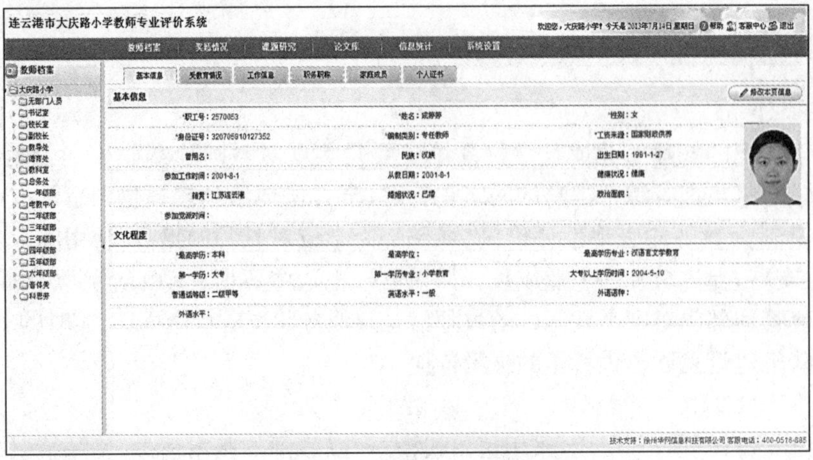

图 3-1　教师基本信息表

（2）统计管理教师过程性资料，实现教师表现性评价

教师专业化管理系统获奖情况模块按照业务获奖和其他获奖等不同性质的获奖进行了分类集中管理。系统记录了获奖的名称、获奖类别、获奖项目、教师姓名、获奖级别、颁奖单位等获奖信息。

对学校教师每学期的课题研究情况进行综合管理，不仅记录了学校内教师课题开展情况，还可以通过教师上传课题研究资料以保存课题研究各阶段的相关资料。可以对多个课题的状态进行状态批量修改，对教师发表论文论著情况、获奖情况做一个统一系统的管理。已发表的论文信息记录了包括论文题目、作者、参与人、发表刊物、刊物级别、发表时间等信息项；获奖论文记录了包括论文题目、作者、参与人、奖项名称、获奖级别、获奖等第、获奖时间、颁奖单位等信息项；论著记录了包括论著题目、出版社、主编、合作者、发布时间、是否获奖等信息项(图3-2)。

图3-2　教师评价信息统计图

（3）系统评价记录的数据，建立教师专业发展的规划

系统记录的数据库信息，提供了强大的筛选查询分析功能，可以查询教师档案的相关信息，包括基本信息、学习经历、培训经历以及职务职称信息；查询课题研究情况，可根据所属单位、课题类别、课题名称、主持人、立项时间以及结题时间对课题信息进行综合查询，并支持导出相关的数据信息；查询教师已发表的论文情况、论文获奖情况以及论著信息。强大的查询、汇总、统计功能，满足了学校查看统计本校教师总体情况以及上级部门查看各校现有教师水平的基本需求。汇总统计了教师的基本信息，并多维度、多角度地管理和收集教师成长信息。

这个系统是将教师的基本业务档案、教育教学实绩、教育科研成果及相关的业务情况进行数字化记录，由平台对每个人的成长进行系统分析，总结概括出教师发展过程中的优点与不足，从而促进教师的专业发展走向全面化。成长档案对教师的专业成长帮助很大，许多教师根据专业成长系统自觉地调整自己的成长规划方向，为全面实施素质教育、提升教育教学质量打下坚实的基础。

5. 基于网络环境的教师专业发展评价的实践

基于网络环境的教师专业发展评价系统具有操作简单、评价内容丰富的特点，而且注重于教师发展过程性的评价，评价的结果更能客观地反映出教师专业发展的状况。在实践过程中，

评价系统对教师专业发展产生积极的作用。

(1) 录入教师专业发展评价的基本信息

教师专业发展评价系统具有自主导入功能,学校管理员把平台的录入权限打开,参与评价的教师用自己的帐号登录系统,导入个人的基本资料。教师基本资料包含教师受教育情况、工作信息、职务职称、家庭概况、个人证书等信息,系统进行统一的记录和管理。系统还可以通过教师姓名、所属部门、行政职务、职称学历等对校内教师信息进行查询、筛选,方便定位、查看。学校管理部门对教师所录入的资料,同时批准通过此项资料进入教师专业发展评价系统。同样,系统也可以通过模板集中导入资料进行审核,审查资料的准确指标与模板。定义平时考核、年后总结等多种考核方式,实现平时考核与阶段考核相结合。其次,评价系统按学校实际使用需求对不同层次人员制定各项基本信息,也可以通过批量修改功能批量修改教师的基本信息,并对教师的各项档案信息进行汇总统计,确保评价的客观性与全面性。

(2) 完善教师专业发展的评价项目与指标

不同类型的学校有不同的评价标准,不同的学科评价的要求也不相同。此系统还需要结合学校的实际制定适合学校教师发展的评价体系。评价系统汇聚学校教师管理的各个方面,分类汇总,提取出具有共性的部分细则添加到指标库中,并提供多个实用模板,可选取使用。学校对不同层次人员可制定不同的考核方案,对不同职位、不同工作的人员使用不同的考核、不同的评价方案,对不同岗位进行定性、定量考核。在评价实践的整个过程中,始终将客观、公正、公平贯穿于评价工作的各环节之中。通过多次评价生成最后的教师数据库,对同一考核中的人员形成得分排名表,并可分析教师历次考核结果。

由于教师评价的主体是多元的、内容是多模块的,决定着教师评价需要耗费不少时间。而且评价越复杂,耗费的时间越多。为了评价的客观公正,减少信息衰变,减少工作强度,大庆路小学借助校园网络评价系统来实施教师评价,已实现较好的效果。校园网中开辟教师评价栏目,有学生评教、同行评议、教师自评、行政领导评议、家长评议,采用定性评价与定量评价相结合的统计测量办法确定评价结果。对教师的评价结果由学校反馈,反馈时要多提建设性和鼓励性意见,同时也要对存在的问题有针对性地指出,便于教师改进。网络评价系统还提供了便捷的在线调查功能,评价者在学校的网站上建立一个主题投票系统,开放投票权限,让学生及家长甚至教师对自己的教育教学工作进行网络评价。在设置评价标准的时候,不采用定量的设立,而是采用"信任""喜欢""佩服"等指标对教师的工作进行评价。一方面避开偏激的语言,另一方面也让评价者没有心理压力,这样才能达到真实评价的目的。

(3) 分析教师评价记录数据,建立教师结构化专业发展的认知

根据教师专业发展的评价标准,网络环境下的评价系统便会生成个人的评价数据。此数据包含教师个人的基本资料和取得的成效,其中不仅有基础性的成绩还有过程性的绩效。许多教师根据评价结果调整发展规划,重新确立自己的发展方向。例如,学校的一名中年教师,他的教学成绩不错,但个人的科研能力不强,还习惯于用传统的方式来教育学生。通过对网络评价系统的分析,他认识到自己教学方法的不足,尤其是科研能力比较差,也明白了学生为什么不喜欢自己的原因。通过评价,他调整了自己的教学方法,尤其是在提高课堂效率上下工夫,经常通过网络与专家名师交流教学体会,很快就成了教学科研的积极参与者,教育教学成绩更加突出,成为学校的学科带头人。

系统中强大的筛选查询功能可以查询教师档案等相关信息,包括基本信息、学习经历、培

训经历以及职务职称信息。查询课题研究情况,可根据所属单位、课题类别、课题名称、主持人、立项时间以及结题时间对课题信息进行综合查询,并支持导出相关的数据信息。系统汇总统计了教师基本信息,并多维度、多角度地管理和收集教师成长信息,促进教师专业化成长。

(4)反馈教师专业评价结果,完善教师专业发展规划

学校的管理人员对系统中的数据进行统计分析,并结合学校的发展要求,根据每位教师岗位的不同得出教师的评价结论。系统自动生成的分析报告可反馈给教师,学校也可根据实际情况采用集中反馈和个别反馈的形式,让广大教师及时调整自主发展的方向,弥补某些项目的不足,以取得全面的发展,促进教师的专业化成长。但是在实际操作过程中,往往还需要增加通过网络反馈评价结果的环节。学校利用网络交流平台,对个别教师进行诊断分析,指出在评价中发现的不足,引导其能调整好自己的努力方向。这种形式的反馈最大的优点是避免与教师谈话时的尴尬,让教师能清楚地了解自己教育发展中的不足,从心底里对学校评价工作给予支持。

由于教师的评价能帮助教师对自己的教育行为进行分析与反思,需要评价者加强与被评价者的多方沟通、交流,评价的目的是促进教师的职业道德和教育水平的不断提高。所以,多渠道收集的信息(资料)应该及时反馈、及时交流,通过网络化(如校园网)实现信息资源利用率最大化,实现资源共享。当然,对教师的评价有些信息必须有选择性、控制性地交流,避免出现虚假信息或不顾后果的信息对教师造成伤害。在实际操作中可以发现,教师对学校的网络评价还是支持的,而且对评价的结果也是信服的。许多教师针对自己评价中发现的不足,及时地进行反思,调整好自己的发展规划,促进了教师专业发展。

三、结语

信息技术为教师的网络评价提供便捷,提高了学校的管理成效,促进了教师的专业发展。但是,在教师评价过程中,还必须把以人为本贯彻到评价的过程当中。要把教师在教育教学过程中是否体现素质教育的要求、有无创新意识和创新手段作为评价重点,促进教师的教育思想、观念的转变,让网络评价起到较好的导向作用。在实践中,我们着眼于用现代教育手段将定量分析与定性统计整合起来评价教师的教育教学工作,逐步克服评价的盲目性、随意性,使评价目标更明确,步骤更清晰,操作更方便,可信度较高,较好地激励教师专业成长。另外,网络评价忌重短期效果、轻长远发展。“十年树木,百年树人”。一个人知识体系的形成、观点信念的树立、智力能力的发展是极其复杂的,受多种因素制约,不能短期奏效。因而教师网络评价也是长期的过程,需要综合地进行评价。只有充分认识到这一点,对教师的评价才会比较客观,评价的效果才会更好,才能调动广大教师工作的积极性,从而达到促进教师专业化发展的目的。

第四节 数字化校本教研实施策略初探

校本教研是校本化教育重要的体现,是提升教师业务能力的重要途径之一。目前,数字技术作为一种特殊载体已渗透到教育的各个层面,凭借便捷性和资源的广泛性等优势为学校开展多形式的校本教研活动,促进教师专业技能及运用教学资源水平的提高。

一、数字化校本教研的特点

数字化校本教研，通俗地讲就是建立在一个以网络传输为载体、以数字化为主要特征的校园网络环境中，在数字技术搭建的网络教研平台上开展多形式、立体、开放、交互的网络备课、研讨等教学研究活动，以此促进校本教研灵活、长效、高效地开展。

与传统校本教研相比，数字化校本教研在实践中有其独特的优势，如突破了时空的限制、动态灵活、辐射面广、影响力大等，这些都是传统教研不具备的。数字化校本教研正以其独特优势成为提高教师专业成长的新途径。其特点如下：

1. 突破时空，交流面广

(1) 跨时空、低成本

数字化校本教研依托于数字技术搭建的教研平台，在这个平台上把网络备课与网络研讨融合在一起。教师不受时间与空间的限制，可以随时随地按自己的需要开展主题教研，参与在线备课、在线评课等教研活动，甚至跨越空间直接与教育名家、优秀教师进行面对面的交流，获取先进的教学经验。

(2) 多主体、参与面广

数字化教研具有多主体的特点。每个参与教研的教师都是教研主体，都可以在教研平台上发起主题研讨，既可以提出观点，也可以针对别人的观点进行评述发言。数字化校本教研则可以关注到每位教师的学习需求，实现全员参与。

2. 方式灵活，资源共享

(1) 按需选取学习内容，互学互助

数字化校本教研打破了研讨时间固定这一弊端，使教师可以灵活选择。在教研中，每位参与者既可以是教师，也可以是学生，既在教也在学。学习建立在互动、交流的基础上，每个人都可以根据自身实际需要和已有知识经验选择研讨主题、内容，选择教与被教，取长补短，互学互评。

(2) 资源共享，满足多层需求

依托教研平台，通过活动交流，教师把自己拥有的、经过思考筛选及收集整理起来的资源奉献给团队成员，一道分享与学习。网络环境教研平台汇聚多样化的共享资源，可满足不同层次教师专业发展及个性发展的需要。

二、数字化校本教研的实施策略

为了更好地实施数字化校本教研，大庆路小学在硬件设置和软件开发方面为数字化校本教研提供了一定的技术保障，并在此基础上构建教研平台。学校老师借助该平台，以网络传输、微格教室录播、博客互动、QQ群研等形式开展数字化校本教研活动，让校本教研多形式、多角度、常态化地深入进行。具体实施方式如下：

1. 建设学习型学科团队，引领特色教研

学习型团队是通过团队学习来传播学校的教育理念和价值取向，形成学校的共同愿景，为实现共同愿景而自主学习、主动工作、真诚奉献，最终实现学校和教师的共同发展。大庆路小学正处于积极向上的发展期，数字化校本教研的平台建设日趋完善，如何能让教师积极运用平台参与校本教研，就需要建设一支学习型的学科团队引领教师走向专业发展之路。

(1) 分层分类构建不同团队

分层教学和分层作业给了我们这样的启示:不同水平、不同能力的学生已有的学习经验不同,他们适用的教学方法是不一样的。同样,教师的学科类型、年龄特征、兴趣爱好、已有经验也不同,也需要分层分类构建不同的团队,这样达到事半功倍的效果。

不同学科有其各自的特点,在教育规律上虽有一定的共同点,但各学科之间有很大差别,有时无法进行相同内容的学习与培训。大庆路小学尝试着把同学科教师组合在一个团队里,针对本科目开展培训学习活动。如语文教师在教研活动时可针对作文、阅读等专题内容进行观摩、研讨等,其他学科亦如此。同时,为了让不同年龄层次、不同能力水平的教师都能掌握相应的现代化教育教学技能,学会依托数字化平台参与教研,在团队分层中把年龄、能力、信息化水平不同的同学科教师划归到一个团队。如把信息技术水平较高的青年教师和信息技术水平薄弱的中老年教师组合在一个团队,并以结对方式解决技术难题,提高团队整体素质。

(2) 组织多形式团队学习

①专家引领,团队自学

学习型团队必须是具有凝聚力、创造力的团体,各成员之间共享优质资源、共享学习成果。组建学习型学科团队势必将在教研实践中打破成规,凸显创新。所以,全员学习和全程学习是重中之重,通过彼此间的思想交流、思维碰撞不断提升团队的学习能力和创新精神。在实践过程中,组织团队教师分层在不同时间内全员学习,以定期与不定期、自主与引领相结合的方式进行网络读书、网络听课、网络观摩讲座等等,利用丰富的网络资源向教育教学专家学习先进的教育理念,并定期上交读后感、评课稿、教学案例和教育反思,邀请专家对其指导和评比。先学再思然后知不足,由学到思的过程就是自悟提升的过程,这样层层推进、步步深入的学习方式极大地提高了教师的学习动力和学习效果。通过网络自学博采众家之长,向理论学习,向实践学习,向他人学习,提升整个团队的专业素养。

②同课异构,团队对话

学习型学科团队的建设不但要重视个人的学习和个人的提高,更强调各成员的对话讨论、交流沟通、思想碰撞。没有完美的个人,只有完美的团队,激发集体智慧,共同发展才能成为一个学习整体。大庆路小学在校内多次开展团队同课异构教研活动。近年来逐渐把教研范围扩散到区域内的几所临近学校,组成“西三校”联动共同发展。学校甚至跨省跨市,与上海、浙江等教育发达地区的学校结成“长三角优质资源共同体”,一个学科团队同上一节课,通过视频传输开展“同课异构”网络联片教研活动。

2. 开展个性化教研,提升教师专业素养

围绕“提升数字化校本教研实效性”这一主题,分目标多层次开展了各类研讨活动,努力建构高效课堂,促进教师的专业成长。

(1) 开展微格教研,加强自主反思

教师在微格教室开设公开课,学校借助微格系统的摄录设备对教师教学技能训练和教学过程进行现场录像,并在教研组活动时回放视频进行交流研讨。为了使教师能自主发现问题、改进教学方式、提高教学效率,我们充分利用微格系统进行录课、辩课、演课。学校于学期初制定微格研讨课计划表,教师按计划在微格教室授课。微格教室的现场录课和课后评课互不耽误,学校于每周教研组活动时组织教师听课、评课,这样授课人既可以听取他人意见,又能观察到自己的教学行为,及时发现不足,调整教学方法。学校还把教师的微格录像课上传到校园网,邀请学生及家长听课,听取多方声音,以此促进教师不断提高教学水平。微格教研不仅适用于校内,还适用于区域内临近学校和"长三角优质资源共同体"结对学校共同实施操作,实现了"随堂课"的公开研讨。同时,微格教学同步实录的特点,可以实现不同地区的教师提问,其他在线教师立即解答,交流的范围突破了时空限制。

(2) 依托交流平台,形成泛研氛围

教育博客、江苏省教育厅推出的"教育新时空"和连云港市教育部门新推出的OA办公精灵等平台,以其开放多元的特点引领着新时代信息的传输与交流。利用这些平台,要求教师及时发布教育观念和教学思考以待同行阅读与讨论,通过留言、发帖、跟帖、对话等形式快速交流,及时反馈。大庆路小学从2008年开始创建教师博客群,结合数字化校园特色,重点推进教育博客群组建设,做到人人有博。为了教育博客长效发展,各学科设一名管理员,定期查阅教师博客,及时提醒教师按主题上传读书笔记、教学反思、课件案例等,并按每月规定的上传量及时更新,确保博文质量。经过一段时间的博客写作锤炼,教师们以文字、多媒体等方式发表自己的观点,超越传统时空局限,让更多的同行可以共享知识和思想,记录自己的成长轨迹。因教育博客发布信息的方式便捷,能及时反思总结,利于教师形成思考与记录的习惯,不断积累、丰富教学经验,形成泛研氛围,达成互学互研的目的。

3. 整合数字化资源,优化教研素材

数字化资源的建设是数字化教研长效开展的基础。为此,我们努力收集、完善教师教学资源库,重点按学科知识专题进行资源的上传和分类。首先,采购一些优质资源、自制的课件资料等上传到学校的主题网站中。其次,对所有资源进行整理归纳。各种资料按类建档,有教学参考资料类、教学反思类、教学成果类、优秀教学课例类,还有与现行教材配套的图片、视频、多媒体教学软件等,随时更新页面,下载使用。教师登录主题网站后可以获取众多的教学资源,及时了解国内外教育教学动态,把握课改信息。主题网站广泛地应用于教育教学的各个方面,为优化网络教研、整合学科课程资源提供了便利。

三、实践反思

经过几年的数字化校本教研实践研究,教师运用数字化平台开展教育教学、进行校本教研的能力在不断提高,个人的专业素养也在学习实践中快速提升,降低了工作强度,提升了教学成效。与此同时,也存在值得我们思考的问题:首先,由于教师年龄层次不同,掌握现代化教育教学技能水平参差不齐,在数字化校本教研实践中也呈现出不同效果。中青年骨干教师的专业成长较快,老年教师相对接受新生事物能力较弱,全员参与数字化平台的应用水平仍有待提高。其次,教师在运用数字化平台开展教育教学活动的同时,用于网络浏览互动的时间相对较长,对于教材本身的研究欠缺深层思考。再次,从评价层面看,教师参与网络教研的质量该如何定性评价还有待研究。这些问题,我们将在今后的网络教研实践中继续改进与完善。

数字化校本教研的实施需要一个长期探索的过程,它的特点鲜明,优势显著,对提高校本教研实效性起到一定的促进作用。大庆路小学通过建设学习型学科团队、开展个性化教研、整合数字化资源等推进了数字化校本教研的实施。在实施过程中,我们依托现代信息技术手段,开发和利用网上教育资源,在资源建设中形成资源共享、资源再生、立体传输的信息传播优势,从而达到提高教学效率、提升教师教学水平的目的。通过实践,我们相信数字化校本教研的实践研究将不断促进教师的专业成长。

(本文与刘园合著)

第五节　数字化环境下教师专业发展研修方式探索研究

随着教育数字化的发展,一个全新的数字化教育时代逐渐成为教育发展的必然趋势之一。数字化环境不仅对教师专业发展提出了新的要求,也为教师专业发展提供了新的途径。

一、数字化环境与教师专业发展的概念

1. 数字化环境

数字化就是"将许多复杂多变的信息转变为可以度量的数字、数据,再以这些数字、数据建立起适当的数字化模型,把它们转变为一系列二进制代码,引入计算机内部,进行统一处理,这就是数字化的基本过程"。"数字化环境",即是指"就数字化校园环境来定义的,它是以校园网为背景而建构的集教学、管理、娱乐为一体的新型数字化的工作、学习和生活环境,是在传统校园的基础上,利用先进的信息化手段和工具,将现实校园的各项资源数字化,以形成一个数字空间,使现实的校园环境在时间和空间上得到延伸。"

数字化环境的基本组成包括:一是硬件设施,多媒体计算机、摄像机、校园局域网、因特网、多媒体教室、微格教室等。二是软件,教师的信息化素养。三是数字资源,一切可通过数字化交流获取的信息资源。四是交流平台,学习者获取知识、重建知识的互动平台等。

2. 教师专业发展

什么是教师专业发展,不同的学者有不同的见解。余文森、连榕认为,教师专业化发展是指教师作为专业人员,在专业思想、专业知识、专业能力等方面不断发展和完善的过程,即是专业新手到专家型教师的过程。叶澜等认为,教师专业发展就是教师的专业成长或教师内在专业结构不断更新、演进和丰富的过程。刘万海则更为全面地指出,教师专业发展是以教师专业自主意识为动力,以教师教育为主要辅助途径,教师的专业知能素质和信念系统不断完善、提升的动态发展过程。

笔者认为,教师专业发展就是教师学习和成长的历程,它是教师专业素质各方面(专业知识、专业技能、专业情意)的发展过程,是教师在专业素质方面不断成长和追求成熟,从专业新手到专家型教师的过程,也是不断追求前沿知识,拓展知识领域,开阔视野的一个持续不断的循序渐进的贯穿于教师的整个职业生涯的动态过程。

二、数字化环境下教师专业发展的研修方式

信息技术的发展和网络时代的到来为教师专业发展构建了数字化环境,尤其是为教师专业技术能力水平的提升提供了多元途径。笔者从数字化反思、数字化教研、数字化档案三个方面阐述教育博客、基于视频录播系统的微格教研和教师电子档案袋的建立对教师专业发展所起到的推动作用。

1. 数字化反思:撰写教育博客

博客是一种网络日志,一种通过博主个人不定期发表博文并自我管理的一个网站。博客这一新兴媒体方式以信息技术的手段将教师的反思更便捷地呈现出来。教师通过博客撰写教育日志,反思自己的课堂教学,反思自己的教育理念,反思自己的职业态度,促进自我的成长与

发展，教师也可以通过学习一些好的博客文章弥补自身的不足，获取更多的经验。博主本人也可以和访问教师通过留言的方式进行互动，就共同的话题进行研讨，通过不断反思提升自我的教育理念和实践水平。博客作为教师反思成长的一个有效途径，实现了知识管理和学习共同体的构建，将内隐知识外显，有效促进教师不断反思、不断成长。

连云港市大庆路小学自2008年起便积极对教师开展博客应用的相关培训，学校90%以上的教师均开通了连云港市教育博客。通过教育博客，教师及时将个人在教育教学、班级管理或个人教科研方面的一些反思或好的做法及时记录在博客上，方便教师之间互相学习和借鉴。学校每周开展“优秀博文”交流，教师通过沙龙的形式交流自己在教育教学中的一些好的做法和经验。同时，学校每月还进行“每月博客之星”评比，获得“博客之星”称号的教师将有机会挑选自己最喜爱的三本书籍。通过这样的评比，不仅鼓励教师积极撰写博客，还让教师读书和博客撰写相结合，进一步提升教师的专业理论素养。

2. 数字化教研：开展基于视频录播系统的微格教研

教师如果想提升自我专业技能，课堂教学是一个不可或缺的环节。教师通过微格教研既可以发现自身的不足与优势，又可以汲取他人的长处，更好地提升自我课堂教学驾驭能力。

微格教研是在微格教学基础上发展变化而产生的。微格教学又称微型教学，是以现代教育理论为基础，利用先进的媒体信息技术，依据反馈原理和教学评价理论，分阶段系统培训教师教学技能的活动。微格教研是微格教学的变式。“微”指局部、片段；“格”指录像、定格，即每一格限制在可观察、可操作的范围内。微格教研是用摄像机记录教师的教学行为，以放像再现及时反馈，供教师个人和教研组活动进行分析、评价的一种研究课堂教学、提高教师教学能力的方法。通过微格教研，可提高教师对教学的认识，促进教师新观念、新实践的形成，从而提高课堂教学质量。

连云港市大庆路小学根据学校实际情况，利用现有的微格视频录播系统开展了系列微格教研活动。第一，学校给每位教师安排了微格公开课教学任务，包括校级领导“示范课”、骨干教师“观摩课”、新教师“研讨课”。第二，通过“录课、辩课、演课”这一串环节开展微格教研活动。首先，由被安排到任务的教师在同级部同学科教师共同研讨的基础上设计好详细的教案并通过微格视频录播系统将整个课堂教学实况录播下来。其次，由教研组长安排同学科教师观看教学视频进行“辩课”，针对教材分析、教学环节设计、教学重难点点拨、教学评价等方面展开研讨，力争课堂教学高效化。最后，授课教师在同学科组研讨的基础上完善原有的教案设计进行二次演课，通过演课的形式进一步提升自我的课堂驾驭能力。第三，教师在微格教研的基础上及时将个人的授课反思或观摩反思通过网络日记的形式记录在教育博客上进行互动交流。

3. 数字化档案：建立教师电子档案袋

电子档案袋的评价在国外已经比较成熟，一开始主要应用于教师对学生的评价。但是，随着电子档案袋使用的普及，电子档案袋也逐渐成为评价教师的一个有效方式。教师电子档案袋既涵盖教师的理论学习内容和教学实践经验，又汇集他们的反思记录和研究成果。数字化环境下电子档案平台的构建对教师专业发展起着重大的意义，不仅有利于教师记录个人的成长历程，更有利于对教师专业发展进行系统评价，为教师专业发展提供一个更为开放的空间和平台。

连云港市大庆路小学与徐州市华网公司合作在学校网站平台上建立了教师个人成长电子

档案。教师电子档案袋主要分为以下几个部分:①教师档案(包括基本信息、受教育情况、工作信息、职务职称、家庭成员、个人证书);②奖惩情况;③课题研究;④论文发表。教师档案中,绝大多数信息是固定不变的,如有变动,教师只要通过用户名登录系统修改即可。而个人证书主要是上传教师所获取的所有证书电子稿,既方便教师成长经历的记录,又能方便教师个人成长资料的保存。而奖惩情况、课题研究和论文发表主要记录教师所获取的荣誉表彰和教科研方面的成绩。教师随时随地都可以将个人取得的成绩录入系统中,学校也可以随时通过查阅系统了解教师在专业成长中所取得的成绩,更好地对教师的专业成长进行规划引导。

三、数字化环境下教师专业发展研修方式应用实践的反思与对策

目前,网络化的信息时代为当前教育提供了开放的数字化环境,为教学、教科研和管理搭建了多维平台,更为教师的专业发展提供了服务和保障。但是,学校在创建数字化环境为教师专业发展服务的同时仍然存在一些不足之处。例如,电子档案作为教师专业发展的数字化评价手段仍显单一,数字化环境下教师专业发展的交流平台需要完善,教师专业发展的数字化学习资源相对匮乏。如何才能更好地利用数字化环境解决这些不足呢?

笔者认为,可结合绩效评价系统解决电子档案对教师进行评价单一的问题,利用综合交流平台进一步拓宽数字化环境下教师之间的互动与交流,利用数字化图书馆为教师提供更多的数字化学习资源。

1. 数字化评价:绩效评价系统

在已有的研究中,只有利用电子档案袋平台对数字化环境下教师专业发展进行评价。电子档案袋平台虽然能够比较真实、完善地记录教师自身专业发展的历程,促进教师自我反思。但是学校管理者却无法有效地根据教师电子档案袋的成绩量化考核教师的工作业绩,无法实现教师业绩考核的数字化。因此,需要建立绩效考核系统。所谓绩效考核系统,就是数字化环境下学校管理教职员工绩效的电子化平台。通过绩效考核系统,将更有效地搭建平台从德、勤、技、能等多方面实现学校对教职工管理的数字化。绩效考核系统和电子档案系统两个平台协作使用,学校管理者针对教师个人的电子档案袋记录的个人成绩以及教师个人平时的工作表现进行量化打分。

2. 数字化交流:综合交流平台

教师专业成长如果局限于个体自主学习,将会因为个体的局限性而受到拓展限制,只有从个体局限性中突破出来融入大团体中,才能更好地取长补短、协同并进。除了借助主题论坛进行网络教研外,E-mail、QQ、微博、智能办公等系列数字化网络平台都可以成为教师之间、教师与专家之间互动的有效途径。教师可以通过 E-mail、QQ 将自己在教育教学过程中遇到的困难或问题向专家咨询,专家可以通过此途径将自己的答疑回复给教师,对教师进行点拨。同时,QQ 作为一种即时性的聊天工具,可以承担某一时间段不同区域教师个体之间网络研讨的桥梁。不同区域的教师可以在同一时间点围绕某一主题发表自己的观点或看法,个体之间可以根据观点的相同或不同进行辩驳。QQ 中的日志撰写和博客一样具有记录教师成长经历、反思教育教学不足的作用,可以与博客平台互补。

3. 数字化学习:数字化图书馆

教师,尤其是中小学教师在满足自身专业发展方面更需要汲取书籍、报纸杂志等方面的信息。而能够提供大量图书、期刊检索的电子图书馆一般出现于大学图书馆或者省市级综合图

书馆，一般的中小学没有能力为一线教师提供以上学习平台。因此，学校要关注到教师专业发展中需要借助的数字化学习资源平台，搭建数字图书馆、数字阅览室、数字期刊等有效学习资源，以满足教师的学习发展需要。

学校在创建数字化环境时，要把数字化图书馆的创建放在首位。首先，学校要构建包括多媒体计算机、校园局域网、因特网在内的数字化图书阅览室，从硬件设施上保证电子阅览室的正常使用。其次，学校将现有的图书信息通过电子录入纳入到数字化图书系统中，方便教师通过网络平台检索或借阅相关书籍。第三，学校要将相关的光盘资源整合到网络资源库中，方便教师随时学习。第四，学校要出资与诸如中国知网、中国期刊全文数据库、方正中华数字书苑、人大复印资料全文数据库、维普中文期刊数据库等数据信息资料库合作，方便教师通过网络检索相关图书、报刊资料。数字图书馆和数字阅览室的构建，必然为一线教师的专业成长提供更为丰富的信息资源。

总而言之，随着时代的发展对教师专业发展的要求越来越高，数字化环境的构建为教师专业发展提供了便捷和制成平台。教师只有真正融入数字化环境中去，才能不断促进自身的专业成长，才能实现学校教育、学生综合素养和教师自身专业素养的可持续发展。

第六节　基于“云教育”环境数字化实验的实践与思考

“我是一片云，天空是我的家”，琼瑶的一首经典情歌至今还给许多人留下深深的记忆。那时候的琼瑶也许还没有真正想到“云”的内涵。今天，数字技术又给“云”增添了另一份含义，那就是“云教育”的产生和发展。通俗地说，“云教育”就是一项学校管理的技术、一份为教师发展的服务、一种为学生成长的工具。《国家教育发展纲要》中明确提出在未来时间要建立“云教育”服务模式，这实际上是为“云教育”的建设与发展确定方向，即“云教育”重在服务。数字化实验室一般是由传感装置、数据采集器、网络、PC 机及处理软件等构成的采集、处理设备和与之配套的相应实验仪器装备组成的实验室。数字化实验室是网络技术与传统实验课程整合的重要载体。基于传感器的计算机实时数据采集和基于计算机数据处理软件的计算机技术是开展科学探究实验的重要内容。

数字实验教学与管理借用“云”的理念，利用数字技术打破时空的限制，让学校、教师和学生拥有一个共享的、开放的、平等的实验平台。让教育部门、学校、老师、学生、家长及其他与教育相关的人士都能使用该平台，在这个舞台上扮演好不同的角色，融入实验管理、实验教学、教师培养等，让实验教学与管理实现信息化。

大庆路小学充分利用教育现代化的创建成果，积极构建“数字化云校园”，采用数字技术建设科学实验室和科学探究室。数字化科学实验室内按“江苏省标准实验室”建设标准，其中分组实验按每口 30 组建设，实验准备室 1 个。基于数据采集系统的科学探究室有利于培养社会需要的善于学习、善于推理、思维具有创造性、具有良好问题解决能力的人。科学探究室提供比手工采集更精确性的数据，大大提升了实验的效率，使实验的重心落在问题的假设及探究活动上。科学探究室为学生提供在玩中做实验的情境，有利于提高学生对于科学实验的兴趣，激发学生学习的内在动力，提高学生科学探究的能力。

笔者经过多年的实践，概括总结出数字化科学实验具有的特点，那就是实验管理网络化、实验过程透明化、实验结果数据化等优势。

基于“云教育”环境下的数字化实验管理,虽然是一项专业性很强的工作,但由于数字化的实施,使管理变得简单而便捷。首先是运用网络系统,把实验所需要的仪器设备进行网络化登记入网,把实验过程中需要的实验报告在网络上呈现。因此,如何高效管理数字实验对于管理人员至关重要。那么如何做到高效管理呢?这就需要实验室管理人员不断充实自己,更新自身的专业知识,了解其管理研究进展,善于总结管理经验,方能管理好数字化实验。数字化的实验管理提升实验器材的管理效率,方便实验人员进行选择使用,从而提高了实验的效率。

实验过程透明化包括实验过程空间透明性和实验过程时间透明性。这是学生学习掌握科学原理、建立科学概念、理解科学规律的基础,更是学生处理科学问题的关键所在。在科学实验过程中,空间上的细微过程人眼难以观察,一般借助于显微镜可以实现细致的观察。时间上的细微过程更难以捕捉、难以记录,这是实验的一个难点。数字化实验通过与计算机连接的传感器实时采集数据、记录数据,实现了时间上细微过程的实验过程数据自动记录,相当于用传感器和计算机代替人眼、手、纸和笔记录数据,实现了数据记录的时间连续性,实现了瞬间变化“透明化”,大大地提高了学生进行科学探究的兴趣。

实验结果数据化是数字技术应用实验的重要内容。系统设置了连续采样、单点采样等多种采集模式,软件可以设置采集的各种参数,实现数据采集的自动化。功能强大的数据采集器可以自动把整个实验过程中量的变化通过高采样率完整地记录下来,存储在数据文件中。并且由于数据采集器提供了反馈输出,可以通过附加一些器材,通过回控使得整个实验的操作过程也实现自动化。数字化实验的传感器的精度高,数字化实验的误差比较小,数据的定量显示,这些就使科学规律的探究发现或者探究验证更具有严谨性和可信性。数字化实验为学生的“定量化”研究提供了研究平台,有利于学生理解科学的本质。

数字化实验教学对转变学生的学习方式、提高实践能力、培养创新精神等方面具有一定的指导意义,更是高水平教育现代化的重要组成部分。借助数字化“云教育”的应用,实验教学与管理一定会取得更大的成绩。

第七节　数字环境下学生个性化学习的实践与思考

随着网络技术的快速发展,数字技术已经应用到人们生活的各个领域,也渗透到教育的各个层面。数字技术作为一种特殊的载体,其学习资源的广泛性和学习方式的便捷性对学生的个性化学习起着很大的促进作用。基于网络的数字技术为学生的个性化学习注入了新的活力,从根本上改变了学生学习的方式,为学生的个性化学习和终身发展提供了有效的平台。

一、数字环境下学生个性化学习的内涵

数字环境下个性化学习是指以网络为平台,以数字技术为手段,以学生为个体的自主探索、发现新知的过程。学生通过这种学习方式,提高发现、吸收新信息和提出新问题的能力,最终培养学生创造性地解决问题的学习方式。个性化学习还能根据学生的个性特征实施自主教育活动,充分发挥学生的主动性,在促进学生全面、自由、协调发展的基础上促进学生个性的发展、潜能的开发。这和传统的教育方式相比有着很大的变化。随着数字技术的发展,网络学习将成为未来学习模式的发展趋势。在这种学习环境下,媒体技术也不光是帮助教师传授知识的手段、方法,而是用来创设情境、进行个性化学习的认知工具。

数字技术为个性化学习提供了良好的技术支持。在数字环境下，学生可以根据自己的需要主动选择学习的内容。师生之间可以通过网络环境的支持跨越时空的限制进行沟通交流。例如国外的“翻转课堂”就是典型的学习前移，不必拘泥于课堂上有限的时间。人机交互的教学模式能有效地实现班级授课制下的教学个别化，为培养个性化的人才提供重要的条件。

二、数字环境下学生个性化学习的优势

随着因特网技术的飞速发展，网络所具有的丰富的学习资源、强大的交互性和不受时空限制的学习、交流的特点，为个性化学习提供了理想的学习环境和条件。利用网络学习的环境和条件来实施个性化学习已成为当前教育技术学的研究热点。通过网络技术、多媒体技术及虚拟现实等数字技术的结合，可以模拟出真实的学习场景，学习者可以根据自己的需要主动选择学习内容及课程进度。因此，网络的流畅性与学习平台的完整性是个性化学习的必备条件。

首先，网络的开放性方便学生自主学习。培养学生的自主学习能力，才能使他们成为教育认知的主体，实现他们的社会化和个性化，达到个性化教育的目标。在网络环境中，学生的自主学习成为其主要学习手段，学习者自主选择学习内容、学习时间、学习方式，通过网络与其他同学协作学习，充分体现了学习者的主体参与性。网络给教育带来的革新不只是一种新的学习手段，而是整个教育思想和观念的巨大变革。通过网络人人都可以随时随地进行学习，教育不再只是能在学校进行，而是一种社会化的行为，学习不再只是在一定的时间专门进行，而是成为人们生活的一部分。

其次，数字环境下拥有丰富的学习资源，为学生的个性化学习提供便利。这是学生利用网络使用最多的一种学习方式，由于课内学习的内容有限，距离现实比较远，学生往往借助于网络将课内所学知识延伸到课外。利用网络虽然目前不能代替图书馆，但网络的确有图书馆所不具备的功能，如查询的快捷性、资源整理的便利性、资讯的即时性都胜于图书馆。网络可以说已经成为一个最大的资源库。通过网络搜索工具学生可以方便快速地找到需要的资料，而且可以获得比教师所提供的还要丰富的资料，解决学习中的问题。

再次，网络化学习环境构建了民主化学习氛围。在网络环境中，学生可以公平地获取自己所需的学习资料，大胆地发表自己的学习体会。在这个公平的学习环境里，每一个学习者都是平等的。更可贵的是，教师也以平等的身份参与其中答疑解惑。学习者不需害怕因为不成熟的答案会被人笑话，对于一个新知识，每个学生都是初出道者，大家都在反复地尝试、多次地修改，不必顾虑请教他人会遭遇拒绝。只要提出你的困惑和不解，就会有人伸出热情的手来帮助你。正是有了参与才会有学习的体验，正是有了学习的体验才会有学生的知识建构。在这样的民主氛围中学习，不再是教师和几个“优秀学生”的活动，不再是多数学生默默无闻地听讲记录，而是全体学生积极主动地参与。每一位学生的学习热情得到极大地激发，学习自觉性得到有力的培养。

最后，网络化学习环境满足了差异性的学习需求。据笔者平时的观察，目前部分中小学还缺少培养学生个性学习的平台，教师还缺乏信息素养。尽管很多教师已经通过了现代教育技术培训、教育信息化考核，但是大多数教师习惯采用陈旧的教学模式，习惯于一支粉笔一本书。这使得中小学的信息化水平还比较低，学生的个性化学习得不到保障。因此，建设适合于学生发展的个性化学习平台也成为学校落实素质教育的重要课题。个性化学习关键是学生愿意学、自主学、轻松学和互相学，而在网络环境下学生容易做到好学、自学、乐学、互学。因为网络

具有强大的交互功能、丰富的学习资源以及便利的使用操作，有其他教育媒体不具备的独特优势，给学生的个性化学习提供了技术保障。

三、数字环境下学生个性化学习的途径

数字校园倡导的是建设符合网络标准，具有开放性和扩展性，并能彰显个性的数字化管理平台，实现教学、管理及服务的信息化。另外，数字环境整合优质资源，突出个性化资源建设，构建开放性的校本资源库。学生在老师的科学指导下，积极利用数字技术开展自主化的学习，提高学习的效率。同时，学生还可以开设学习博客进行学习交流，教师利用网络对学生知识技能掌握情况进行检查反馈，对学生学习成绩实行计算机动态管理，提高教育教学的效率。教育的目的是培养适应社会发展的人才。大庆路小学利用数字技术在学生成长方面也做了大胆的尝试，尤其是在学生的自主学习系统、学生的学习资源建设、学生的综合评价、家校联系方式等方面进行大胆的尝试，也取得了一定的成效。真正实现了教育走出校门、走进社区、走入家庭的目标。

1. 数字环境下的“翻转课堂”

“翻转课堂”顾名思义就是翻转式课堂教学模式，就是把在教室里的教学模式完全翻转过来，把老师的教学内容搬到教室外。老师在课前录制教学短视频，提前布置让学生通过网络学习，学生遇到问题也可以在线与老师或同学研讨商量。同时，把以前学生在家独自做的作业搬到教室里面来进行，让学生跟其他同学和老师一起互动与讨论。数字技术使得“翻转课堂”教学模式变得可行和现实。学生可以通过网络去使用优质的教育资源，不再单纯地依赖授课老师去教授知识。而课堂和老师的角色则发生了变化。老师更多的责任是去发现学生的问题和引导学生去运用知识解决问题。翻转课堂是一种手段，增加了学生和教师之间的互动和个性化的学习时间，这种模式使得老师有更多的时间来帮助学生理解难以解释的概念。另外，课堂的内容得以永久存档，可用于学生的复习或补课，更是学生独立学习的具体体现，让所有学生都能得到个性化教育的学习。学生观看视频发现问题就记录下来，教师在教室时检查学生的问题并加以解释引导。这样的学习模式使得学困生在教室中得到老师更多的帮助，提高学生学习的整体质量。

2. 共享数字环境下的学习资源

这是学生利用网络学习最多的一种方式。由于课内学习的时间有限，所学内容距离现实比较远，学生就可以借助网络将课内所学知识延伸到课外，辅助学生进行学习。学校将教师的备课、学科学习的相关素材通过学校的资源系统向学生开放，学生可以自由地查阅学校资源库中的资源用于学习，并且不受时间空间的限制。学校的图书管理系统更为学生的网络阅读提供了便利，学生学会网上查询，提高了自身搜集、筛选、处理、应用信息的能力。学生在教师指导下积极利用网络环境开展自主学习、合作学习、探究学习，在教师指导下积极主动地开展网上交流，实现教育资源共享。学校电子阅览室、多媒体网络教室等设施为学生的自主化学习提供便利。

3. 数字环境下的自主探究

数字环境下的自主探究是指以网络为载体，以学生为主体，学生自主探索、发现新知的过程。通过网络学习，提高学生发现、吸收新信息和提出新问题的能力，最终培养学生创造性地解决问题的能力。在这种学习环境下，媒体也不再是帮助教师传授知识的手段、方法，而是用

来创设情景、进行协作学习和会话交流的认知工具。网络技术的应用，极大地拓展了教育的时空界限，使学生学习选择的自由度大大提高了。学生可根据所作出的猜想，利用教师创设提供的内容丰富、信息量大、交互功能强的网络资源和必要实物、学具，在小组学习中动手操作、动脑思考、动口表达，探索未知领域，寻求客观真知。在这一过程中，学生自始至终参与探究，是知识的发现者。学生通过网络访问教师放置在网络资源库上的资料进行自主学习，明确学习目标；再带着问题独立地通过网络随机进入教师设置的学习环境中，探索问题的解决方法。教师则是学生探究过程中的指导者，要注意引导学生正确利用网络学习，注意培养学生思维的独立性和创造性。

4. 数字环境下的学习交流

这是学生自主学习常常用到的沟通方式。由于课堂时间有限，许多问题不能深入开展，学生与学生、教师与学生之间的交流不够充分。而网络能弥补课堂的不足，学生通过人机协作进行自主探索、协作学习的同时，还可以通过网络将各自学习的结果进行网络交流。它不但提供了师生进一步交流的渠道，还能使交流变得平等融洽，减少了学生的心理负担。学生交流沟通平台立足培养学生的交际能力、合作能力，给学生广阔自由的互动空间。如指导学生建立学习博客。学习博客就是一个以学生学习为主题的教育网页，利用互联网新兴的博客技术，以文字等方式将自己日常的生活感悟、学习心得、优秀学习资源进行上传，超越传统时空局限制，促进学生的个性发展，并让别的同学共享知识和思想、记录学生成长的轨迹。学习博客的产生，为学生在网络上安置了自己的家，学生可以在空闲时来经营这个家，别人也可以在博主的同意下去访问这个家。

学写博客可以提高学生的自主学习能力，提升自主学习的效率。例如：对学习资料的收集，每一位学生在完成学习任务的时候需要大量的教育资料，这些资料大多都是纸质的。过去只能是去图书馆进行查找，而且受时间及空间的限制，这些资料内容都是不完整的，更无系统化可言。而学习博客的出现，使学生可以及时将自己需要的资料进行归纳，分门别类地在博客上存储，既可以提供给别人借鉴，又可以方便自己使用。学生博客作为教学辅助工具，为学生的学习提供了极大的便利，使学生的思维方式和学习习惯发生了较大的变化，加强了同学之间的交流和协作，达到共同提高的目的。目前，学校都建立了自己的博客，广大师生通过网络进行自由阅读，将自己的感受以回帖的方式进行反馈，提高了学生的学习效率。

5. 数字环境下的多元评价

综合评价系统客观全面评价学生。大庆路小学结合学生成长的特点，率先建立了学生的综合评价系统。教师把学生的思想状况、学习成绩、品行表现等通过综合评价系统有条件地反馈给家长，让家长及时了解学生在校的表现，促进了学生的全面发展。基于网络环境的学习评价是教学中的一个重要环节，评价的目的在于判断学生的知识成长状况，为适应学生个性特性提供决策依据。以尊重学生自己的学习个性和持续发展为出发点，不同的学生应该有不同的标准，不仅包括知识内容，还包括学生的参与和对问题解决的贡献情况。在网络学习中，应该实施真实性的评估，采用和学习目标、学习安排、学习方法一致的多元化方法来评估学生的学习、成就、动机和态度。真实性评估强调将评估活动带入学习中，从纵向了解学生的学习状况，有利于客观、全面地评估学生。学校可指导学生建立网络电子成长记录袋，采用自评、生评、师评、家长评相结合的方式进行评价。学生既是评价对象又是评价主体，创造了积极的学习气氛，获得了成功的情感体验，增强了学生主动参与网络环境下学习的信心。

四、数字环境下学生个性化学习的思考

数字技术作为一种新型的技术工具给学生的个性化学习带来便利。但任何事情都有两面性,如果不能正确把握运用好也会给学生的发展带来不利的影响。

其一是过分依赖网络技术,认为数字技术可以包办一切。事实上,师生通过网络进行交流还有一定的局限性。首先是师生利用这种工具表达思想的技能不高,用这种方式表达会影响课堂教学的效率。其次是这种交流方式与面对面直接交流相比,不利于学生听说能力的培养。同时,从教育心理学的角度来看,网络交流方式不能完全取代课堂教学中师生的语言及态势语交流。特别在小学,一名优秀的老师,他的一个眼神、一句激励都是对学生莫大的鼓励和支持。

其二是学生缺乏深度思维,对网络信息照单接收。由于网络传递信息容量大、节奏快,教师往往利用它给学生提供大量的感性材料,学生的大量精力都花在看屏幕和操作鼠标上。多媒体画面频频变换,学生目不暇接,但思维却处于休眠状态或仅仅是浅表性的,根本没有进行深层次的思维活动。学生理解、掌握知识的过程被忽略了。

其三是过于注重现代教育技术的展示,忽略了传统教育手段与媒体的运用。个别教师认为传统教学媒体都已过时,认为教育手段越先进越好。其实许多传统教具有很好的教学效果,如果再用费时耗力的方式,这样就失去了原有的意义,更不会有好的效果。

第四章　实践篇：洗尽铅华云归兮

第一节　智慧课堂：关乎学生成长的叩问

一、引言

孔子曰："知者乐水，仁者乐山。"说的是以山水之道形容智者仁者。学者认为，智慧是对事物能迅速、灵活、正确地理解和解决的能力。应该说智慧是一种整体品质，它在情境中诞生和呈现，以美德和创造为目标，以能力为核心，以敏感和顿悟为特征，以机智为主要表现形式。简而言之，智慧就是知识、能力与美德的综合体。

新课程认为，课堂教学不是简单的知识学习的过程，而是师生共同成长的生命历程，更是激情与智慧生成的过程。在教育信息化快速发展的今天，"翻转课堂""微课""慕课"的实施应用，整合了课堂资源，重组了课堂结构，转换了师生的角色位置，改变了教与学的方式，这对师生的智慧品质和综合素质提出了新的要求。因此，让智慧唤醒课堂，让智慧引领师生成长，是教育现代化时期课堂教学的重要使命。

二、智慧课堂的内涵

智慧课堂是以完善学生的人格成长，促进学生的智能发展，提高学生的综合素质为目标的数字化课堂。在智慧课堂中要让学生触感过程，习得规律，充盈智慧。教师在课堂上的内容选择和环节设计都要考虑教学智慧，在教与学的互动过程中通过创新方法来展示智慧教育。目前，数字技术已经应用到人们生活的各个领域，也渗透到教育的各个层面。数字技术的开放性与便捷性、教育资源的广博性更为智慧课堂的构建提供可能。

三、智慧课堂的特征

任何事物的发展都有其特征，在智慧课堂中教师借助媒体设施巧妙地创设情境，最大限度地激发学生的求知欲，最大限度地留给学生思维的时间和空间，给学生创设人人参与、个个思考的人文课堂。

1. 智慧课堂是彰显学生个性的课堂

这里允许学生从不同的角度、用不同的方式去探索知识，学生真正成为课堂的主人。教师用鼓励的话语、期待的目光、巧妙的引导与学生实现思维共振、情感共鸣。教师引导学生质疑、调查和探究，让学生在实践中学习，在探索中求知，在情境中明理。课堂中的信息化媒体不再为教师的教服务，而是为学生的自主学习服务。

2. 智慧课堂是充满思辨疑问的课堂

"学贵有疑"，敢于怀疑，才可能引发思考，才可能推陈出新。智慧课堂应该是质疑与思辨的地方,教师要大胆引导鼓励学生质疑,让学生时时有求知渴望,事事提出为什么?根据学生的认知特点,设计合理的教学悬念,激发学生思维的动机,诱发学生思维的火花,实现师生间与生生间思维的互动,着力培养学生解决问题的理性思辨和创造性思维的能力。通过争辩使智慧的火花碰撞、交汇,思想驰骋四海,翱翔蓝天,学生的灵性、个性飞扬,争辩的过程是分析解决问题与能力提高的过程。

3. 智慧课堂是重视动态生成的课堂

"动态生成"是课程标准提倡的重要理念。教学不应只是忠实地传递和接受知识的过程,更是课堂创新与开发的过程,课堂教学是千变万化的,再好的预设,也不能预见课堂上可能出现的所有情况。智慧课堂不但要求教师要有随机应变的能力,更要求教师在随机应变中尊重学生的主体性,根据教学进程中出现的新情况,及时调整课前的预设,给学生腾出空间,为学生提供条件,鼓励学生成长。在课堂评价方面,智慧课堂倡导的是直观的、立体的、动态的评价,评价的手段与方式体现在是否能促进全体学生的个性张扬、智慧发展和健康快乐成长。

4. 智慧课堂是走向生活的探究课堂

生活即教育,这是共知的话题,单纯谈知识本身没有多少意义,知识的意义体现在知识的应用之中。教育家陶行知先生认为:"教育要通过生活才能发出力量而成为真正的教育"。学生是生活中的一分子,在生活中学习,在学习中生活。当教师把学生领进文本后,学生把自己的生活融入文本中去,又与文本中的人与事构成的生活进行结合,从而感悟体验生活就更加深刻了,然后再从文本中出来,回到生活中去,则会勃发出生活与学习的激情,使文本这种静态的语言文字在学生的思维中荡漾起来,变化成动态的画卷,成为充满生命力的学习与生活构件,也从中收获智慧的惬意。因此,智慧的课堂需要向生活世界回归,在知识与生活的融合中,既增长了学生的智慧,同时也培养了他们的情感、态度、价值观。

5. 智慧课堂是智能化的数字课堂

随着因特网技术的飞速发展,网络所具有的丰富的学习资源,强大的交互性和不受时空限制的学习、交流的特点,为个性化学习提供了理想的学习环境和条件。通过网络技术、多媒体技术及虚拟现实等数字技术的结合,可以模拟出真实的学习场景,学习者可以根据自己的需要主动选择学习内容及课程进度。因此网络的流畅性与学习平台的完整性是个性化学习的必备条件。数字化智慧课堂是学生愿意学、自主学、轻松学和互相学,网络具有强大的交互功能、丰富的学习资源以及便捷的操作方式,为学生的智慧化学习提供了技术保障。

四、智慧课堂建构

随着网络技术的发展,数字技术已经广泛应用到课堂的教学之中,媒体的作用不光是体现在教师的"教"上,更主要是应用到学生的"学"上面,学生也不再是被动的听而是主动地利用媒体进行学习。

1. 智慧课堂:数字技术引导学生有效学习

数字技术为学生有效学习提供了良好的技术基础。在数字环境下学生可以根据自己的需求主动选择学习的内容。例如"翻转课堂"就是典型的有效学习。教师在课前录制教学短视频,提前布置让学生通过网络学习,学生遇到问题也可以在线与老师或同学研讨商量,并把以前学生在家独自做的作业,搬到教室里面来进行,让学生与其他同学和老师一起来互动与讨论。学生不再单纯地依赖授课老师去学习知识。这种形式有效地引导学生主动投入学习过程，学生在主动学习中感受到了学习的快乐与成就感，学习状态得以激发，在智慧课堂中，教师精心设计教学环节、对可能出现的“意外”预先想好对策、对学生的学习及时进行反馈等都将直接触发学生智慧地学，学习的效率也就自然的成倍提高。

2. 智慧课堂：学生共享数字环境下的学习资源

学生利用网络进行自主学习，这是学生个性化学习中最常见的学习方式。由于课内学习的时间有限，所学内容距离现实比较远，学生就可以借助网络在课堂上查询所学知识，并且根据提供的学习资源辅助学生进行学习。例如智慧桌面等媒体可以让学生自主操作，自主归纳，提高了学生的学习主动性。学校建设的学习资源查询系统，学校将教师的备课、学科学习的相关素材通过学校的资源系统向学生开放，学生可以自由地查阅学校资源库中的资源用于学习，并且不受是否在校的限制。学校的图书管理系统更为学生的网络阅读提供了便利，学生学会网上查询，提高了自身搜集、筛选、处理、应用信息的能力。学生在教师指导下积极利用网络环境开展自主学习、合作学习、探究学习，在教师指导下积极主动地开展网上交流，实现教育资源共享。学校电子阅览室、多媒体网络教室等设施，为学生的自主化学习提供便利。

3. 智慧课堂：数字环境下的学生自主学习

数字环境下的自主探究，是指以网络为载体，以学生为主体，学生自主探索、发现新知的过程。通过网络学习，提高学生发现、吸收新信息和提出新问题的能力，最终培养学生创造性地解决问题。在这种学习的环境下，媒体不再是帮助教师传授知识的手段、方法，而是用来创设情境、进行协作学习和会话交流的认知工具。网络技术的应用，极大地拓展了教育的时空界限，使学生学习选择的自由度大大提高了。学生可根据所作出的猜想，利用教师创设提供的内容丰富、信息量大、交互功能强的网络资源和必要实物、学具，在小组学习中动手操作，动脑思考，动口表达、探索未知领域，寻求客观真知，在这一过程中，学生自始至终地参与探究，是知识的发现者，由学生通过网络访问教师放置在网络资源库中的资料进行自主学习，明确学习目标，学生带着问题独立地通过网络随机进入教师设置的学习环境中，探索问题的解决方法，而教师则是学生探究过程中的指导者，要注意引导学生正确利用网络学习，注意培养学生思维的独立性。

4. 智慧课堂：激发学生探究天性

知识的个体性和情境性决定了知识来自于建构，其过程甚至比结果重要，因为智慧往往生成于对知识探究的过程之中。智慧的课堂教学应该渗透科学探究的理念。教师通过创设教学情境，引导学生探究真实的现象，感悟真情实感，开启思维之门。因为学生对未知的事物都充满了好奇心，所以探究是学生的天性。学生的这种浓烈的求知欲望，恰好是一种可贵的学习动力。在智慧课堂上，教师要把每位学生看成是学习的主人，要让每位学生成为自主探究的研究者，为学生出谋划策，让学生充分运用媒体技术，切实体验到探究所带来的快乐。例如学校建设的“3D”打印教室就是为学生提供创造事物的乐趣，让学生利用数字技术，实时打印出自己的个性化作品，从而提高其学习的积极性与创造性。

5. 智慧课堂：营建学生心智空间

从知识课堂走向智慧课堂，绝不是教学形式的变化与学习环境的变化，而是学生心智的发展。开智，指的是心智的觉醒、智慧的萌发。教师的使命，不仅仅在于让学生学到了多少知识、背诵了多少课文、解答了多少数学题，也不仅仅在于让学生懂得了多少规则，拾起了地上的一张废纸、爱护了一棵小树，而在于知识和规范行为背后的东西，那是他们的好奇心、想象力、理解力、创造力,是他们心智的觉醒、智慧的生长。孔子云:“不愤不启,不悱不发。”“愤悱”其实是教育者刻意寻求的一种时机,一种激发兴趣和调动探求的手段。当学生有疑问时,教师能启发他们顿悟出来;当学生心理出现矛盾时,教师能用巧妙的方法疏通;当学生心有余而力不足时,教师能及时地捕捉并授之以渔,这就是智慧的成长。

智慧型课堂要求我们解放课堂,解放学生,解放教师,让课堂呈现创新的活力。要重视学生的自主、合作和探究,但也要防止“盲目创新”“随意自主”和“形式的整合”。因此,在课堂教学中,我们既不要严密的控制,也不能自流地放纵。在教学目标的达成上,要重视“层次性”和“生成性”;在教学资源的遴选上,要重视“针对性”和“发展性”;在教学策略的运用上,要注重“合作性”和“开放性”。教师要努力处理好自己的角色地位,重视引导学生质疑、调查和探究,让学生在实践中学习,在老师的指导下主动地、富有个性地学习。

五、结语

课堂既是一个传承和扩散知识的场所,更是一个智慧生成与拓展的天地。智慧的课堂应该追求教学的真质量,追求课堂的真效益。在智慧的课堂中,学生的兴趣会得到激发,探究的欲望会得到激活,知识的社会价值会得以体现;在智慧的课堂中,学生会体验到求索的愉悦和求知的快乐,师生的智慧之花会在互动与对话中绽放。有人说:“知识,只是能让人看到一块石头就是一块石头,一粒沙子就是一粒沙子;智慧,却能让人从一块石头里看到风景,从一粒沙子里发现灵魂。”也许我们还不是智慧教师,但我们必须以智慧的心灵为主导,为学生的成长服务,就应该从构建智慧课堂开始……

第二节　浅谈信息技术在语文教学中的审美功能

随着科学技术的飞速发展,信息技术的教育功能越来越突出,在小学教育中,运用信息技术教育手段进行小学语文教学中的审美素质教育,具有形象、直观、方便的显著效果。原因在于小学语文教学中的审美教育可以通过电教手段所共有的形、声、色的特点,能有效挖掘教材中的教育因素,从而达到审美教育目的。

一、借助录音,进行审美教育

小学语文教学过程中,教师恰当地播放与课文配乐朗读录音,通过一定的节奏、旋律、渲染课堂教学气氛,创设情境,使学生沉浸在美好的意境之中,情感处于最佳状态。再通过教师充满感情的语言的启迪,学生就会展开丰富的联想,脑海中就会再现自然和生活的美景,学生欣赏到教材中美的因素,既加深了对课文的理解,又得到道德的感化、美的享受和情感的滋润。进而形成正确的审美观点、审美能力,同时能激发学生表现美、创造美的欲望。

在小学语文教材中,有许多课文情文并茂,文质兼美,适合借助播放配乐朗读录音,进行审美教育。如教学小学语文第七册《九寨沟》时播放配乐朗读,以清脆悦耳的乐声反映九寨沟美丽的景色;用悠扬的乐声表现九寨沟珍奇动物活动的场面,整个配乐朗读音调和谐优美、节奏明快流畅。学生如临其境,怡情悦性,陶醉于充满自然美的大自然中。在今后的学习中,如果学生再遇到相似的自然美景,那么表现美的欲望定会油然而生。教学小学语文《革命烈士诗二首》时,教师播放高亢、激越、昂奋的配乐朗读录音,学生必定会感受到革命烈士那种视死如归、坚贞不屈、大义凛然的人格美。认识到烈士的灵魂是美丽的，烈士的精神是伟大的，再将烈士的人格美同那些无耻叛徒的丑恶嘴脸相对比，学生辨别美和丑、善和恶的评价鉴赏能力也会从中得以提高 。

再如教学《十里长街送总理》时，老师适时播放哀婉舒缓的乐曲，随着凄切徐缓的旋律，低沉凝重的音色，结合教师的感情朗读，学生自然会被这样悲壮的美所熏陶感染，心中激起无尽的思念，从而去学习敬爱的周总理的高度的爱国热忱与为人民鞠躬尽瘁死而后已的奉献精神。

二、借助投影，进行审美教育

小学语文教材内容大都属于叙事、写景、抒情的记叙文。画面感、形象感较强，显示出美的最基本形态。如果将教材中语言描述的画面制成幻灯片，就更能突出直观、形象的特点，符合儿童的认知规律，就能引起学生对所学内容的兴趣和注意，充分感知美的因素，就易于他们理解和接受。况且，对小学生进行审美教育，仅仅满足于语言的讲述是不够的，更需借助直观、形象的幻灯配合进行审美教育。

其实，无论是图画幻灯片，还是文字幻灯片，只要注重教学性和认知规律，它们本身就具有一定的美感，就会给学生以美的享受和启迪。例如，图画幻灯片的线条、颜色；文字幻灯片的对称、和谐和思维逻辑等等都是美的因素，均可陶冶学生美的情操。

在教学《我的战友邱少云》过程中，教师适时打出根据教材中黑白插图制成的形象逼真的彩色幻灯片，将画面形象和语言形象有机结合起来，引导学生想象主人公为集体潜伏成功，自已强忍被烈火焚烧的剧痛而纹丝不动的高度组织观念。于是，邱少云这位严守作战纪律的钢铁战士形象便会自然矗立在学生的心中。学生受到了伟大崇高的灵魂美、奉献美的熏陶和感染。

苏教版小学语文第三册基础训练第五题《秋天到了》是一首儿歌，描绘了三个空间共十二种植物的丰收景象，教材仅有三种植物的黑白插图。教师在备课时可自制复片：一张是长着“棉花、大豆、高粱、稻子”的田野景色；一张是长着“柿子、葡萄、梨子、枣子”的果园景色；一张是长着“冬瓜、茄子、白菜、辣椒”的菜园景色。课堂上，教师结合诗三小节内容，逐步在银幕上映出三张复片，最后出现在银幕上的是“三合一”的画面——秋天的丰收美景，这样使学生在增长知识的过程中，欣赏到秋天丰收的美景，体会到劳动最美、劳动创造财富，劳动最幸福的道理，从而激起学生珍惜粮食、衣物，热爱劳动人民的审美情感。

小学语文审美教育，不但要培养学生感受美、欣赏美、评价美的能力，而且要力争培养表现美、创造美的能力。小学语文第五册《翠鸟》教学中，教师可设计翠鸟的彩色灯片，配合课文教学，让学生不但感受欣赏到翠鸟的形态美，而且掌握表现形态美的方法和技巧，然后教师再打出其他飞鸟的幻灯片，如麻雀、燕子等(课前也可布置提前观察，课堂上再根据灯片集中仔细观察)让学生仿写，学习表现美的方法，训练表现美的技巧，培养审美创造力。中高年级的看图作文练习，也可借助单片幻灯或连片幻灯来激发学生表现美的热情，培养学生“发现美的眼睛”，训练学生表现美、创造美的技巧。如果学生有一定的绘画基础，还可开展绘画比赛，要求学生在透明底片上画出课文语言描述的实物、人物和图景，然后映出评比，这样，既深化了学生对文章美的因素的理解把握，又训练了学生通过绘画来表现美的能力。

三、影像协调，进行审美教育

如前所述，借助录音、幻灯进行审美教育是方便的、有益的，如果在此基础上同时运用多媒体课件等电教手段,使学生有一种如见其形、如闻其声的身临其境之感,则效果更佳。

小学语文第十二册古诗《三衢道中》教学中,教师可用录音表现出溪水淙淙、黄鹂声声的音乐美;用动画反映出梅子黄黄、绿阴重重的色彩美,结合精彩的配音加上老师深入浅出的点拨。学生会兴趣盎然,仿佛徜徉于有声有色的初夏三衢道中,如梦似醉,物我两忘,真切领略到三衢道中满眼新绿、群莺乱飞的景色,体会到诗人山行时轻松愉快的心情,受到河山美的熏陶,同时也提高了鉴赏美的能力。

信息技术的教育功能也越来越大,尤其是借助多媒体技术,能更好地达到小学语文教学中审美素质教育的目的。一方面,减少了教师的工作负担,更主要的是提高了学生的学习效率,达到事半功倍的目的。

第三节　基于网络环境下"翻转课堂"的实践与思考

"翻转课堂"(Flipped Class room)又称为"反转课堂式教学模式",最早的探索者是美国人萨尔曼·汗,他在为侄女和侄儿辅导数学功课的过程中,想到了制作教学视频,让他们先自己学习,然后再作指导交流。他把制作的第一个教学视频传到了 YouTube 网站上,并很快引起了人们的关注,更多学习有困难的孩子也享受这一学习资源。与传统的课堂教学模式不同,"翻转课堂"的学生在家完成知识的学习,而课堂变成了老师与学生之间和学生与学生之间互动的场所,包括答疑解惑、知识的运用等。这种模式从根本上改变了学生学习的方式,取得了良好的学习效果。

翻转课堂使得教师从传统课堂中的知识传授者变成了学习的促进者和指导者。这意味着教师不再是知识交互和应用的中心,但仍然是学生进行学习的主要推动者。当学生需要指导的时候,教师便会向他们提供必要的支持。自此,教师成了学生便捷地获取资源、利用资源、处理信息、应用知识到真实情景中的脚手架。在翻转课堂中,学生并非完全独立地进行学习。翻转课堂是有活力的并且是需要学生高度参与的课堂。在技术支持下的协作学习环境中,学生需要根据学习内容反复地与同学、教师进行交互,以扩展和创造深度的知识。因此,翻转课堂是一个构建深度知识的课堂,学生便是这个课堂的主角。

"翻转课堂"作为课堂教学的尝试,一方面学生可以按照自己的学习兴趣选择学习内容,也可以按照学习习惯来安排学习的进度,学习的自我管理意识大大增强;由于视频短小精悍,大多数的视频都只有几分钟的时间,比较长的视频也只有十几分钟。每一个视频都针对一个特定的问题,有较强的针对性,查找起来也比较方便;视频的长度控制在学生注意力能比较集中的时间范围内,符合学生身心发展特征;通过网络发布的视频,具有暂停、回放等多种功能,可以自我控制,有利于学生的自主学习。

另一方面通过网络及时的反馈,教师可以了解到学生学习的困难所在,能够做出更有针对性的辅导。

其三,课堂上互动交流的时间大大增加,同伴之间的相互帮助和提醒提高了学习的效率。改变了教师的教学方式,并大幅提高了学生的学习兴趣与成效,使科技成为教学的最大帮手,但坐而言不如起而行,教师一定要先觉醒,从改变自己开始。翻转课堂成败的关键在于教师是否愿意主动参与改变!

学生观看了教学视频之后,是否理解了学习的内容,视频后面紧跟着的 4～5 个小问题,可以帮助学生及时进行检测，并对自己的学习情况作出判断。如果发现几个问题回答得不好，学生可以回过头来再看一遍，仔细思考哪些方面出了问题。学生对问题的回答情况，能够及时地通过云平台进行汇总处理，帮助教师了解学生的学习状况。教学视频的另外一个优点，就是便于学生一段时间学习之后的复习和巩固。评价技术的跟进，使得学生学习的相关环节能够得到实证性的资料，有利于教师真正了解学生。

一、实施“翻转课堂”的基本环境

“翻转课堂”作为一种新型的课堂教学模式，真正地落实到具体的教育教学实际当中，要促进我国的课程教学改革向纵深的方向发展，除了相关领导的重视与认可以外，还必须具备一定的软、硬件设施，需要做好以下几个方面的准备：

1. 硬件设施

首先是网络覆盖问题，随着网络技术的发展，WIFI 技术已经覆盖到社会生活的各个角落。因为目前的学习终端主要是平板电脑，大多使用无线上网，因此无线网络的畅通是“翻转课堂”的基础条件之一。其次是服务器，学校必须设立或租用畅通稳定的服务器，以满足“翻转课堂”学习的需要。再次是学习终端，目前家用的 PC 机器、智能手机、平板电脑等都可以作为学习终端，尤其是平板电脑，其超强的稳定性深受师生们的欢迎，当然对于经济条件不是太好的家庭，可以用 PC 机器或智能手机作为学习终端。

2. 软件平台

“翻转课堂”是需要一定的软件系统进行支撑的，首先是师生互动平台，这也是“翻转课堂”中最重要的软件平台，此软件需要有“上行”与“下行”的功能，即教师把课堂中的学习资源以通知广播的形式直接发送给学生，让学生能方便地阅读，根据配置的不同，确保视频播放流畅，另外学生提交的所有学习成果教师也能方便收到，其次平台还有评价的功能，这些都是“翻转课堂”中所必须的内容。在课前，教师把要讲授的知识，做成视频，发布到网上，供学生自学。也可以利用网络上的现成视频，但这往往会与教学目标不相符合。在课堂上，教师真正走下“讲坛”，走向学生中去。由传统的讲授者，变成了学生学习的促进者和指导者。翻转课堂可以很好地贯彻建构主义的相关思想。教师要为学生的自主学习设计好教学活动，帮助学生在“对话”和“协商”中完成“意义建构”。

二、如何实施“翻转课堂”

首先是应明确学生必须掌握的目标，以及视频最终需要表现的内容。其次，收集和创建视频，应考虑不同教师和班级的差异。再次，在制作过程中应考虑学生的想法，以适应不同学生的学习方法和习惯。

另外是组织课堂活动。教学内容在课外传递给学生后，课堂内更需要高质量的学习活动，让学生有机会在具体环境中应用所学内容。这包括学生创建内容、独立解决问题、开展探究式活动、实施基于项目的学习等。

1. 教学视频的制作

在翻转课堂中，知识的传授一般由教师提供的教学视频来完成。教学视频可以由课程主讲教师亲自录制或者使用网络上优秀的开放教育资源。自麻省理工学院开放课件运动以来，世界上涌现出一批高校、组织或者个人进行开放教育资源的建设，例如，哈佛、耶鲁大学的公开课,可汗学院课程、中国国家精品课程、大学公开课等。教师可以在优质开放的教育资源中,寻找与自己教学内容相符的视频资源作为课程教学内容,提高了资源的利用率,节省了人力、物力,也使学生接触到国际性优秀教师的最新教学内容,但也必须注意网络上的开放教育资源可能会与课程目标、课程内容不完全相符。

教师自行录制教学视频能够完全与教师设定的教学目标和教学内容相吻合,同时教师也可以根据学生的实际情况对教学内容进行针对性讲解,并可根据不同班级学生的差异性多版本的录制教学视频。教学视频的视觉效果、互动性、时间长度等对学生的学习效果有着重要的影响。因此,教师在制作教学视频时需要考虑视觉效果、支持和强调主题的要点、设计结构的互动策略等,帮助学生构建内容最丰富的学习平台,同时也要考虑学生能够坚持观看视频的时间。

2. 课前针对性练习

在学生看完教学录像之后,应该对录像中的收获和疑问进行记录。同时,学生要完成教师布置的针对性课前练习,以加强对学习内容的巩固并发现学生的疑难之处。对于课前练习的数量和难易程度,教师要合理设计,利用"最近发展区"理论,帮助学生利用旧知识完成向新知识的过度。对于学生课前的学习,教师应该利用信息技术提供网络交流支持。学生在家可以通过留言板、聊天室等网络交流工具与同学进行互动沟通,了解彼此之间的收获与疑问,同学之间能够进行互动解答。

3. 课堂活动设计模块

翻转课堂的特点之一就是在最大化地开展课前预习的基础上,不断延长课堂学习时间、提高学习效率,关键就在于如何通过课堂活动设计完成知识内化的最大化。教师在设计课堂活动时,应利用情境、协作、会话等要素充分发挥学生的主体性,完成对当前所学知识的内化。

首先是引导学生确定问题。教师需要根据课程内容和学生观看教学视频、课前练习中提出的疑问,总结出一些有探究价值的问题。学生根据理解与兴趣选择相应的探究题目。在此过程中,教师应该针对性地指导学生选择题目。在翻转课堂个性化学习环境中,教师主要发挥领路人的作用,帮助学生制订学习计划和使用学习工具。

其次是让学生独立探索。独立学习能力是学习者应该具备的重要素质之一。从个体的发展角度来说,学生的学习是从依赖走向独立的过程。每个学生都是一个独立的人,学习是学生自己的事情,这是教师不能代替也是代替不了的。教师只能让学生自己读书,自己感受事物,观察、分析、思考问题,帮助他们自我明白事理,掌握知识;每个学生都独立于教师的头脑之外,不以教师的意志为转移。教师要想使学生接受自己的教导,首先就要把学生作为不以自己意志为转移的客观存在,作为一个具有独立性的人来看待,使自己的教育教学适应学生的实际情况;每个学生都有一种独立的要求,他们在学校的整个学习过程中也就是一个争取独立和日益独立的过程。

再次是组织学生协作学习。协作学习是个体之间采用对话、商讨、争论等形式充分论证所研究的问题,以获取达到学习目标的途径。学习协作活动有利于发展学生个体的思维能力、增强学生个体之间的沟通能力及学生相互之间的包容能力。此外,协作学习对形成学生的批判性思维与创新性思维,提高学生的交流沟通能力、自尊心与形成个体间相互尊重的关系,都有明显的积极作用。因此,在翻转课堂中应该加强协作交互学习的设计。在翻转课堂的交互性活动中,教师需要随时捕捉学生的动态并及时加以指导。小组是互动课程的基本构建模块,其互动涉及2个或2～5个人。在翻转课堂环境中小组合作的优势是每个人都可以参与活动中；允许和鼓励学生以低风险、无威胁的方式有意义地参与；可以为参与者提供与同伴交流的机会，并可随时检查自己想法的正确性；提供多种解决问题的策略，集思广益。

接着是组织成果交流。学生经过独立探索、协作学习之后，完成个人或者小组的成果集锦。学生需要在课堂上进行汇报、交流学习体验，分享作品制作的成功和喜悦。成果交流的形式可多种多样，如举行展览会、报告会、辩论会、小型比赛等。在成果交流中，参与的人员除了本班师生以外，还可有家长、其他学校师生等校外来宾。除在课堂直接进行汇报之外，还可翻转汇报过程，学生在课余将自己汇报过程进行录像，上传至网络平台，教师和同学在观看完汇报视频后，在课堂上进行讨论、评价。

最后是组织学生反馈评价。翻转课堂中的评价体制与传统课堂的评价完全不同。在这种教学模式中，评价应该由专家、学者、教师、同伴以及学习者自己共同完成。翻转课堂不但要注重对学习结果的评价，还通过建立学生的学习档案，对学习过程进行评价，真正做到定量评价和定性评价、形成性评价和总结性评价、对个人的评价和对小组的评价、自我评价和他人评价之间的良好结合。评价的内容涉及问题的选择、独立学习过程中的表现、在小组学习中的表现、学习计划安排、时间安排、结果表达和成果展示等方面。对结果的评价强调学生的知识和技能的掌握程度，对过程的评价强调学生在实验记录、各种原始数据、活动记录表、调查表、访谈表、学习体会、反思日记等的内容中的表现。

4. 翻转课堂教学模式中的误区

有人认为翻转课堂是在线视频的代名词。每当人们听说翻转课堂时，第一个念头就是视频，其实富有成效的面对面互动学习活动才是翻转课堂最重要的价值。

对翻转课堂中理解的误区主要有：翻转课堂就是用视频替代教师、翻转课堂就是在线课程、学生观看视频时没有教师指导、学生整堂课都盯着电脑屏幕、学生孤立地学习、学生没有社交和互动等。

我国目前在基础教育界受到追捧的洋思模式、杜郎口模式与翻转课堂教学模式有着许多相似点，只不过前两种模式中学生是通过导学案来自主学习的，在课堂上学生通过展示汇报来实现师生和生生的互动。学生通过导学案能够实现深度的学习吗？这正是人们对前两种模式质疑最多的地方，通过教学视频来帮助学生自主学习不失为一种好的方法。

第四节 “平板电脑”在课堂教学中的应用

电子书包是一种新型的教育电子产品，以学生为主体，网络学习资源为载体，它将学生书包里的课本、作业本、词典全部整合在一个可以移动的设备中，而且，还可以接入网络平台，是未来教育数字化发展的方向。随着平板电脑技术的成熟，利用平板电脑做学生电子书包，具有广阔的前景和强大的实用性。

一、利用平板电脑做电子书包的背景

1. 与我国推广电子书包的大环境相适应

2000年11月，教育部发布了《关于在中小学实施“校校通”工程的通知》，提出“电子书包是教育信息网络化的重要终端产品，也是我国实现‘校校通’工程的必备工具之一”；2010年，

教育部又出台了《国家中长期教育改革和发展规划纲要(2010—2020年)》,《纲要》明确要求,加强优质教育资源开发与应用;2011年4月,原新闻出版总署发布的《新闻出版业“十二五”时期发展规划》中,第一次将“电子书包研发”作为重大工程项目列入《规划》之中,《规划》指出,通过电子书包及配套资源数字化工程,提高教学资源重复使用率,推动节能减排,形成内容丰富、互动性强、易于学生使用、符合青少年阅读习惯的数字教学出版体系,推动电子书包的发展。近年来,随着教育改革不断深化和信息技术的快速发展,电子书包在国内初露端倪。在北京、上海、成都、广州、深圳、大连等大城市的中小学,开始了电子书包教学模式的实验和研究。在推广电子书包的大环境下,利用平板电脑做电子书包是一个行之有效的方法。

2. 利用平板电脑做电子书包硬件优势强大

作为电子书包最重要的是硬件设备,如何使电子书包的硬件设备做到运行速度快、成本低廉、耐用性强、实用性好、受学生青睐是首先要考虑的问题。近年来,平板电脑的硬件设计满足了这些要求,平板电脑的处理器有双核和四核,频率达到1 GB以上,内存也达到1 GB,显示屏都为多点触摸式液晶显示板,价格越来越低廉,价格最低的平板电脑才数百元,而且,可以用电磁感应笔进行手写,可以通过有线和无线方式接入互联网,SD卡容量大,扩展性好,平板电脑和装满书本沉甸甸的学生布质书包相比,具有体积小、重量轻、便于携带和移动的特点,更符合“减轻学生负担”的要求,所以,利用平板电脑作电子书包成为教育界广泛关注的热点。

3. 利用平板电脑做电子书包有成熟的软件优势

平板电脑的操作系统,最成熟的有Android操作系统、Windows CE操作系统、iPhone操作系统等,而且,在这些操作系统中,可以安装相应的软件,如果把学生使用的课本、教学辅助资料、作业开发成软件,安装在平板电脑上,学生可以随时随地进行学习。

二、学校面临的问题和挑战

在目前阶段,利用平板电脑做电子书包,要想在学校得到普及和推广,还面临着一些技术方面、价格和观念上的问题和挑战。

1. 面临的问题

(1) 学校各教室的网络覆盖问题

近年来,随着教育信息化的发展,各学校的校园网尽管接入了互联网,但是,并不是每个学生教室都接入了互联网,即使是在大城市的学校,教室可以接入互联网,利用平板电脑作电子书包时,节点多,网线布置复杂,网络连接问题还是很多。

(2) 适合学生使用的教学资源开发问题

大家都知道,我国的教育教学质量城乡差别巨大,沿海、中西部差别也比较大,在教育教学质量还没有得到均衡发展的现实环境下,农村学生不可能使用城市学生使用的教学资源,城市学生也不可能使用农村学生使用的教学资源,因此,开发适合本地区学校学生使用的教学资源是每个学校面临的一个最大问题。

(3) 培训与资金问题

让每个学生和教师都会使用电子书包,师生可以进行互动交流,需要培训一大批教师或信息技术教师;开发适合本地区学校学生使用的教学资源,也需要培训一批具有一定开发能力的一线教师。所有的培训,需要投入大量的人力、物力、财力,所以,培训及培训的资金也是一个值得思考的问题。

(4) 配套设施的建设问题

利用平板电脑做电子书包时,需要学校建设与之相配套的硬件系统。首先,计算机网络服务器的建设问题,服务器要能存放适合本地区学校学生使用的教学资源,而且,这个服务器和互联网相连,要有进口和出口,便于学生在学校和家里使用电子书包进行学习,学生可以上传自己的作业到服务器上,供老师批改。其次,多媒体教室的建设问题,必须在每个班级建立一个多媒体教室,并且,在电脑上安装一套师生互动交流的软件系统。

2. 利用平板电脑做电子书包面临的挑战

利用平板电脑做电子书包进行学习不是万能的,而是一把双刃剑,面临着多方面的挑战。

(1) 来自学生阅读方面的挑战

电子书包提供的电子书与纸质书给人带来的阅读感受是不同的,阅读电子书缺乏真实感;作为电子书的阅读器显示的清晰度、色彩的丰富度、翻书的速度、电池的续航时间等都可能制约学生对电子书的阅读感受。要人人习惯屏幕阅读的方式,学生还需要挑战传统阅读方式。

(2) 面临着对学生心智和身体影响的挑战

毫无疑问,电子书包肯定会对学生的心智和身体健康产生不良的影响,包括①对电子书包的依赖性增大。电子书包对文字的处理十分方便,在学习中,学生动手、动脑、动口会变成对电子书的复制与粘贴,数学课上,大量的数字运算会被计算器代替,由于长期使用网络,会出现离开了电子书包就不知道如何学习的情况。②降低学生的语言沟通能力,学生在使用电子书包的过程中,习惯于使用各种通讯软件进行在线交流,电子书包可能会降低人的交往能力。③对视力和身体有一定的影响,大家都知道,电子产品有电子辐射,电磁波会影响人的身体健康,电子屏幕的明暗会影响视力,学生长时间使用平板电脑,身体健康会受到影响,视力可能会下降。

(3) 来自家长传统观念的挑战

如今,中国的教育模式还是主要看考试成绩,中考、高考关系千万学子的命运,家长都希望自己的孩子学习成绩好,考上理想的高中、大学。使用平板电脑做电子书包,改变了学生的学习方式,家长会有各种担心,最担心的是怕影响孩子的学习成绩。因此,在北京、上海使用电子书包的调查中,许多家长反对使用电子书包。

三、解决方案实施

面对上述的各种问题和挑战,要在中小学推广并普及"平板电脑作为电子书包"的设想,当务之急,必须从以下几个方面开始实施。

1. 做好舆论导向的宣传工作

学生背着书包上学,使用纸质课本,老师一手拿粉笔,一手拿教科书,这是中国传统的教育方式,在人们的脑海中烙下了深深的印记;素质教育尽管实施了许多年,但是,社会各界普遍以学生考试成绩的高低来衡量教学质量的好坏,在这种情况下,实行以平板电脑为载体的电子书包还有一定的难度,需要做好舆论宣传导向工作,向社会宣传使用电子书包的优点,让人们消除学生使用电子书包的种种疑虑,号召人们正确对待学生使用电子书包,客观评价学生使用电子书包,使之成为学生、教师、家长共同认可的主要学习工具。

2. 进一步完善学校信息化硬件设施

近几年来,学校的信息化设施有了很大的改观,但是,要适应电子书包的普遍使用,信息化硬件设施还需要进一步完善,以平板电脑为载体的电子书包具有很好的扩展性,上网方式灵活,携带方面,移动性好,可以安装软件。为了充分发挥它的性能,学校要在现有的信息化设备的基础上,解决网络能覆盖整个校园的问题,每班建立一个多媒体教室,建立一个可以师生互动的教学平台,学校则需要多台资源服务器。

3. 开展系列培训工作

以平板电脑为载体的电子书包课堂教学模式,需要人人会使用,需要有适合学生的校本资源,因此,开展对教师和学生的培训不可少,尤其是对教师的培训最为重要,因为教师是这种课堂教学模式的组织者,实施者、指导者,校本资源的开发者。

4. 着手开发适合本校的教学资源软件

古人云:"行军打仗,粮草先行"。开展以平板电脑为载体的电子书包课堂教学模式何尝不是这样呢?在实施电子书包课堂教学模式前,必须开发适合本校的教学资源软件,如果没有教学资源,平板电脑只是一个空架子,新的课堂教学模式就无法开展。

四、项目实施对于师生的受益

1. 提高学生的学习兴趣

爱因斯坦曾说:"兴趣是最好的老师。"以平板电脑为载体的电子书包会大大激发学生对学习的乐趣。大家都知道,学生喜欢上信息技术课,就是因为电脑给了学生全新的视觉感受,平板电脑有电脑的大部分功能,利用平板电脑做电子书包,可以很方便地整合图、文、声、影,能丰富传统课本的表现形式,让老师创设生动的教学情境;电子书包还是一个具有互动交流、学习评估、问题反馈等功能的学习平台。学生肯定会对电子书包产生浓厚的兴趣,由此产生主动学习、主动探究知识的愿意。

2. 减轻学生的身体负担

据媒体报道,绝大多数学生的书包重量大都在10千克左右。沉重的书包压着学生的脊背,让学生喘不过气来。电子书包重量才1千克左右,里面包含了全部课本、词典、教辅资料、作业,大大减轻了学生书包的重量,利于学生身体健康成长。

3. 缩短教育资源内容的传输时间并突破地域限制

使师生能随时随地获得最新和最好的教学资源,哪怕最偏远的山区农村学校,学生也可以享有最优质的教育资源,从而实现教育均衡发展。

4. 改变学生的学习方式

电子书包可以方便地连接网络,学生除了在老师的组织下学习以外,还可以在互联网上学习自己感兴趣的知识;在学习过程中,学生有疑问时,可以与老师、同学进行互动交流,讨论问题,这种学习方式超越了传统的单方面学习。

5. 有利于促进教师专业成长

基于电子书包的教学模式是一种新型的网络式互动教学,改变了教师传统的教学方式,要适应这种教学方式,教师必须加强专业学习,学习电子书包环境下的备课方式、教学组织、教学策略、教学评价,并学习电子书包环境下的师生关系知识,教师通过不断的自我"充电",可以提高素质,促进专业成长。

6. 教师的工作量减轻了

电子书包装载着课本、教学辅助资料、作业等教学所需要的信息,使教师的备课更方便,效率更高,备好的课可以不断完善,循环使用,如果电子书包智能化,还可以批改作业,自动组织试卷，这将大大减轻教师的工作量，使教师有更多的时间投入课前准备，也有更多的时间与学生沟通交流。

以平板电脑为载体的电子书包尽管存在一些问题，但是，随着IT厂商和著名出版机构的加入，这些问题会逐步得到解决，在这些问题还没有得到解决之前，我们可以扬长避短，让使用平板电脑做电子书包的师生获取多方面的好处。

第五节　信息技术环境下课堂的呈现方式

在连云港市基础教育工作会议上，要求中小学校关注微课、慕课，关注数字课堂、翻转课堂，应该说这是连云港课堂教学改革的重要信号，虽然近几年陆续出台了许多课堂改革的举措，并且也取得了一定的成绩，但还没完全脱离传统的课堂模式，“建构式生态课堂”虽然强调了学生的主体作用，但没有相配套的支持技术，往往停留在一些公开课、展示课上。笔者阅读了许多资料，结合自己的思考，归纳总结了几种课型的特点，供大家参考。

一、什么是微课

微课是指基于教学设计思想，使用多媒体技术在5分钟左右时间就一个知识点进行针对性讲解的一段音频或视频。在实际教学中，微课所讲授的内容呈点状、零碎化，这些知识点，可以是教材解读、题型精讲、考点归纳；也可以是方法传授、教学经验等技能方面的知识讲解和展示。微课是课堂教学的有效补充形式，微课不仅适合于网络时代知识的传播，也适合学习者个性化、深度学习的需求。一个优秀的、完整的微课包括哪些方面呢？微课绝不仅仅是一个视频那么简单，从视觉听觉上要舒服，从网络技术来看，文件越小越好，所以要求PPT简洁大方，声音要清晰响亮；从网络用户习惯上讲，希望能精确搜索，所以要求微课名称要包含知识点，体现适用对象；从学习者角度来看，希望越容易懂越好，所以建议要做微课设计。所以前期的微课设计、简洁大方的PPT制作、主题明确的微课名称、有信息提供的片头、有逻辑的正文内容、有引导性的片尾，这些都是微课的重要组成部分；只有做好以上这些，再注意一下细节处理，才能成为一个好的微课。

二、什么是慕课

“慕课”(MOOC)，顾名思义，“M”代表Massive(大规模)，与传统课程只有几十个或几百个学生不同，一门MOOCs课程人数众多；第二个字母“O”代表Open(开放)，以兴趣为导向，凡是想学习的，都可以进来学，不分国家或地区，只需一个邮箱，就可注册参与；第三个字母“O”代表Online(在线)，学习在网上完成，无需旅行，不受时空限制；第四个字母“C”代表Course，就是课程的意思。MOOC是新近涌现出来的一种在线课程开发模式，它发端于过去的那种发布资源、学习管理系统以及将学习管理系统与更多的开放网络资源综合起来的旧的课程开发模式。通俗地说，慕课是大规模的网络开放课程，它是为了增强知识传播而由具有分享和协作精神的个人组织发布的、散布于网络的开放课程。尽管这些课程通常对学习者并没有特别的要求，但是所有的慕课都会以每周研讨话题这样的形式，提供一种大体的时间表，其余的课程结构也是最小的，通常会包括每周一次的讲授、研讨问题以及阅读建议等等。不仅如此，学生还可以在这些平台上随时与教师和其他学习者实现在线交流，并且依据平台提供的数据支持为自己定制个性化的学习内容,视频课程被切割成10分钟甚至更小的"微课程",学习的过程就像体验游戏的通关设置,在学习之后还可以通过评估来检验自己的学习成果。甚至,在通过考核之后,学生还可以拿到不同层次的证书。

三、数字化教学方式的作用

数字化教学方式打破了传统的教育模式,对学生发挥学习的主观能动性有着重要的作用。首先,"教"与"学"的双方都能够自由地进行交流,阻碍交流的障碍几乎没有;其次,运用数字化教学手段在教学时,学生已不是传统教学方式中那种完全被动的对象,占有很大的主动性,这种使教学中的客体能积极发挥其主动性并表现出来,使教师能够更清楚地了解教学对象的学习情况,大大提高了教学效果。与传统的教学方式相比,数字化教学的最大优点体现在实时便捷性和可延续性这两个方面。在传统的教学中,学生下课后,也就意味着教师主导作用的结束,学生在课后只能凭自己的记忆和理解来延续学习,这种延续的学习过程很难保证学生不走"弯路";而数字化教学方式使学生课后的练习完全建立在教师授课的基础上,保证了学生不至于在课后练习中走过多的"弯路",使得学生的学习效力大幅度的提高,教师的教学效果也能够得到保证。

数字化课堂的特点包知:首先,教师通过数字课堂系统平台、电子课本、海量优质资源等功能应用,轻松高效打造完美课件,学生则通过寓教于乐的交互式多媒体书,快乐预习所学内容;其次在课堂中,师生通过数字课堂实时互动、随堂测试和实时统计,教师准确掌握学生学习情况,学生也在第一时间找到自己的知识薄弱点;再次,课后可通过作业的布置与练习,教师轻松进行教学管理,学生及时巩固学习成果。而通过班级空间的资源共享和在线问答,更是实现了跨时空的数字化教与学。

四、翻转课堂

翻转课堂就是把现在教室里的教学模式完全翻转过来。把教师的教学搬出教室外,教师课前录制短视频,让学生通过网络学习,有问题也可以在线与教师或同学研商,把以前学生在家独自做的作业,搬到教室里来进行,让学生与其他同学和老师一齐来互动与讨论。其实这次变革的源头来自于美国科罗拉多州 Woodland Park High School 的两位化学教师,这所高中僻处乡间,学生常常因为参加课外活动或运动比赛而缺课,如何补救呢? Jonathan Bergmann 和 Aaron Sams 两位老师,在网络上找到了一个可以录制 PowerPoint 演示的软件,就从2007年开始,录制上课时的教学内容,让学生可以补课。

翻转教室改变了教师的教学方式,并大幅提高了学生的学习兴趣与成效,使科技成为教学的最大帮手,但坐而言不如起而行,教师一定要先觉醒,从自己开始改变。翻转课堂成败的关键在于教师是否愿意主动参与改变!教师首先要改变,改变的核心就是从录制教学内容开始,以改变教学方式为手段,在网络工具越来越多、工具操作越来越方便的大趋势下,教师要不改变也难!与其以后被迫改变,还不如自己主动先改变,以便累积经验,抢占先机,创造个人品牌!

诚然,任何事物都是一分为二的,都要从学生的实际出发,是否适用于学生还要根据学生的实际去判断,这里提到的课堂教学模式也只是一种尝试,是否妥当还需要教育工作者不断实践。

第六节　别让电子白板迷惑了师生的眼睛

区域教育现代化的实现，让更多的多媒体设备进入了课堂，交互式电子白板作为多媒体设备的重要成员越来越受到师生的欢迎。与传统的投影机相比，电子白板的直观性与交互性在教学中显示其特有的功效。加上电子白板配备了一些支撑软件，基本上能实现中小学课堂教学中的聚光灯、荧光笔、放大镜等功能。而且电子白板与常规的文本软件、动画软件的兼容性较好，适合中小学各个学科使用。

交互式电子白板是运用数字技术将传统的媒体设备与现代的交互功能更好地结合在一起。不仅保留了教师在讲课过程中的肢体语言，又以最自然的方式引入了网络资源。与传统的媒体相比有着很大的进步与提高。随着师生对白板关注的增多，突显了共同参与的学习过程，教师也变成整个学习集体中的一员，学生在无意识中达成了更多的与教师和同学的情感上的交流沟通，学习兴趣也随之提高，大大地提高了课堂教学效率。但任何事物的发展都有其局限性，虽然交互式电子白板的优点很多，但缺点也是非常明显的，只有正确地把握好使用才能让其发挥出更好的效益。

一、电子白板弱化了学生的思维能力

电子白板在课堂上为学生提供了大量的声、画等学习元素，这些学习资源非常直观，思维过程也非常明显，不再需要学生进行大脑的过多思考与计算，或多或少影响了学生的思维能力。

交互式电子白板教学是多媒体教学发展的新阶段，它的多功能性为教师授课和学生学习提供了崭新的舞台。作为提高教学效率的辅助工具，电子白板应用到教学过程中来已经取得了一定的成绩。但是电子白板毕竟只是一种工具，一种师生教学相长的辅助工具。如果完全依赖这种工具，只会使教学走入新的误区，学生面对大量的形象资源，直观的呈现就能让学生不需要进行思考就能明白原理。但是人具有抽象思维能力，需要在形象的基础上，通过判断、分析、综合等一系列抽象思维活动，概括出一般的规律和结论。对于低龄儿童的教学可能需要较多的形象元素，以激发他们的兴趣，吸引他们的注意力，调动他们的学习积极性；对于稍大的学生则需要较多的抽象思维，培养他们的抽象思维能力是要有意识地让他们摆脱形象的束缚，进行抽象思考。如果过分信赖电子白板，或者在教学中不恰当地使用，所有的理论和知识都一目了然，都那么轻而易举地获得，那么我们的学生不仅将失去抽象思维能力，而且将会变得懒惰，变得不思进取。

现代信息媒体的功能虽然十分强大，但它不能取代“人”本身的一些特有功能。如情感的沟通、计算、书写等能力的培养。网络技术为我们提供了强大的交流沟通功能，但切不可放弃最简捷最方便的沟通。例如让学生在一个教室里用QQ交流，这种方式讨论，无异于让有正常言语功能的学生近在咫尺却彼此放弃直接交谈，这多少让人感到有点不可思议，更不利于学生口头语言、逻辑思维等能力的培养。在各种先进媒体运用的同时，教师要注意对自己基本功的培养和锻炼，如书写、语言的组织、与学生间的沟通、计算、分析、判断等能力的锻炼。对于学生而言，要注意培养他们的动手操作、语言运用、鉴别与判断、分析与计算等能力的培养。避免因为媒体的应用而削弱了教师和学生基本能力的发展和培养。

二、电子白板影响了学生的视力健康

由于某些部门的要求，现在课堂教学中电子白板的使用非常频繁，没有配备电子白板的学校还作为一项指标按期完成，但是在并不规范的教室里过多配置这些现代化设备，多少会对学生的身心健康产生影响。尤其是电子白板的亮度对学生的视力影响比较大，再加上所展示色彩鲜艳的画面，对学生的眼睛刺激比较大。如果电子白板在安装和使用时不规范和不合理，则更会对学生的身心健康产生潜在的威胁。

由于电子白板自身尺寸的限制，以及教师对传统黑板的依赖。时下的黑板并没有完全地退出课堂，在与电子白板共存的环境下，大部分的电子白板安装在教室中讲台的一侧，电子白板只是作为课堂上黑板的辅助工具，对复杂的、难以理解的知识，教师会在课前用电子白板做好课件，在课堂上将这部分知识呈现给学生。电子白板的安放位置也会导致位于教室后排的学生看不清楚电子白板上的字，造成学生对知识的理解存在盲区。另外由于国家对电子白板还没有统一的规范标准，家长担心孩子经常面对高亮的屏幕，会对视力造成影响。而对于教室的环境，电子白板在配置的时候有自身的要求，如果忽视了对环境的布置，则会对电子白板的使用造成影响。据学生反映，相比以前单一的粉笔板书，电子白板的教学更形象直观，不过，看的时间长了容易造成眼睛疲劳，眼睛时常有发酸的现象，如果坐在前排的话，光线反射就基本看不见了。所以规范的教室应设窗帘或百叶窗避免阳光直接射入教室内，不要在光线杂乱的情况下使用电子白板，教师不能连续长时间使用电子白板教学，因此教师只有掌握好电子白板使用的度，在课堂上才能取得良好的使用效果。

三、电子白板硬件设计不够合理

由于价格及其他相关因素的影响，目前在学校使用较多的是电磁感式与红外式两种电子白板。电磁感式白板采用射频原理，在白板板芯内安装传感器，有着定位准确、可靠性强的优点，同时白板笔支持鼠标右键等功能，易与计算机兼容，但是这种白板必须使用专用笔才能书写，白板的板材易被硬物划伤。红外式电子白板是通过白板周边的红外对管检测阻挡红外光的物体，实现白板定位。这种白板定位比较准确，可用教鞭、专用笔操作，反应速度较快，无压感反应，但易受强光和灰尘的影响，同时白板笔不支持鼠标右键等功能，对计算机操作较困难，价格也高于电磁感式白板。

另外，由于大多数白板都是把按钮放在一边或者是两边，教师在使用的时候需要在教室里来回走动，教师在移动的时候会挡住投影而影响学生的视线。目前电子白板界面与其他软件界面切换频繁，更容易造成死机，投影灯泡的寿命也是客观存在的缺陷。另外，电子白板与电脑的兼容性也是另外突出的问题，各个厂家设计的产品与个别品牌笔记本不兼容，加上使用方法的繁琐、所带中文字库的问题，影响了教师使用的积极性，教学效果也会受到影响。

四、电子白板的配套软件不够完善

目前国家相关部门对电子白板还没有制定统一的国家标准，使得生产电子白板的厂家无统一规范去执行。因此各种各样的电子白板良莠不齐，相关的配套软件不尽相同，电子白板的操作方法也不相同。对于信息技术基础比较好的教师来说，操作起来还比较容易，但对于普通教师而言，则需要花费大量的时间和精力去学习。目前电子白板的系统软件不完善，表现在兼容性与资源的适用性上还不能适应教学的需要。例如在输入一些数学公式或者拼音图标的时候，就会有乱码出现，这些乱码会影响整个系统的流程。另外由于教材的不同，相关的教学资源也不容易兼容，生产厂家也不可能拥有所有版本的配套素材，建设杂乱且不兼容外部资源，增加了教师备课量。由于课堂教学的过程是动态的，我们必须建立与之相适应的动态资源库才能更好地完成教学目标，而这也正是电子白板的优势所在。但随着课程改革的不断深入，资源库建设的问题也日渐凸显。一方面，很多学校的教材并不统一，目前也并没有一个统一的资源建设标准，导致资源建设无章可循，杂乱无序；另一方面，很多教师收集、整理和存储资源的意识还不足，致使各个学校所建立的资源库系统性不强且很难与学校教材相配套。这些都大大影响了教师的课堂教学效果。

另外，电子白板所运行的软件稳定性也不够。一些教师在公开教学中常常使用电子白板，而软件大多数是在其他环境下制作的，这就存在一个能否正常运行的问题。教师在电子白板环境下进行教学设计，由于对支撑软件的不熟悉，制作的教学课件一般不实用。加上没有评价的统一标准，教师自已利用电子白板设计的作品的好坏，以及交互式电子白板在某一学科上的使用效果，难有可操作的评价。这些也会影响电子白板的使用。

从目前学校使用白板的情况来看，教师大多数只使用了电子白板的投影与交互功能，而对于白板所支撑的软件利用率却是很低，这多少与当初白板的设计初衷是相悖的。应该说，交互式电子白板只是过渡产品，势必会被触摸一体机所代替。教育的关键还是在课堂，在教师的正确引导与学生的自主学习，别让电子白板迷惑了师生的眼睛。

第七节　至臻于善　网络无痕

随着科学技术的飞速发展，网络已经广泛应用于生活的各个方面，渗透到教育与学习的各个层面，网络技术的便捷性和资源的广泛性对学生的学习起着很大的辅助作用，网络教育技术作为一种特殊的产品，更适合于学生的自主发展。

个性化学习指的是根据学生的个性特征实施教育活动，充分发挥学生的主动性，在促进学生全面、自由、协调发展的基础上，使学生个性得以发展、潜能得以开发。这与传统的教育方式相比，有着很大的变化。随着网络科技的发展和成熟，网络学习将成为未来学习模式的发展趋势。如何建立好一个适应个性化学习的网络环境将直接影响到学生的学习效果。

自主学习、个性化学习是网络信息技术环境下学习的一个特点，最能体现学生的学习主体地位，实现学生自主学习的意愿。我们所强调的个性化学习关键是体现学生的自主学习，从愿意学、轻松学到互相学习，因为网络具有强大的交互功能、丰富的学习资源以及便利的操作流程，有其他教育媒体不具备的独特优势，给学生的个性化学习提供了技术保障。使得过去受时间与空间限制的学习在网络环境下容易做到好学、乐学、互学。例如，在网络虚拟教室中，网络为学生提供了丰富多彩的人机界面，以及按超文本结构组织的大规模知识库与信息库，具有直观、形象、生动、声像并茂、音形兼备的特点，有着较强的艺术感染力，自然会激起学生对所学知识的兴趣。而传统教学缺少自主学习的环境，只是让学生读相同的教材，听相同的讲授，参考相同的资料。教师完全根据大多数学生的需要进行教学，即使是进行个别教学，也只能是在有限的程度上为个别学生提供帮助。学生的个性得不到充分发挥，学习的需要不可能完全获得满足。传统的教学方式，仅是一种从教师向学生的单向广播式作用，其教学内容、教学方法都是教师事先安排好的。而在网络环境下,由于网络教学的设计可以使师生之间以一种交互的方式呈现信息,学生可以与教师交流也可以与学生之间进行合作学习,还可以打破学校与班级的限制进行学习,从而形成一种良好的学习环境。

据笔者平时的观察,目前部分中小学还缺少培养学生个性学习的平台。教师还缺乏信息素养,尽管很多教师已经通过了现代教育技术培训、教育信息化考核,但是大多数教师习惯采用陈旧的教学模式,习惯于一支粉笔一本书,使得中小学的信息化水平还是比较低,学生的个性化学习得不到保障。因此建设适合于学生发展的个性化学习平台也成为学校落实素质教育的重要课题。

一、学习博客:学生收集信息、抒发心得的平台

学习博客就是一个以学生学习为主题的教育网页,利用互联网新兴的博客技术,以文字等方式,学生将自己日常的生活感悟、学习心得、优秀学习资源进行上传,超越传统时空局限性,促进学生的个性发展,并让别的同学共享知识和思想、记录成长的轨迹。学习博客的产生,为学生在网络上安置了自己的家,学生可以在空闲时来经营这个家,别人也可以在博主的同意下去访问这个家。

学习博客可以提高学习的自主能力,提升自主学习的效率。例如,对学习资料的收集,每一位学生在完成学习任务的时候需要大量的教育资料,而这些资料大多都是纸质的,在过去只能是去图书馆进行查找,而且受时间及空间的限制,这些资料内容都是不完整的,更无系统化可言。而学习博客的出现,使学生可以及时将自己需要的资料进行归纳,分门别类地在博客上存储,既可以提供给别人借鉴,发表评论,又可以方便自己使用。学习博客作为学习教学辅助工具,为学生的学习提供了极大的便利,使学生的思维方式和学习习惯发生了较大的变化,加强了同学之间的交流和协作,达到共同提高的目的。目前,学校都建立了自己的博客,广大师生通过网络进行自由阅读,将自己的感受以回帖的方式进行反馈,提高了学生的学习效率。

其次,学习博客会让学生养成及时反思的良好习惯,针对学习中的错误点及时进行总结归纳,提醒其他同学注意。学习博客的出现,为学生的发展提供了一个自由的平台,学生可以在课后对学习内容及学习方式进行具体而细致地总结,然后在博客上写出来,一方面可以让其他人共享你的学习成果;另一方面,还可以不断地积累、丰富你的学习生活。别的同学通过阅读你的教育博客,及时运用到自己的学习生活中去,真正达到共同提高的目的。就学习方式而言,学生博客倡导了一种终身学习方式,促进学生个性化学习,为学生的个性发展打下坚实的基础。学生博客网站提供了丰富的模板,让学生进行不同的选择,选取适合自己特点的个性化版面,进而进行认真的创作,许多学生就是把平时的学习心得进行整理,形成民主平等的学习方式,真正达到快乐学习的目的。

二、网络论坛:师生与家长沟通的窗口

网络论坛,顾名思义就是在网络中讨论交流的平台,论坛以其开放的特点,深受学生的欢迎。最早的学习论坛,是由留言板发展起来的,目前大多数学校的网站中都有 BBS 版块,这个版块的设立,为学生与外界联系提供了良好的沟通平台,学生将自己的学习观点发布到论坛上,让别人及时阅读,进行深刻的领会。学生还可以将自己学习过程中的疑难问题,通过论坛向教师反馈,教师及时给予解决。除了学习上的交流以外,BBS 论坛还可以进行思想上、心理

上的交流，学生在学习生活中总有一些问题不愿意或者不敢当面向教师提出的，可以通过论坛提出来，教师给予解答。学习论坛还可以成为学习的重要辅助工具。教师把所教的教案及学习内容放在论坛上，让家长进行阅读，进而指导学生进行学习。由于信息化的快速发展，网络为人们的学习与生活提供了很大的便利，教育的形式也从过去单纯的学校教育变革为走向社会、走入家庭，家长可以通过论坛了解孩子所学的内容，进而进行恰当的家庭辅导，也可以运用论坛及时与教师沟通孩子的思想状况、学习情况，论坛的应用为家校联系提供了良好的空间，也降低了教师的劳动强度，大大地提高了教学效率。

再次，学生可以创造性地学习，可以多在网络上阅读。网络读书将成为学生获取知识，进行自主学习的重要手段。重视并坚持网络阅读是培养学生阅读习惯的重要途径。学生可以多用电脑写作，这样除了方便于编辑、修改和保存外，很重要的一点是可以实现网络阅读与写作的一体化，即利用网上丰富的多媒体资源来帮助写作。学生也可以多用电脑处理日常事务。只要能用电脑处理的事情，就要尽可能让电脑来做，这些技术的运用，对学生的生活、学习都产生了深刻的影响。

网络的产生拉近了世界的距离，使人们享受到网络带来的便捷。网络的运用转变了学习的模式，提高了学习的工作效率，使广大学生感受到网络带来的快乐，但网络毕竟是虚拟的，不可能代替人工的付出，也会有许多让我们无法捉摸的内容。需要学生提高辨别是非的能力，同样网络也是虚幻的，学生只有保持清醒的头脑方能享受网络带来的快乐。

第八节　网络搭桥　家校互通

随着教育改革的不断深入，素质教育越来越呈现多样性的特点，尤其是信息化的发展，使得学校的现代化教育水平得到了明显的提高，通信手段的多元化使得地球村的概念越来越明显。同时教育教学管理已经普遍信息化，城域网、校园网为完成信息的管理提供了保证。目前许多学校在完成信息化硬件设施的前提下，开始把重点逐步转向信息化的应用开发与使用，使得现代信息技术与学校管理相整合，与学科教育相整合，更为学校、社会与家庭构建的三位一体的教育网络增添新的内涵。随着社会的发展，家长也越来越关注学校、关注老师。学生和家庭之间的互动越来越突显，“亲子乐”是加强学校与家庭联系的最佳方式。它不仅能增进教师和学生家长间的相互信任，及时沟通，使教育者及时掌握受教育者的动态变化信息，及时调整、改进教育措施，促成学校教育与家庭教育相结合，使教育更具一致性、针对性和有效性，形成良好的校内外育人环境。

目前全社会对教育都十分关注，加强素质教育已经被提高到了相当的高度。在孩子成长过程中，学校和家庭的齐抓共管显得很重要。作为家长，越来越关注学校、老师对自己子女的教育情况以及自己的孩子在学校的学习和表现情况；同时作为老师也越来越需要即时与学生家长相互沟通，得到来自家庭的教育援助，合理指导家长在家庭教育中发挥其不可替代的作用。

培养和教育好孩子，是每一所学校、每一个家庭的重要大事。学校教育和家庭教育的有机结合，对促进孩子的成长大有益处。过去单一的学校教育，传统的家长会、教师家访等家校的沟通方式已难以适应日益复杂的多元化社会环境，也难以满足孩子、家长和教师的需求。探索一种学校和家长联系的新型方式——“亲子乐”教育信息系统，正好是解决这些矛盾的重要措施,它是一个集教学平台、通讯平台、资源平台于一体的教育通讯系统。它使互联网技术、移动通信技术、数据传递技术完美的组合应用。

然而,目前一个教师要教几十甚至上百个学生,班级有什么最新信息需要通知家长时,还要挨个的打电话。一个学期也只有期中或期末考试的时候才有机会开个家长会,就算恰好所有的学生家长都能前来参加家长会,通过这短短的两三个小时想做到全体交流与个别交流的结合也几乎是不可能的,于是,往往在家长会之后,仍有大部分家长想了解孩子的情况而未能如愿。

“亲子乐”是为广大学生、教师、家长提供服务的一个系统平台,但它的意义已远远超出了这一平台的功能本身。除了为学生提供优质的师资、为教师提供发挥的空间之外,更重要的还在于它对我们的启示:在信息技术飞速发展的今天,我们的素质教育应该如何把信息技术与教育教学进行人性化的有机融合,为教师与家长之间的交流架上一条便捷的桥梁。教育信息的延伸使得教育不再局限于学校和课堂。由此我们找到了学校教育、家庭教育、社会教育相互配合推进素质教育的结合点。

一、亲子乐系统对学生而言

孩子在成长阶段的可塑性太强,尚未形成正确的人生观,需要家长和教师随时对孩子给予正确及时的引导。“亲子乐”系统是增进与教师感情交流,与家长亲密沟通的有效桥梁,是与家长沟通的代言人,是获得学习指导的园地,是学生时代成长的完整日记本。

二、亲子乐系统对家长而言

“亲子乐”系统是家长获取子女在校信息的实时手段,是获得家庭教育帮助与培训的有效渠道。通过“亲子乐”系统网络平台,教师可以将孩子在学校的表现情况、考勤情况、测验考试成绩、每周和期末评语、学校的动态和临时通知等发送给家长,让家长在百忙之中也可以轻松掌握孩子的基本动态,同时,家长也可以通过该系统向学校和班主任发表自己的看法和建议。该系统既可以帮助教师和家长及时解决孩子任何时刻出现的问题,又可以让教师和家长共同分享孩子身上随时出现的亮点所带来的喜悦,使孩子少走弯路,健康成长。

三、亲子乐系统对学校而言

“亲子乐”系统是联系社会的窗口,是实现家校联系工作和学校教育教学工作量化管理的有效手段,不仅可以整合学校管理,而且还大大减轻了教师的各种工作量。例如,学校要向家长通知某条信息,就可以通过亲子乐系统在短暂的几十秒内达到这个目的。学校向教师布置任务,也不再需要集中开会布置,校长只需向全体教师群发就可以实现。某班主任只要将本班同学的各种考试成绩,通过电脑录入“亲子乐”系统管理平台就可以同时生成各种考试的成绩表,并可以把学生的成绩发送到家长终端。

四、亲子乐系统对社会而言

“亲子乐”系统是连接家庭、学校、教育部门、社会的教育信息服务网络平台,是社会教育的新渠道,体现了全社会、全方位、多层次、随时随地关爱学生的新理念。

家长们对这样一种全新的沟通方式也非常拥护,在使用过程中,我们就收到了很多家长的留言。

“亲子乐”教育信息系统主要应用于教育行政管理、学校信息沟通和家校沟通。通过移动手机、互联网等通讯手段，省、市教育行政机关各部门以及所有区县教育行政单位都可以使用此系统发布和接收普通的工作信息、会务信息和日常通知等。同时，它还可以作为学校信息沟通平台。而且，不管家长在何时何地，都可以通过现代化通信方式便捷地了解到孩子在校的学习、生活情况，还可与学校老师、其他家长进行及时的沟通。“亲子乐”系统是一个使校园教育和家庭教育充分互动、实时沟通的信息系统，该系统为推进教育信息化建设，提高教育信息管理水平，促进校园教育与家庭教育的结合起到了相当大的作用。作为连云港市第一家实验运作“亲子乐”系统的建宁小学，从中得到了很大的益处，也取得了满意的效果。

1. 强化宣传，提高认识

建宁小学是一所比较大的城区小学，目前共有 47 个班级，2 600 多名学生，种种原因使得学校班级的人数非常的多，教师的负担比较重，深入家庭访问已经是不可能的事情，学校根据这一实际情况，充分利用这一平台，努力开拓出一种新型的联系方式。

首先，在教师中广泛宣传此项工作的重要性及必要性，让广大教师充分认识到这是一种十分快捷的家庭联系方式。学校通过下发宣传材料，让学生回家进行宣传，让家长能真正领悟到此项工作的重要性。教师不厌其烦地给家长做宣传工作，并利用“亲子乐”系统面向全体学生家长，用客观的视角，全面介绍学生在校个体发展情况。教师既肯定成绩又正视不足，从德、智、体、美、劳各方面，介绍每个学生的发展状况，特别是学生发展突出的方面，不忽视任何一名学生，使每位学生家长都了解孩子各方面的情况。家长由衷地感到“亲子乐”系统“善意、明确、简要、有用”的好处。

2. 以点带面，激发兴趣

为了把这项活动落实到实处，学校首先在一、二、五年级中选择接受能力较强的班主任作为试点教师，相应的所任的班级就作为建宁小学首批的试点班级，这些教师精力充沛、头脑灵活、思维敏捷，接受新生事物的能力比较强。首先这些教师耐心细致地收集学生的家庭资料，通过发放征求意见表的形式取得家长的认可，接着利用业余时间，将这些资料进行整理加工，完成家长资料的采集工作。并积极投入运作，良好的效益使教师的做法得到了家长的肯定和社会的好评。最后利用期中家长会契机，通过悬挂条幅，向家长发放宣传材料，面对面地向家长介绍“亲子乐”的相关作用。针对部分家长想转网的实际情况，移动公司还开出移动服务车，派出专门的服务人员到学校现场办公，方便了家长，也增加了服务数量。

第九节 “西三校”联合开展教学研讨活动的实施意见

自连云港市教育局推进“有效教学管理年”活动以来，位于新浦城区西部的大庆路小学、幸福路小学、新海小学积极谋划，落实教育教学基本要求，并且为广大教师提供交流学习的平台，探索以校为本教研制度建设的有效途径，深化课程改革，促进三所学校的教育教学质量的持续提升，经三方研究，决定建立联片教研机制，广泛开展“西三校”联片教研活动。为确保活动有效开展，特制定以下实施意见。

一、指导思想

以省市教育工作会议精神为指导,认真贯彻落实连云港市教育局“有效教学管理年”的要求,以创建“校本教研中生本课堂构建”为主线,以学科教学研究为依托,广泛开展联片教研活动,以点带面,有效发挥联片教研的优势,增进学校之间的交流与合作,借助共同发展的平台,互动研讨,平等交流,合作共享,不断提高教学研究水平,整体提升“西三校”教育教学质量,取长补短,共同发展,促进新浦区教育均衡发展,确保课程改革实验工作顺利实施。

二、工作目标

探索新型教研方式,努力创建与完善学校、片区、教研室三位一体的教育教学研究指导模式,实现教研机制的创新。

充分发挥各自学校的办学优势,以点带面,校际互动,实现课程改革的区域整体推进。

构建教师培养提高平台,充分利用网络功效,实现教师教学水平和教研效率的整体提高,促进新浦区教育均衡发展。

以研促训,研训一体,促进课堂教学水平提高,实现教育教学质量的持续提升。

三、工作要求

健全组织。参与联片教研的三所学校的校长为活动小组组长,负责对教研活动的领导和整体策划工作,并能积极给予政策支持和人力、物力、财力保障;分管教学的副校长为副组长,负责制定本片区教研发展规划和具体的活动计划;学校的教导处、教科室的相关成员为活动成员。

认真履行职责,积极组织各成员校按照发展规划和活动计划开展多种不同形式的教研活动;要以解决教学管理和学科教学过程中遇到的实际问题为重点,集思广益,积极探索教学管理、课堂改革、评价方式以及提高学生素质等方面的有效途径和策略。

各成员校要积极密切配合,按时组织本校干部教师参加联片教研活动;要注重发挥自己的优势和特色,加强信息交流与合作,实现优势互补,共同提高。要注意结合课题研究,在教学实践中做好教研活动和教育科研相结合的文章,以科研成果指导教学实践。

各主办校要注重活动的务实高效,要抓好有形成果建设,重视教研成果的交流与推广;要及时总结与反思,做好活动记录与总结及各种过程性材料的整理、积累,包括文本、图片及音像资料等。

四、活动形式

为提高联片教研的实效,丰富联片教研的内容,各区片要结合本区域的教学实际,相互学习借鉴,创新生成,积极开展多种形式的教研活动。

1. 专业引领

针对当前课程改革实验中教师们的困惑和教学中遇到的实际问题,聘请区域以外的课程专家以及教科研人员作专题讲座,进行现场对话交流,答疑解惑,大力培植本土化的专业引领人员,利用本区域的学科带头人、骨干教师以及经验丰富的管理人员,充分发挥他们的骨干引领作用。

2. 校际会课

主要通过“课”的形式，交流对有关理念、任务的理解和实践方式，探讨如何解决问题；课后一般安排教研组代表说课，执教者的实践反思和观课者向执教者的提问与对话；然后组织分组讨论（一般为校际混合分组）；最后为大组交流汇总、小结，并提出下次活动的有关准备事项等。其流程概括为：上课→反思、说课→提问、对话→分组讨论→汇总、整理。课例研究是老师们有话可说、有感可发的一种教学研讨形式，通常可采用“示范课互动式研讨”“同上一节课的对比式研讨”。

3. 专题合作

这种合作一般出于共同的理念和价值追求，是针对教学中遇到的相同或相似的问题而产生的一种内在需要，一般面对的问题有一定的难度，单独做力量不足，需要跨校的资源支持，需要多元的广泛参与。各成员校要加强对教学管理和教学实践中存在问题的调研，在梳理反思的基础上，形成系列研究课题。通过“问题悬挂”和“问题招标”的形式，结合各自的优势确定自己的研究课题，对于某些具有一定难度而又不易解决的问题，可以在工作小组的协调下建立跨校课题研究小组，进行合作攻关。课题式研究过程要体现全员参与，注重反思与总结，及时将研究成果内化为教学的理念，外化为教学与管理的具体行为。

4. 专家会诊

这是一种行为跟进式的个案研究形式。各成员校组织本校的骨干教师组成“教学指导委员会”，针对本校某些教师的“亮点教学”和“病态教学”进行专题研究，分析讨论，提炼可以推广的成功做法，制定解决“病态教学”的有效处方。这种研究形式要注意活动的跟进、持续和落实，确保活动的实效性。

5. 主题论坛

主题论坛式的联片教研是一种就大家共同关心的问题展开自由发言的专题讨论会。论坛要明确主题，每次就一个教学管理问题、教学热点问题、教师在教学中遇到的共同问题展开讨论。还可以把一些有代表性的课例或教学设计放在“教育博客”中进行展示，让大家自由讨论，以便在更大范围内集思广益，发挥效益。这种专题式讨论不强求统一的结论，旨在思维的碰撞，引导参与人员的思考，加深对某一问题的认识，寻求教学与管理的良好策略。

6. 教学互访

教师为研究解决问题而向有关学校的老师发出邀请或要求访问。教学互访式的联片教研，会大大增加教师间的交流机会，使教师间彼此了解熟悉，也使合作程度大大加强，遇到困难时请求互助，获得经验时希望分享。也由于彼此了解，教师选择交流对象时也就更具有针对性和有效性。教学互访是互动的、合作的，一般要经历“预约—准备—课例—研讨”这样的过程。

7. 开放共享

为及时交流、推广经验，发现问题和解决问题，促进共同提高与进步，各区片可以学校为单位举办开放周活动，在这种活动中，开放学校要面向社会、家长和其他各成员校全天候开放，安排专人做好接待工作，注意倾听来自各界的意见和建议。同时各成员校要在教学资源上相互开放，各校在立足自身开展校本教研活动的基础上，挖掘自己的潜力和资源，充分展现自己的优势和特色，实现资源共享、优势互补、共同发展。

五、组织保障

成立小学联片教研工作领导小组和工作小组,工作小组轮流设置,具体规划和指导联片教研活动。并邀请教研室的教研员参与各校的教研活动,及时发现典型、总结经验,通过学校网站或推荐给上级业务部门予以推广。

领导小组要发挥政策倾斜、部门协调和经费保障等作用,为联片教研活动的开展创造良好的环境和宽松的氛围。

工作小组要高度重视,加强领导,明确责任。工作小组组长要有全局意识,组织各成员学校经常性的开展活动,做好各成员学校间的协调与配合;定期召开小组成员碰头会,研究、调整和完善本片的教研活动方案,确保联片教研的经常化、实效性。

各学校要充分认识联片教研活动的重要意义,大力支持领导小组和工作小组的工作,积极为联片教研活动的开展献计献策。定制度、出措施,鼓励本校干部教师按时参加联片教研活动。同时,要根据"费用分担"的原则,安排活动经费,切实保障干部教师参与联片教研活动的需要。

第十节　媒体技术在教师培训中的应用

随着现代教育技术的不断发展以及教育现代化的不断深入,多媒体辅助教学已成为课堂教学及教师培训的基本手段。掌握多媒体技术,并能正确、合理地运用到课堂教学及教师培训工作中去,是信息时代的要求,也是社会发展的客观要求。社会发展要求培养高素质的科技人才,要求提高全民族的文化素质和科技素养。合理使用多媒体辅助教学可调动学习者参与学习活动的热情,吸引全体学员、全程参与到课堂学习活动中,使课堂丰富多彩,使每位学习者都能得到生动活泼的发展。

多媒体教学培训,就是充分利用多媒体技术对文字、图像、声音等多种信息进行综合处理和控制,形成一种直观的、全新的教学形式。广泛运用多媒体技术进行教师培训,目的在于实现教学手段的革新,提高培训的效率;加大知识传授密度,充分地激发学习者的学习积极性;直观展示知识的形成过程;突破教学的重点和难点;培养学习者的创新意识;得到最优化的教学效果。

教学设计是应用系统科学方法分析研究的教学问题和需求,确定解决问题的教学策略、教学方法和教学步骤,并对教学结果作出评价的一种计划过程与操作程序。教学设计是以分析教学的需求为基础,以确立解决教学问题的步骤为目的,以评价反馈来检验设计实施的效果。它是一种教学的规划过程和操作程序。

随着现代教育技术在教学中的深入应用,逐步形成了各种各样的教学过程。当前,在各级各类培训学习中,由教学媒体的应用形式和教学功能的不同,可以分为多媒体组合教学,基于局域网的教学和基于 Internet 的教学等等。如何进行多媒体的教学设计呢?

一、多媒体应用教师培训的基本思路

1. 分析教材内容,确定教学目标

每门课程都是由若干个章节(或单元)组成,每一节课中又分为若干个知识点。根据加涅

的学习内容分类方法，可确定每个知识点的属性。在确定教学内容后，进一步根据培训学科的特点，将教学内容分解为许多个知识点，分析这些知识点的知识内容是属于哪一类别。由此形成了学习内容与教学目标二维层次模型，尤其是进行成人培训时更应把培训结果作为培训的基本点，确定为识记、理解、应用、分析、综合和评价等不同层次。在确定教学目标时必须考虑到如下三个方面的因素：①社会的需要：社会的需要包括广义的概念，如社会的责任，国家的需要等等。②学生的特征：在确定教学目标时，必须先分析学生的特征，明确学生的求学目的和基础水平。学生的特征主要是指学生原有的认识结构和原有的认知能力。原有的认知结构是学生在认识客观事物的过程中在自己头脑里已经形成的知识经验系统。原有的认识能力是学生对某一知识内容的识记、理解、应用、分析、综合和评价的能力。对学生的特征进行分析就是要运用适当的方法来确定学生关于当前所学概念的原有认知结构和原有认知能力，并将它们描述出来，以便对学生进行更有针对性的教学。③学科的特点：我们要考虑该学科的基本概念、基本技能、基本规律、基本法则等特点，使所制定的教学目标能体现出各自的学科特色。

教学目标根据其范围大小不同，一般来说，可分为学科目标、年级目标、单元目标和课时目标等4级。通常学科目标和年级目标在教学纲要中已有明确的规定，而单元目标和课时目标则需由任课教师自己制订。

2. 选择教学媒体、创设教学情境

(1) 教学媒体的选择

教学媒体的选择，就是根据教学内容和教学目标，选择记录和储存教学信息的载体(软件)。直接介入媒体教学活动过程，用来传递教学信息，把教学信息转化为对学习者的感官做最有效刺激的信号的教学设备(硬件)。

通常这些载体和设备包括录音带与录音机、幻灯机、实物投影机、音频和视频播放机、计算机软件与计算机、互联网络等等。媒体选择的基本思想是尽可能选择低价、高功能的教学媒体，一方面是考虑媒体技术发展迅速，更新速度快，另一方面也是配合教学的需要。

(2) 教学情境的创设

建构主义认为，知识不是通过教师传授得到的，而是学生在一定的社会文化背景下，借助教师和同学的帮助，利用必要的学习资源，通过意义建构的方式获得的。因此，情境是学习环境中重要的要素。情境，又称教学情境或学习情境，是学生参与学习的具体的现实环境。知识具有情境性，是被应用的文化、背景及活动的部分产物。知识是在情境中通过活动而产生的。具体的、充满情感和理智的教学情境，是激励学生主动参与学习的根本保证。教学情境的创设是指创设有利于学生对所学内容的主题意义进行理解的情境，是教学设计中的一个重要环节。例如在对学生进行动画制作培训的时候，就可以用动画片中的画面进行铺垫，激发学生对动画帧的理解。

教学情境的创设是有利于学生对主题意义理解的情境，是一个很宽泛的概念。在课堂教学中播放有助于理解教学内容的录像、录音，参与社会实践，向学生提供网络上丰富的学习资源等等，凡是有助于学习者理解掌握学习内容的情境，都属于情境创设的范畴。情境创设有助于反映新旧知识的联系，有助于促进学生进行思维联想，便于学生对知识进行重组与改造，易帮助学习者对知识的同化与顺应。

3. 引导自主学习,开展协作活动

(1) 自主学习

自主学习即让学生自我学习,自我探讨。常用的方法有支架式教学、抛锚式教学、随机式学习。协作学习是在学生自主学习的基础上,通过小组的讨论、协商,以进一步完善和深入对主题的意义建构。

在进行自主学习的设计中,应遵循以下三个原则:要在学习过程中充分发挥学习的主动性,体现学生的首创精神;要让学习者能根据自身行动的反馈信息来形成对客观事物的认识和解决实际问题的方案;要让学生有多种机会在不同情境下去应用他们所学的知识。设计自主学习时应注意的问题是目标不明确、只重环境设计、忽略人的设计、忽视教师的指导。

在自主学习中的另一种偏向是忽视教师的指导作用。学生是信息加工的主体,是知识意义的主动建构者,教师则是学习过程的组织者、指导者,教师要对自主学习的意义建构起促进和帮助作用。因此,在充分考虑如何体现学生的主体作用,用各种手段促进学生主动建构的知识意义的同时,绝对不能忘记教师的责任,不能忽视在此过程中教师的指导作用。

(2) 协作学习

协作学习对学习者的自身知识意义建构极其重要。它主要是通过协商与会话的形式,使学习者与周围环境相互交流,促进此学习群体对当前所学知识深刻而全面的理解,达到真正完成意义建构。设计协作学习的目的是为了在个人学习的基础,通过小组讨论协商,以进一步完善和深化对主题的意义建构。其设计通常有两种不同的情况,一是学习的主题已知;二是学习的主题未知。

协作学习,顾名思义就是多个个体组成一个群体,互相帮助,共同学习。在这样的群体中,学生们共同批判考察各种理论、观点、信仰和假说,进行协商和辩论,加深对问题的认识。因此,形成一个协商群体在协作学习中非常重要。如果协商者之间的基础相差悬殊,则无法进行协商,协作学习自然失败。所以,一定要构建一个层次相当的协商群体,以达到互相启发、促进的作用。在整个协作学习过程中由教师组织引导,讨论的问题由教师提出,学生们围绕这个问题进行辩论组织协商,最终解决对问题的分歧看法,达成共识,完成对知识的意义建构。

由此可见,教师提出问题的可争论性的重要性。如果问题是一已存在的真理或本身无意义可言,则学生根本无须讨论,亦不值得协商,自然也就达不到对一个新知识进行意义建构的目的。

协作学习是在学习者共同讨论协商基础上完成对知识的意义建构。但是如果出现离题诡辩等现象,教师应及时制止,引导其回到主题上来。在学习过程中要讲究效率,如果一旦讨论失控,即可能发生吹牛皮侃大山的现象,也就达不到协作学习的目的了。

通过对自主学习和协作学习的设计,可营造出一种更好的学习氛围,让学生充分发挥学习主体的作用,进行知识的意义建构。

4. 确定教学要素,形成教学结构

课堂教学系统是由教师、学生、教学内容及教学媒体等要素组成的。根据系统科学理论,要使课堂教学取得良好的效果,则必须注重教师、学生、教学内容及教学媒体这些要素之间的相互联系,以形成最佳的组织结构,因此,需要对课堂教学进行结构设计。

课堂教学结构是指课堂教学系统中教师、学生、教学内容、教学媒体等要素之间的相互关系与联系的形式。课堂教学结构包括两方面的含义,即各要素的时间关系和空间关系。课堂教学结构中各要素的时间关系主要是指教师与学生进行教学活动的先后顺序，即平时所说的教学程序、教学步骤、教学过程等；课堂教学结构中各要素的空间关系则主要是指教学内容的层次关系，课堂教学的逻辑关系等。课堂教学结构的这种空间关系，更能体现课堂教学的模式和教学方法，所以，课堂教学结构的设计与研究是探索课堂教学模式的基础。

课堂教学结构的设计必须考虑教师的主导活动、学生参与的活动、教学内容的组织、教学媒体的运用等方面及它们之间的相互联系。另外，由于形成性练习在课堂教学中的特殊作用，在设计课堂教学结构时也要加以考虑。

二、多媒体教学实践与案例分析

多媒体以其画面丰富、声形并茂、生动有趣等特点，广泛地应用于各种培训中，实现了教学手段的革新，加大了知识密度，充分激发了学生的学习积极性，有效提高了教学效率。教学手段的采用在很大程度上影响着学生的听课效率，从而直接影响着课堂的教学质量。因此，在课堂上，适时、适当、适量的运用多媒体辅助教学，可以创造课堂教学的最佳情境，激发学生的学习兴趣，活跃课堂气氛，突破教学难点，从而达到提高课堂教学效果的目的。

1. 利用多媒体课件，激发学习兴趣

心理学告诉我们："兴趣是人们对事物的选择性态度，是积极认识某种事物或参加某种活动的心理倾向，它是学生积极获取知识形成技能的重要动力。"学生在学习过程中会存在好奇心强，求知欲旺盛，对所学内容有着天生的求知感。多媒体课件对每个人来说是比较新鲜的，而且多媒体课件具有其独特的感染力，通过声情并茂的文字、图像、声音、动画等形式对受学者形成刺激，能够迅速吸引学生的注意力，唤起学生的学习积极性，进而使学生主动参与学习活动。"兴趣是最好的老师"，可见学生对学习的注意和兴趣是影响教学质量的重要因素，特别对于学生来说，兴趣更是他们参加活动的直接动力。

2. 利用媒体课件，展示知识形成

教材中的一些图形都是静止的，学生不容易理解和掌握，利用多媒体课件教学，就可以把图形由静态变成动态，使学生清楚地观察到图形的形成过程，知道知识的来龙去脉。例如，在教学"走进因特网"时，笔者采用了多媒体课件，先在屏幕上显示一个亮点，然后，不断地增加点，在点与点之间用线联系，并将一部分的点用盒子装起来，这就形成了后来的交换机。最后再用线条将交换机连起来，接到服务器上，这就是简单的网络。通过这样的步步引导，环环推进，把抽象的知识具体化，起到了"润物细无声"的效果。

3. 强化感知内容，发挥主体地位

学生是学习的主体，教师在教学过程中，处于主导地位，外因只有通过内因才能起作用，只有学生主动地去获取知识，才能变"要我学"为"我要学"，才能提高培训的效果。用几何画板教学图形时候，要求学生具有较强的抽象思维能力和空间观念，由于种种原因，学生的接受水平参差不齐，加上原来的基础不好，容易产生畏难情绪。学习时有较大困难也就失去了兴趣和信心。若运用多媒体辅助教学，就可以使学生迅速获得丰富的感性认识，形成表象，为学生构建学习的平台。例如，教学"射线"这一概念时，运用实物、图片演示或投影片抽拉演示，都无法让学生对射线无限延长的这一特征获得非常准确地感知，而利用多媒体电脑演示，却可以将一条线段向一端延长，延长，再延长——学生便很容易从直观的动态演示中，理解射线的形成，射线与线段及直线的关系。无需教师过多地讲解，学生通过多媒体演示，强化了感知，再结合教师引导学生适时地分析、比较,最后自己“意会”出射线的无限长这一特性,充分体现了学生的主体地位,教师的主导地位。

4. 突破教学难点,提高教学效果

任何一门学科的知识传授,都会有一定的重点和难点,抽象知识总是教学的难点,往往教师讲得口干舌燥,学生却似懂非懂,而只要精心设计形象化的教学过程,就能大幅度提高课堂教学效果。

重、难点是否突破是一节课能否取得成功的关键。多媒体课件,具有虚拟现实、放大细节、生动逼真的特性,这一特性可以使重、难点“易化”。例如,在教学“邮件的收发与设置”时,笔者采用了多媒体课件,先画出邮件接收与发送的原理图,让学生看图说出每一个环节的作用,再出示邮件服务器的设置规律与要求,让学生一步一步地感悟,明白每一个邮箱都有其固定的服务器地址,每一个服务器都必须进行不同的设置方可使用。然后让学生自己动手进行设置,从而较好地掌握了这部分知识。这种突破了教学重、难点,刺激学生注意寻找条件和问题的关系,化抽象为具体,帮助学生审题,理解题意,启迪了思维,使学生学得轻松,教师教得省力,提高了教学效率。

三、教师教育培训的多媒体教学应用过程中应注意的问题

多媒体教学的实践表明,利用多媒体教学易于优化教学过程,实现教学效果最优化。多媒体教学对传统教学技术起着补充和辅助作用,达到了化繁为简、化难为易、化抽象为具体、化艰涩为通俗的效果。但是,当我们在享受多媒体给教学带来的种种便利的同时,也要注意多媒体课件在制作与应用中可能会出现的一些问题:

1. 不能用多媒体教学完全代替其他教学形式

多媒体教学有其特有的优势,但它不是万能的,这种教学形式也有其自身的局限性与缺点。在实际工作中,多媒体教学的使用也是有限度的。不是所有的课目、课程都要用多媒体教学。多媒体技术用于教学目前也只是处于起步与发展的初期阶段,教学中出现的问题还有待发现、研究与解决。事实上传统教学也有其独特的优点,如便于师生交流,经济实用等;也不是所有的内容都适合用多媒体教学,如较少内容量的课程,现场实地教学等;更不是所有的多媒体课件都适用教学。有些多媒体课件只适合研究或观赏,有些多媒体课件制作的质量有限,或者有些根本就是失败的课件。

2. 多媒体课件的制作应体现实用方便的特点

一个课件制作的目的是要将某一个内容的知识通过课件的演示与讲解使学生掌握。这就要求教师在充分熟悉知识内容的基础上,了解掌握学生的实际情况,并以此决定课件的内容形式、风格特点。由于一个课件往往要多次用于教学,而不同班级的学生基础也不尽相同,这就要求教师在注重个性的基础上综合平衡,使课件具有较大的适应性。课件在教学时应灵活应用,同一课件对不同班级的学生演示也应有所不同,如演示的快慢,内容的多少,重点、难点等的变化。对课件作一些恰当的增删改动是正常的,也是必要的。

3. 多媒体展示的内容应注重启发与引导,并能及时反馈

制作多媒体课件时,不能只是机械地介绍内容,而应从实际出发把握认识事物的规律,遵从学生的认知结构和心理特点,科学地引导学生一步步地理解问题,认识问题,要通过多媒体特有的手段来激发调动学生,不要将多媒体教学变成一种化了装的“灌输式”“填鸭式”教学。

教学时，应根据学生在学习中反馈出来的问题结合传统教学方式耐心启发，循循善诱，将传统的教学方式作为多媒体教学实用有效的补充，从而提高教学效果，保证教学质量。在多媒体教学时，不能只按其课件按部就班地机械式地进行演示、演播，而是要积极地鼓励学生提问，或向学生提问，只有这样，教师才能及时了解学生的学习情况，准确地把握教学动态，才能合理驾驭教学进度，提高教学质量。对CAI课件，在一个内容演示完成后，要安排学生提问讨论，从而发现问题，了解情况；对其他的多媒体课件，也可采用这种方式来反馈课堂教学信息。

4. 课件的演示并不能代替实物操作

多媒体展示的图片图像给人的毕竟是感观印象，人要真正获得感性认识还是要亲自接触具体的事物，参加具体的实践活动。如大家都熟悉的计算机教学，课件图文并茂做得再好，教学演示也代替不了上机操作练习；教师如不亲自示范，学生如不亲自动手操作，靠一味地学课件，看图片、图像来掌握相关技术是难以实现的。各种物理化学实验，各种实习设备光凭多媒体的演示来代替实际的操作也不能达到教学目的。英语教学中的语言训练也不能只凭借多媒体的演示来完成。所以对有些科目课程必须安排实练、实操或实地参观，在实践中去认识事物的本质，把握事物的客观规律。所以教师在实际教学工作时，无论是制作多媒体课件或进行多媒体教学都应从实际出发，具体问题具体分析，注重实际效果与质量，留心教学中出现的各种问题并及时予以修正，不拘泥于一种教学方式，不断完善教学手段，增强教学效果。

第十一节　公平比太阳更有光泽

近年来，由于地方经济及社会区域发展不平衡，产生了教育不均衡。学生家长对热点学校的盲目追求加重了教育发展的不均衡，这些越来越制约着教育的正常发展，造成社会新的不公平。目前世界各国均积极推行缩小教育差距、均衡发展教育的策略，将“教育公平”和“均衡发展”融为一体，形成一个互相推动的机制。均衡是手段，公平是目标。如果没有均衡发展作基础，那么在办学条件、教师资源相对落后的地区，就很难保证每个学生平等地享受教育的权利与机会，教育也就无法正常发展；教育如果不是以公平作为最终目标，忽视每个人的潜力和享有创造未来的权利，这样的教育只能是低水平的，必将阻碍教育的发展。

大庆路小学、幸福路小学、新海小学位于连云港市新浦区的西部，地域上呈“三国”鼎立之势，这三所学校不仅地理位置接近，而且办学情况也大致相同。虽说都是省、市级实验小学，但办学规模相对较小，教学设备相对比较简陋，学生来源错综复杂，教师队伍素质参差不齐，这些或多或少影响学校教育的整体发展。共同的遭遇与同样处境给三所学校的决策者们提供了一个共同发展的机遇。三所学校产生了一个共同的想法：在立足学校现实的基础上，构建教育共同体，提出了“西三校”区域联动、联片教研、整体推进的发展模式，并确立相互学习、取长补短、共同提高的原则。积极开展“校际联合、优势互补、资源共享”的“均衡”模式，探索出一条共同发展的希望之路，促进教育的均衡发展，真正实现教育的公平。

一、未雨绸缪：闭门中实现“造车”

区域联动是一个新鲜事物，没有现成的模式可循，需要自己探索一条可持续发展的道路。2008年秋季，三所学校的校长及相关人员齐聚大庆路小学，共商三校“区域联动”的事宜，也拉开了兄弟学校间相互学习、联片教研活动的序幕。

随着讨论的步步深入,一个个问题浮现了出来,例如什么时间、什么地点搞联片教研?教研校、教研组如何划分?如何建立机构来保障活动的正常开展?对联片活动如何进行评价?针对种种问题,大家畅所欲言,各抒己见。时间不长《新浦区"西三校"联合开展教学研讨活动的实施意见》(初稿)便"新鲜出炉"了,接着又邀请了专家对方案进行可行性论证,确保联片教研活动规范有效。

首先是确定了活动的指导思想。以认真贯彻落实规范办学行为,全面提高素质教育质量为中心,以创建"校本教研中生本课堂构建"为主线,以实施"三案六环节"为抓手,广泛开展联片教研活动,以大庆路小学教育科研、幸福路小学高效课堂、新海小学自主发展为点,实施以点带面,采各自所长补各自之短,借助共同发展的平台,互动研讨,平等交流,合作共享,不断提高教育教学水平,整体提升"西三校"素质教育质量,促进新浦地区教育均衡发展,确保课程改革实验工作的顺利实施。

其次是确定了区域联动的工作目标。探索新型教研方式,努力创建与完善学校、片区、教研室三位一体的教育教学研究指导模式,实现教研机制的创新;充分发挥各自学校的办学优势,校际互动走访,交流上课,实现课程改革的区域整体推进;构建教师培养提高平台,充分利用网络优势,实现教师教学水平的整体提高。促进西部地区教育均衡发展。

再次是落实活动的保障机制。成立活动领导小组,三所学校的校长为组长,负责对教研活动的领导和整体策划工作,并能积极给予政策支持和人力、物力、财力保障;分管教学的副校长为副组长,负责制定本校教研发展规划和具体的活动计划;学校的教导处、教科室的相关成员为活动成员;认真履行职责,各校按照发展规划和活动计划开展多种不同形式的教研活动;要以解决教学管理和学科教学过程中遇到的实际问题为重点,集思广益,积极探索教学管理、课堂改革、评价方式以及提高学生素质等方面的有效途径和策略。邀请教研室的教研员参与各校的教研活动,及时发现典型、总结经验,通过学校网站或推荐给上级业务部门予以推广;各学校要积极密切配合,按时组织本校干部教师参加联片教研活动;要注重发挥自己的优势和特色,加强信息交流与合作,实现优势互补,共同提高。要注意结合课题研究,在教学实践中做好教研活动和教育科研相结合的文章,以科研成果指导教学实践;各主办校要注重活动的务实高效,要抓好有形成果建设,重视教研成果的交流与推广;要及时总结与反思,做好活动记录与总结及各种过程性材料的整理、积累,包括文本、图片及音像资料等。

最后是确定了教研活动的主要内容。联片教研该研究些什么内容,才能调动教师的积极性和主动性呢?过去大而全的研究,教师没有着力点,更不容易把握方向,教师们对此深有同感,如何对症下药,如何寻求捷径?经过研究初步研讨,教师们觉得集体备课、课堂教学方式、作业的设置与批改、考核评价模式、学生的养成教育、学校特色创建等作为第一批活动的内容。现阶段重点围绕集体备课和"生本课堂建设"来研究课堂教学。各自的教研选题均设在了"教师专业成长"方面的"课堂教学技能"上。而在每个联片区的各个教研组,教师们根据各自的情况又把"课堂教学技能"细化成更为实际的内容,从而为整体推进打下坚实的基础。

二、重在落实:联动中实现提升

完善的方案只是启动的基础,重要的还在于如何落实,根据计划的安排,三所学校在经过会商的基础上,确立落实具体的措施办法。

1. 专业引领专家会诊，实现教师课堂的均衡

教育的关键在于教师，教师的业务水平是制约教育发展的关键，也是教育是否均衡的标志性内容，因此提高教师的思想道德水平与专业发展水平尤为重要。针对当前课程改革实验中教师们的困惑和教学中遇到的实际问题，联片组聘请区域以外的课程专家以及教科研人员对三校教师作专题讲座，进行现场对话交流，答疑解惑。其次实施专家会诊，针对本校某些教师的“亮点教学”和“病态教学”进行专题研究，分析讨论，提炼可以推广的成功做法，制定解决“病态教学”的有效处方。这种研究形式要注意活动的跟进、持续和落实，确保活动的实效性。

校际会课是教师交流的另一途径。由于学校规模及办学思路原因，教师之间学科之间还不均衡，因此把校际会课作为教师专业发展的重要内容。针对某一课例进行“同课异构”，课例研究是老师们觉得有话可说、有感可发的一种教学研讨形式，主要通过“磨课”的形式，采取“示范课互动式”研讨，对有关理念、任务的实践方式进行探讨；课后一般安排教研组代表的说课，执教者的实践反思和观课者向执教者的提问与对话；然后组织分组讨论（一般为校际混合分组）；最后为大组交流汇总、小结，并提出下次活动的有关准备事项等。其流程概括为：上课→反思、说课→提问、对话→分组讨论→汇总。然后再将整理出来的材料分发到各个学校，形成统一的教育思想，真正实现教育均衡发展的目标。教学互访式的联片教研，会大大增加教师间的交流机会，使教师间彼此了解熟悉，也使合作程度大大加强，遇到困难时请求互助，获得经验时希望分享。也由于彼此了解，选择交流对象也就更具有针对性和有效性。教学互访是互动的、合作的，一般要经历“预约—准备—课例—研讨”这样的过程。

2. 专题合作共享资源，实现教育资源的均衡

各成员校要加强对教学管理和教学实践中存在问题的调研，在梳理反思的基础上，形成系列研究课题。结合各自的优势确定自己的研究课题，课题式研究过程要体现全员参与，注重反思与总结，及时将研究成果内化为教学的理念，外化为教学与管理的具体行为。例如：大庆路小学教学中的伪现象与课题研究结合活动作为课例向其他学校推广。对于某些具有一定难度而又不易解决的问题，可以在工作小组的协调下建立跨校课题研究小组，进行合作攻关；其次是开放共享，为及时交流经验，发现解决问题，促进共同提高与进步，以学校为单位举办开放周活动，在这种活动中，开放学校要面向社会、家长和其他各成员校全天候开放，各校在立足自身开展校本教研活动的基础上，充分展现自己的优势和特色，实现资源共享、优势互补、共同发展。

3. 主题论坛网络研讨，实现教学方式均衡

主题论坛式的联片教研是一种就大家共同关心的问题展开自由发言的专题讨论会。论坛要明确主题，每次就一个教学管理问题、教学热点问题或教师在教学中遇到的共同问题展开讨论，还可以把一些有代表性的课例或教学设计放在“教育博客”上进行展示，让大家自由讨论，以便在更大范围内集思广益，发挥效益。这种专题式讨论不强求统一的结论，旨在思维的碰撞，引导参与人员的思考，加深对某一问题的认识，寻求教学与管理的良好策略。为了更好地提高教师的专业水平，大庆路小学还充分利用网络优势，鼓励教师开设教育博客，把自己的教育心得、教育体会、教学感悟写在上面，让其他教师共享，并且通过教育博客进行交流，目前越来越多的教师开始在博客上倾诉自己的想法，他们把博客作为学习资源、教学平台，讨论自己的教案、分享试题、叙事反思。博客成为开展网络教研的信息平台、工作平台和资源平台。教师通过不断地积累、反思、交流，使大多数教师参与教研，形成一支规模较大的教研队伍，教师

也在反思中不断成长,向专业化道路发展。下一步学校还将在建设自己的教研网络,让教师能与其他教师更多的交流,从而更好地提高自己的教育水平。

三、左右求索:创新中实现均衡

均衡发展不是教育发展的目标,它是促进基础教育发展,实现“向所有人提供保证质量的教育”的手段。当然不能因为均衡而放弃优质,即:既不能单纯追求不公平的优质,也不能追求低水平的均衡。均衡发展与优质发展是统一的。均衡发展的本质在于缩小教育差距,通过共同提高实现平等地对待每一位学生。

三所学校的区域联动,实现了区域间的教育均衡,而联片教研活动,促进了成员单位的创新发展。尤其是创新发展加快了学校的特色建设。在落实规范办学,争创教育现代化的今天,更需要学校的创新发展。三所学校初步的设想有:开展三校优秀教师教学开放周活动,邀请区内名教师和社会人士参与三校的课堂教学研讨,共同研究教学方面的实际问题;开展教学互访活动,要求教师为研究解决某一实际问题向区内优秀教师发出邀请或要求访问,增加教师间的交流机会,增进彼此了解,分享经验,共同提高;在教学教研实践中积极地向优秀教师学习,寻求指导。另外,还希望在新浦区教育局相关部门的支持下,实现教师与教育技术装备的流通,从而真正实现教育的均衡发展与提高。

四、区域联动:均衡中实现公平

爱因斯坦曾经说过:一个由没有个人独创性和个人志愿的规格统一的个人组成的社会,将是一个没有发展可能的不幸社会。教育不仅要培养学生具有参与社会生活必需的品质,促进受教育者的社会化,而且要形成与发展学生的个性,促进受教育者的个性发展,从而培养社会发展的优秀人才。基础教育是培养学生整体素质的教育,目的是促使学生全面发展。但是“全面发展”不是“全面都好”,应该珍视学生之间的差异。同样,三所学校实施的区域联动也不是追求的三校平均,而是鼓励学校个性发展,只有个性提高才能实现新一轮的均衡。在实施均衡的过程中,让所有的学生都有一样的受教育机会,让所有的家长不再为追求“名校”而苦恼。

联动的日子在春风秋雨中度过,联动的能量在春华秋实中积聚。“西三校联片教研”虽然还步履蹒跚,但却走出了坚实的一步。三所学校认准道路,就决不会轻易放弃,因为我们深信:众人拾柴火焰高。全面实施教育公平是人类社会的美好理想,在现有条件下,区域性教育公平的实现并非是可望而不可即的事情。均衡发展义务教育,通过普遍改善办学条件和提高师资水平,我们就能为平等地对待每一位学生,让他们都享有同等机会和同样接受优质教育的目标创造条件;以学生的个体差异、发展的不平衡性为本,实施个性化教育,我们就能使每位学生的天赋、个性得以充分发展,最终真正实现教育公平。

区域联动让我们饱尝均衡的甘甜,联片教研让我们收获着公平的果实,我们在看到成绩的同时,也经常反思走过的路,在经济并不发达的今天,如何让均衡高位发展?如何让教师高位均衡?如何让社会认可均衡?这些都是值得我们在今后工作中深思的问题。我们相信:在教育行政主管部门的正确领导下,在相关学校的共同努力下,我们的区域联动一定会向纵深发展,一定会取得更大的成绩。

第十二节 “网络学习空间人人通”:教师专业发展的助推器

一、引言

早在2012年,在全国教育信息化工作会议上,刘延东同志曾指出:今后教育信息化的重点工作可以概括为“三通两平台”,即“宽带网络校校通、优质资源班班通、网络学习空间人人通和教育资源公共服务平台、教育管理公共服务平台”。几年来连云港市基本上完成了“校校通”“班班通”的建设任务,而“网络学习空间人人通”涉及教育信息化建设、管理、应用等诸方面,要求之高任务之重难度之大,也成为教育信息化发展中最困难的“最后一公里”。作为教育现代化主人的教师肩负重任。因为时代对教师提出了更高的要求,教师专业发展变得更加重要。在信息技术和教育信息化的快速发展下,教师利用网络实现自我专业发展是最有效的途径之一。

教育信息化发展责在管理重在应用,“网络学习空间人人通”是“宽带网络校校通”的基础目标,是实现“优质资源班班通”的重要保障,更是促进教师专业发展,提高教学效率的重要举措。因为“网络学习空间人人通”触碰到了学校、教师、学生、家长之间的潜在关系,追寻到教育信息化发展最困难的阶段。如果打通了信息技术的“最后一公里”,将“人人通”平台与“云资源”平台有机地结合,把教师、学生、家长、资源、学习消费紧密连接在一起,教育将步入信息化发展的快车道。“人人通”平台变革了教育方式,拓展了学习渠道,享受了学习快乐,提高了学习效率,这才是教育信息化的理想境界。同时“人人通”平台解决了区域教育不均衡、优秀资源难共享的问题,缩小了学校间的差距,促进了优质资源的合理配置,推动了教育均衡化发展。如何有效利用“人人通”平台促进教师专业发展,让更多的教师通过“网络学习空间人人通”快速走上自我发展之路,更是教育管理者需要重点关注的话题。

二、“网络学习空间人人通”的概念

1. 何为“网络学习空间人人通”

“网络学习空间人人通”是指学生、教师、管理者、家长等多个主体之间的交流、分享、沟通、反思、表达、传承等活动的载体。能够支持学习者个性化的学习,能够鼓励学习者之间进行交互的一种网络设计产品。一些学者认为“网络学习空间”既指虚拟的网络学习环境,也指个体能够存放知识、分享资源的物理空间。在这里,每一个用户都会拥有自己独立的知识空间,在这里他们既可以学习和分享彼此的资源,也可以与有相同兴趣爱好的人结交成朋友,更可以将个人的资源拿出来展示给身边的人进行共享,从而让资源变成财富,促进教育现代化的发展。

“网络学习空间人人通”作为学习型网络资源共享平台,具备主题发布、移动互联、空间存储、社交服务等基本属性。主要包括学习资源管理、个人实名学习空间、班级网络空间、教师研修空间、教育主管机构服务、企业服务空间等,“人人通”平台让学校、班级、个人都拥有实名制的学习、交流、分享空间,通过跨平台交互技术形成教与学、教与教、学与学的全面互动,真正把技术与教学实践的融合落实到每个教师与学生的日常教学活动与学习活动中。

“网络学习空间人人通”首先是强调“通”,让教育资源在不同主体之间进行无缝传递,包括主动推送,蕴含SNS的思想,既有“通”的内容,又有“通”的方式;其次是强调分享,学习资源在

不同的主体之间能够通过一定的规则进行主动传送和分享,方便教与学的便捷使用;再次是强调整合与集成,所谓网络学习空间,包含着传统的多种学习功能的一个聚集界面,不再需要登录多个系统操作相关服务,而是把所有和主体相关的服务均无缝整合在学习者的页面中,通过该空间操作所有的功能;最后是强调个性化,网络学习空间更加强调个性化,按需学习、按求索取,强调不同的主体空间内容全面适应主体需求的特征。

2. "网络学习空间人人通"构成窗体顶端

"网络学习空间人人通"的目标是让每位学习者都拥有相通的个人学习空间,实现教与教、学与学全面互动,真正把信息技术与教学实践的融合落实到教师的日常教学活动与学生的学习活动中。其主要包括:

(1) 构建网络学习空间的环境。这就需要学校进一步完善网络中心的建设,对原有的基础网络进行配置升级,对学校的服务器扩充容量,建设稳定的无线网络以满足空间建设和学习者的需要。

(2) 完善网络学习空间的平台:包括个人发布主页、个人存储空间、个人网络交流平台等,教师个人空间平台应该具备足够的网络空间存放容量,应该提供基本的文件存储服务、个人知识管理服务、个人事务服务、社交网络服务、互动交流服务等功能。

(3) 提供网络空间学习的扩展:由于学习的主体是教师与学生,信息化发展的最终落脚点是在学生自主化学习,所以"网络学习空间人人通"要具备学校、教师、学生、家长等相融的端口,构成全社会的学习空间,这才是真正意义上的"人人通"。

(4) 彰显个人自主学习的功能:教与学应该是教育信息化发展最重要的任务,更是教师专业成长最重要的内容。为教师建立个人网络学习空间,促进教学方式的变革,也为教师的专业发展及教学效率的提升打下坚实的基础。

3. "网络学习空间人人通"的特点

(1) 通畅性:"人人通"平台的宗旨体现在通畅性上。"通"意指畅通无阻、便捷顺当,即学习空间中各要素及内外因素之间没有阻力,每一个角色主体拥有的个人学习空间是没有阻挡的,个体相关数据是汇聚相通的。网络学习空间强调基于网络开展学习,要求内容之间关联方式、学习资源、汇通工具等也是相通的,通畅性是"人人通"平台的主要特征。

(2) 通达性:"达"是基本,"通"是目的。"人人通"平台中的"达"要求在要素间建立通路的基础上,发挥各资源的效用。基于信息沟通、资源融通及服务贯通的"人人通"平台,在系统中发挥获取资源及交换信息的功效,实现知识建构,达成个性发展及集体智慧发展的过程。

(3) 自主性:随着教育信息化的推进,教师利用网络资源进行学习,转变教育方式已经初见成效。"人人通"平台为教师打造自主性教学研修环境,构建了师生网络学习空间,提供了优质资源服务。教师在这里进行自我研修,沟通教学经验,有效利用网络学习空间进行交流和学习,提高教师的专业化水平。

(4) 丰富性:"人人通"平台是教师个人的学习与研究平台,教师从中获取教育资源、吸取营养、提高科研水平。教师在空间中完成自身的学习与提升,同时还可以从同行的空间中获取所需的资源与经验,从中得到启发与提升。

(5) 便捷性:由于网络发展的无障碍化,给网络学习带来了便捷性。学习者不受学习地点的影响,不受学习环境的限制自由地学习。学习的终端可能是固定的PC,也可以是PAD、智能手机等移动学习终端,这些都为"网络学习空间人人通"的实施带来了便利。

三、"网络学习空间人人通"促进教师的专业成长

基于"网络学习空间人人通",给教师专业成长提供了契机。尤其是海量的教育资源、多样式的学习形式、多渠道的交流方式为教师的专业发展提供助力。基于"人人通"平台的教与学,其重点是要促进教与学方式的变革,从空间中获取所需的资源与经验,从中得到启发与提升,以提高教师专业化水平,促进教育的均衡发展。

1. "人人通"平台促进教师课堂教学方式转变

"人人通"平台构建了新型的师生互动教学关系。在教学过程中教师、学生、教学内容、教学资源、教学环境之间进行的互动,都可以通过"人人通"平台来实现。"人人通"平台突破了现有教育模式的时空限制与学习方法的限制,使教师的教学变得简单容易了。学生作为学习的主体,登录到学习空间主动参与学习并进行积极的思维,学生直接从空间里下载课堂教学内容,在相应的时间里完成学习任务。教师也可事先把课堂教学中的重点、难点录成视频存储在空间,通过翻转课堂的形式让学生去自主学习,真正实现教与学的有效互动。学生利用个人空间可实现个性化学习、小组协作学习、远程实时交互的多媒体学习、在线学习、在线讨论等,学生有了选择教师课程的权利,学生的学习问题可以随时得到解决,学生的学习变得容易了。这种方式让学生在富有启发性的教学情景中学习,教师创建课程"主题特色空间",利用空间在课堂上为学生的探究学习提供资料支持,营造探究的学习环境,促进了课堂教学信息、知识和活动的有效整合。

"网络学习空间人人通"也是互动的空中学校。学生利用空间实现在线实时互动教学,保持和优化传统课堂的教学效果,同时实现万人上课的慕课,造就足不出户的名师互动课堂,破解名师资源共享难题,实现区域教师共享教育资源,推动教育发展。教师还可以通过平台发布作业、通知、学习成绩、上传并分享教学资源,让学生和家长进行查询。此外教师还可以发起一些教学活动,通过活动与家长交流如何教育孩子、带动班级的学习氛围、为学生答疑解惑。教师通过空间使用,改进了传统的教学方式,提高了课堂教学效率,促进了教师的专业化发展。

2. "人人通"平台创新教师教学科研方式

"网络学习空间人人通"丰富了教师教学科研方式。传统模式上的教师备课是由个人独立完成的,体现不出教研的团队协作,而运用"网络学习空间人人通",在教学中采用网络空间备课,所有的备课流程都放在网络空间上进行。引导教师采取"独立主备、分色复备、专家点评、择优应用"的模式。即教师在自己的空间上把自己主备教案上传至"人人通"平台,同备课组的其他教师在规定的时间内通过"人人通"平台在教师备课上进行二次备课,把自己的教学构想融入原来的备课当中,实现多次的复备,由同教研组的教师共同完成本章节内容的备课任务。最后由任课教师结合自己班级的实际选择合适的备课内容。这种方式不仅打破了过去传统备课的单一性和限制性,而且减轻了教师的工作负担,提高了备课的实效性。教师在空间中建立学科专题,创建教研"主题特色空间",进行教学研究、网络研讨、案例分析等,利用"人人通"平台空间查看个人直播授课表,并上传点播课程及开设直播课程,发布个人动态信息及查看学生动态,以提高科研效率。

利用空间"人人通"平台进行网络教学研究已经成为教师专业发展的重要形式,名师在自己的空间中建立导航链接,其他教师对名师空间建立链接,这样就构成了一个网络学习群,同时实现互动研讨,相互学习,借鉴名师的经验在自己的空间中不断完善自己的教学思路,实现

共同提高。微格教学是由美国斯坦福大学艾伦教授等创立的一种利用现代视听设备，专门训练学生掌握某种技能、技巧的小规模教学活动。借助微格教室的摄录设备，通过对课堂的音频、视频处理，对教师的教学技能训练和教学过程进行打磨，教师利用微格系统进行录课、辩课、磨课、演课。教师把精心准备的课堂教学内容在学习空间“人人通”平台中呈现，其他的教师或学生在不同地点进行听课、评课，学生也可以实行异地授课。不同地方的教师有问题提出，其他在线教师就会立即进行解答，这与传统教研有相似之处，但交流的范围跨越了时间和空间的限制。实践证明，这是一种提高教师课堂教学效率的有效途径。

3. “人人通”平台拓展了教师交流渠道

基于问题的研讨交流是教师教育生活的重要组成部分，教师需要与外界的交流才能促进其成长，教育交流的本质是一种理解与实践之间的对话。而“网络学习空间人人通”的产生为教师的教学反思提供便捷，利用学习空间上的私信、发布、评论、留言等功能进行交流，教育博客与教育论坛便是重要的形式。

教育博客作为网络时代的新宠深受教师们的喜爱，更是一种表达个人思想、教育成效、教育感受的平台，而网络学习空间同样具备教育博客的功效。教师利用“网络学习空间人人通”技术，以文字、多媒体等方式，将自己日常的生活感悟、教学心得、教案设计、课堂实录、课件等上传发表，超越传统时空局限，促进教师个人隐性知识显性化，让其他人可以共享知识和思想，记录教师与学生个人成长轨迹。网络学习空间让教师养成及时反思的良好习惯，针对教学中的错误点及时进行总结归纳，提醒其他教师注意。同时为了使“网络学习空间人人通”更适应教育信息化的发展，组建一支热衷于信息技术教育发展的专家团队非常重要。采取专家团队指导与学校研究相结合的方式，集最有效的力量做最有效的事，发挥专家团队思想库、智囊团和参谋助手的作用，使“网络学习空间人人通”更有针对性、时效性、科学性、先进性，实现网络学习的最大效益化。

“教育新时空”“QQ群”“微信圈”等主体聊天软件为交流拓展了渠道，而“网络学习空间人人通”的“在线交流”也成为教师沟通的新宠。正如空间里有些教师说的，能加入到空间里来，即使不发言，能“听”大家的发言，对于想成长的教师也是很好的培训。当然，在学习交流中，随时可以就某个问题单独聊。在空间中，某位教师充满智慧的发言，会及时得到大家的表扬，受培训者也能随时体验到成功的快乐。在宽松、民主的环境下，引导教师对最迫切需要解决的问题进行交流和切磋，使教学困惑在合作中得以及时消除，教学问题在互补中得以迅速解决，形成一种研究的浓郁氛围和研究文化，更有利于教师的专业成长。

4. “人人通”平台实现教师网络评价

基于网络环境下的学习空间“人人通”平台还具备评价内容丰富的特点，而且注重于教师发展过程性的评价，评价的结果更能客观地反映出教师专业发展的状况，“人人通”平台空间对不同人员可制定不同的考核方案，对不同职位、不同工作的人员具有不同的考核指标与模板。定义平时考核、年终总结等多种考核方式，实现平时考核与阶段考查相结合。在评价实践的整个过程中，始终将客观、公正、公平贯穿于评价工作的各环节之中。通过多元评价生成最后的教师数据库，对同一考核中的人员形成得分排名表，并可分析教师历次考核结果。

由于教师评价的主体是多元的、内容是多方面的。为了评价的客观公正，减少信息衰变，减少工作强度，大庆路小学借助校园网络中评价系统来实施教师评价，已取得较好的效果。校园网中开辟教师评价栏目，有学生评教、同行评议、教师自评、行政领导评议、家长评议，采用定性评价与定量评价相结合的统计测量办法，确定评价结果。网络评价系统还提供了便捷的在线调查功能，评价者在学校的网站上建立一个主题投票系统，开放投票权限，让学生及家长甚至同事对自己的教育教学工作进行网络评价。在设置评价标准的时候，不采用定量的设立，而是采用“信任”“喜欢”“佩服”等指标对教师的工作进行评价。这样，一方面避开偏激的语言，另一方面也让评价者没有心理压力，达到真实评价的目的。

四、结束语

教育信息化的发展推进了教学方式的变革，促进了教师专业化的发展，教师通过网络进行研修的需求已势不可挡，而且呈现出较好的成效。“网络学习空间人人通”以其通达的沟通渠道，丰富的学习资源，便捷的学习方式，个性化的学习需求成为教育信息化发展的重要内涵，成为教育现代化发展，促进教师专业成长的必由之路。虽然目前还面临设施不配套、教师观念陈旧、学习资源匮乏等许多因素的影响，但越来越多的教师都能认识到运用“网络学习空间人人通”快速实现自我专业发展的重要性与必要性，“人人通”平台必将成为教师专业发展的助推器。

第十三节　《数字化校园网的建设与利用研究》开题报告

一、课题研究的目的、意义

1. 核心概念及其界定

本课题的核心概念是“数字化校园”。数字化校园是以数字化信息和网络为基础，在计算机和网络技术上建立起来的对教学、科研、管理、技术服务、生活服务等校园信息的收集、处理、整合、存储、传输和应用，使数字资源得到充分优化利用的一种虚拟教育环境。通过实现从环境（包括设备、教室等）、资源（如图书、讲义、课件等）到应用（包括教、学、管理、服务、办公等）的全部数字化，在传统校园基础上构建一个数字空间，以拓展现实校园的时间和空间维度，提升传统校园的运行效率，扩展传统校园的业务功能，最终实现教育过程的全面信息化，从而达到提高管理水平和效率的目的。

目前，对数字化校园的理解还没有统一的看法，比较流行的有下列几种：

（1）“数字化校园”从广义上讲就是指学校的信息化。数字校园工程将通过建设宽带多媒体信息网络、校园地理信息系统等基础设施平台，整合学校信息资源，建立电子校务、电子教育、远程教育保障等信息系统及信息化班级，最终形成一个体系完善、功能健全、组织有序的数字信息体系，从而逐步实现校内育人环境和部分社区教育环境的信息化。

（2）“数字化校园”是指以网络为基础，利用先进的信息化手段和工具，实现从环境、资源到活动全部数字化，在传统校园的基础上，构建一个数字空间，拓展实现校园的实践和空间维度，提升传统校园的效率，拓展传统校园的功能，最终实现教育过程的全面信息化，从而达到提高教学质量、科研和管理水平与效率的目的。

（3）“数字化校园”是以数字化信息为依托，支持学校教学和管理信息流，实现教育、教学、科研、管理、技术服务等校园信息的收集、处理、整合、存储、传输、应用等，使教学资源得以充分优化利用的一种虚拟教育环境。

(4)“数字化校园”是利用计算机技术、网络技术、通信技术对学校与教学、科研、管理和生活服务有关的所有信息资源进行全面的数字化;并用科学规范的管理对这些信息资源进行整合与集成,以构成统一的用户管理、统一的资源管理和统一的权限控制,把学校建设成面向校园内,也面向社会的一个超越时间、超越空间的虚拟大学。

数字化校园网的建设主要包括以下几个方面:

(1) 建设一个为全校提供服务的数据中心,包括主机托管、虚拟主机、应用服务、数据存储服务、数据备份服务、数据安全服务等。

(2) 提供网络基础服务。网络基础服务是数字化信息流动的基础,包括 Web 服务、电子邮件传输、文件传输、域名服务、身份认证以及目录服务等。网络基础服务还包括应用支撑系统,即办公自动化系统、教务管理信息系统、学工系统、校园一卡通系统、网络教学系统和数字化图书馆系统等,信息服务系统是校内用户的主要应用界面,为师生提供各种服务,如信息交流、信息查询等。

(3) 建立全校统一的电子身份认证体系,并使用统一的电子身份体系为各种网络应用系统服务,使全校用户在所有的网络应用系统中都使用唯一的电子身份。

(4) 建立严密的网络安全体系,保证校园网络的安全,保证关键数据、关键应用的安全以及关键业务部门的安全,实现校园网络及其应用系统的安全高效运行。

(5) 建设面向校内外的信息门户网站,及时发布学校各类信息,针对社会公众和校内师生提供不同的信息服务和进入相应校园信息管理系统的入口。

(6) 建立标准规范体系,包括管理规范、实施规范、维护规范等,这是保障数字校园系统安全可靠运行的条件。

数字化校园网的建设对学校的发展尤为重要,然而绝非一日一事之功,需要在有力措施的保证下,高瞻远瞩、理清思路、统筹规划、逐步实施,如此数字化校园建设才能日臻完善。

2. 选题意义

信息时代、网络时代、数字时代的到来,不仅仅给社会生产力的提升带来了一定的冲击力,也给教育事业的发展带来了动力。数字化校园的发展成为小学教育发展的必然。连云港市大庆路小学,作为一所省级实验小学,在连云港市的校园信息化及网络管理方面处于领先地位。同时,大庆路小学所在的新浦区顺利通过教育现代化的创建验收,有了一定的基础。目前,大庆路小学在校园网建设已基本完成的基础上,正以校园信息化促进校园数字化,并已基本具备了“数字化校园” 建设与应用现代信息技术,研究探索教与学的方法与模式,培养创新人才,推进素质教育的内部和外部的环境和条件。

3. 研究价值

本课题的研究,首先是为学校教育教学的管理提供现代化模式和平台,为学生创造一个开放的文化氛围、一个较完善的教育环境,使教师把更多的注意力放在教学的最优化、培养学生主动学习研究以及终生求知的能力上,促进学生身心健康,提高自身素质。其次是通过互联网与外部世界以及社会的物质生产和知识生产建立十分广泛且深刻的联系,让学生生活在一种准社会的实践环境之中,互相接触、互相交往、互相启发、互相讨论、互相帮助,思想的火花不断迸发,不断碰撞,不断整合,开发人的潜能,为学校的现代化管理提供更好的平台。

二、本课题在国内外研究的历史和现状

随着信息时代的到来，数字化的网络环境逐渐在校园里现身，并越来越普及。多媒体技术和全新的网络环境作为新的教学方式和手段叩开了学校大门，走进了课堂，走进了校园生活。随着校园数字化网络的普及，国内越来越多的学校开始关注到数字化校园和现代化管理之间的衔接，以运用多媒体技术精细化学校的现代化管理。昆明市第二中学、福州市第八中学、泰州市襟江小学，都曾围绕《“数字化校园”与学校管理现代化研究》这一课题开展过研究。从硬件建设和软件设计两方面，对数字化校园建设和运用数字化校园实现学校管理现代化作深入、细致、有创意的研究。以构建高标准校园网为基点，着力研究网络环境下德育、教学、服务、管理新模式，从教师成长、学生发展、家校联系等方面构筑有效资源库，实现高效优质服务与管理。

类似的课题还有：安徽省舒城中学《数字化校园建设研究》，广州市第十六中《“教育 e 时代”数字化校园与学校管理现代化研究》，江苏省扬州市宝应画川高级中学《“数字化校园”建设模式与效益评价研究》。可以预见，国内的各学校现代化管理将很快走上数字化信息的高速公路。数字化校园建设就是要为学校营造一个动态开放社会化的、现代化的教育教学管理研究环境，实施新课程改革，深化素质教育，实现学校管理跨越式的发展。

当然，我们所说的数字化校园并不仅仅是着眼于现代化的硬件设备，更要体现在学校管理和软件资源的开发与利用。注重以人为本、淡化技术，把工夫下在数字化资源的功能化与现代化管理服务上。把信息技术融入学校日常管理，以提高学校的管理水平和运作效率。创新之处就是体现在管理与应用方面。突出现代化设施的使用，包括教育资源的优化配置、合理使用和高效开发，以创造一个良好的教育环境，促进学校在新时期的新课程改革与教育教学管理方面跨越式发展。

三、课题研究的理论依据及遵循的原则

1. 理论依据

(1) 建构主义学习理论是本课题的指导理论。建构主义学习理论认为，知识不仅仅是通过教师传授获得的，而是学习者在一定的情景即社会文化背景下，借助于其他人(包括教师和学习伙伴)的帮助，利用必要的学习资源，通过意义建构的方式获得的。情景、协作、会话和意义建构是学习环境中的四大要素。建构主义提倡在教师的指导下，以学习者为中心的学习，既强调学习者的认知主体作用，又不忽视教师的指导作用。学生是信息加工的主体，是意义的主动建构者，而不是外部刺激的被动接受者和被灌输的对象。这一理论不仅完全符合素质教育的要求，而且也符合信息技术与学科教学整合的要求。在课题研究的实践中，采用建构主义的理论方法，教师为学生提供学习导向，然后让学生通过各种信息渠道，包括教材、资料、计算机、网络等资源进行自主学习、合作学习、探究学习，以提高学生对各种信息的处理能力和学习效率。

(2) 现代教育技术理论和现代信息网络技术是本课题实验研究的理论基础和实验环境。现代教育技术是运用现代教育理论和现代教育方法，通过对教与学的过程及教与学资源的设计、开发、利用、管理和评价以实现教学优化的理论与实践。研究的重点是“学习型校园网建设与应用的实践研究”，用这一新的理念促使教育工作者要从教学观点向学习观点转变。从教育技术的观点来看，教学是对信息和环境的安排与协调，其目的是达到对学习的促进；学习包括

学习者通过与信息和环境的相互作用而得到知识、技能和态度的长进。

2. 遵循的原则

(1) 整体性原则:学习型校园网的建设与应用的实践是一个拥有规划、建设、应用等多方面的一个综合系统,对其中任何一个系统的忽视,都会直接影响校园网整体功能的发挥。因此,应以系统整体的观点进行科学探究的指导。

(2) 实践性原则:对于校园网的研究实际上就是一个实践的过程,因素无论是教师还是学生,抑或是专业的信息技术教师,如果要想熟练地使用网络资源进行各方面技能的培训,就必须进行方法训练(即实践),使之达到自动化、技巧化的程度。

(3) 主体性原则:校园网的建设,最终的落脚点是培养学生的主动性,提高学生的综合素质。为此,教师在组织学生活动的过程中,应力求贯彻学生主体原则,积极创造条件,让学生有尽可能多的时间和余地进行探究,独立地思考和解决问题。注重学生全员参与,教师可以从多种角度引导学生参与,包括直接与间接的参与、知识与技能的参与和情感与态度的参与。关注学生实践与应用的过程,重视过程设计、过程指导和过程评价,并激发参与新的过程的探究。

四、课题研究的目标

数字化校园建设是一个系统工程,是一个动态的、不断完善的过程,硬件建设与软件建设同步进行,重点研究在校园网建设已基本完成的基础上的软件资源建设即数字化资源的功能化与服务上,尤其是对学校教育教学管理和学生学习过程的数字化管理,最终提供一个开放的、社会化的学习与研究环境,实现学校管理的现代化。

五、课题研究的基本内容

构建完整的"数字化校园"网络管理体系,为学校的教育教学管理搭建平台。

构建数字化网络环境下新的教师专业成长、学生综合评价、教育教学研讨、学校管理新模式,促进学校、教师和学生的共同发展,形成高效的学校发展体系。

构建全新的数字化系统服务学校的现代化管理,包括:

(1) 教育教学保障系统:学生学籍管理系统、选课系统、学习过程管理系统、多媒体教室智能化管理系统。

(2) 教科研管理系统:教学科研发展评价体系、教师专业成长体系、教师考核和继续教育资料管理系统。

(3) 校务公开信息化系统:数字化行政办公系统、网络安全管理系统、教学资源管理系统、学校后勤保障管理系统。

(4) 家校联系系统:家校通讯系统、家庭教育管理系统。

六、课题研究的方法

1. 文献法

通过各种渠道搜集"数字化校园网"建设的相关资料加以研究,把握国内外研究动态,借鉴已有的研究成果和经验教训,找到新的生长点,防止重复研究,避免和少走弯路,为课题研究提供理论框架和方法论。

2. 调查法

调查连云港市小学阶段数字化校园网的创建情况，分析存在的问题，寻找症结所在，以期获得真实可靠的数据，为课题的研究奠定基础。

3. 实验总结法

本课题研究将以大庆路小学作为研究的样本，组织课题组成员积极参与各子课题研究，通过实验研究，总结取得的成绩，反思存在的不足，为数字化校园网的推广做出贡献。

七、课题研究的思路及步骤

1. 研究思路

从学校的整体发展出发，立足于“数字化校园”的构建和学校管理的高效性研究。不仅从硬件设施上构建数字化校园，也在原来的基础上对教师进行培训，引导教师和学生参与数字化校园教与学科学管理的建设，建立长效的现代化管理机制。关注整个研究过程中的动态生成，既能相辅相成，又能彼此推动螺旋上升，保证课题研究的时效性和真实性。

2. 研究步骤

第一阶段（2011 年 10 月—2011 年 12 月）建成课题组，制订方案和论证计划，并组织课题组成员学习相关理论，启动课题。包括：①成立课题组，申报《数字化校园网研究》课题。②校内生成子课题，制定相关部门的现代化管理计划。③把“数字化校园”与学校管理现代化相结合，制定有效推动学校现代化管理的方案。

第二阶段（2012 年 1 月—2013 年 6 月）充分利用现有数字化信息进行优化整合，实施计划。扩充硬件资源，保证技术支撑，做好积累、优化内外部数字化信息，形成中期成果。对方案进行调查、小结、修改、补充、完善。包括：①开题论证。②扩充学校硬件设施。③完善常规管理制度。④开展课题组相关培训。⑤课题中期总结和评估工作。

第三阶段（2013 年 7 月—2013 年 12 月）。包括：①《数字化校园网研究》课题研究阶段交流。②制定《数字化校园网研究》结题计划。③课题组相关成果汇编成册。④巩固已经建构学校现代化管理的模式，形成总结性评价。⑤《数字化校园网研究》课题结题。

八、课题研究的成果形式

（1）《数字化校园与学校管理现代化研究》，论文集，2013 年 5 月。

（2）《数字化校园网研究》研究报告，研究报告，2013 年 10 月。

（3）《数字化校园网研究》论文集，论文集，2013 年 8 月。

（4）《数字化校园的现代化管理模式》，研究报告，2013 年 12 月。

九、课题研究的组织机构

大庆路小学从行政和组织上为本课题研究的顺利开展提供了保障，同时将研究过程融入教育教学常规管理之中，为课题研究提供了组织和时间的保证。

学校课题组长：邱健筠校长；成员：孙月梁（总务处、信息处）、周海燕（教科室）、江舜裕（教导处）、朱孟明、谢颖。

课题组的每一位成员都曾主持过省或市级课题，有着丰富的课题研究经验，为课题的顺利开展提供了人力资源保障。

十、其他有关问题或保障机制

1. 硬件设施

学校目前已经建设完整的校园网络。完成的硬件平台有:多媒体网络教室、多媒体综合教室、多媒体制作中心、多媒体电子图书阅览室、四星级网络中心、视频会议系统、网络电视传输系统。"班班通"的多媒体设施,四级网络技术公共服务体系,基本满足了"数字化校园"的所有硬件需求。

2. 软件应用平台

网络技术管理系统、校园自动化办公系统、教学研讨网络平台、多媒体课件制作系统、电子网络备课系统、图书仪器管理系统、教师专业成长系统、绩效考核系统、学生综合评价系统、考评系统、视频点播系统、学校网站、教育博客以及丰富的教育资源为本课题研究提供保障。

3. 高标准的管理设施及人才保障

学校有利用全面的校园网络化管理软件、教学软件为学校提供教学、管理和决策三个不同层次所需要的数据、信息和知识的一个覆盖全校管理机构和教学机构的基于校园网络系统。另外学校还有一批信息素养较高的研究管理人才,课题主持人为学校的校长,熟悉学校现代化管理,精通网络技术领域的硬软件操作,熟悉数字化校园的研究内容,掌握数字化校园的发展方向。课题组人员信息素养较高,熟练操作多媒体设备,都有自己的专长,这些为课题的研究实施打下了坚实的基础。

4. 经费保障

数字化校园的创建已经列入学校的发展规划,现代化的设施已经基本到位,学校每年用于数字化校园的投入将达到 20 万元,用于课题研究的专项经费不低于 3 万元/年,尤其是创建教育现代化学校完成以后,对本课题的研究更为方便快捷。

第十四节　《数字化校园网的建设与利用研究》课题中期研究报告

一、课题简介

1. 研究背景

随着信息技术的日益发展及其在全球范围内的越来越广泛的运用,数字化校园网正逐渐走入校园,高校已基本建成了以高速校园网为核心,以学术研究、网络教学、信息资源、社区服务和办公管理为功能,以开展远程教育为辐射功能的数字化校园。相应的各中学也逐步建立起了自己的校园网络,数字化技术的运用不断的渗透到校园的日常学习、生活与工作之中。面对集计算机技术、网络通信技术为一体的数字化校园,如何建立健全与之相适应的校园文化,或者说如何更好地让数字化校园的建设适应校园文化建设的需要,已经成为摆在我们面前的重要课题。

2. 研究目的

数字化校园建设是一个系统工程,是一个动态的、不断完善的过程,硬件设施建设与软件设施建设是同步进行的,重点研究在校园网建设已基本完成的基础上的软件资源建设即数字化资源的功能化与服务上,尤其是对学校教育教学管理和学生学习过程的数字化管理,最终提供一个开放的、社会化的学习与研究环境，实现学校管理的现代化。

二、围绕课题，积极探究

1. 课题实施稳步推进

(1) 加强学习，提高对教育信息化的认识。

数字化校园的建设首先是教育理念、教育体制、教学模式的变革，其次是在现代教育理论指导下的硬件建设、资源开发、多种应用系统的建设等。为此，我们注重学习理论，加强对数字化校园本质的研究和认识，并将全新的教育理念渗透在全体教育者、受教育者及相关者的日常工作中，逐步取得教师、学生和社会各界人士的认可。

教育信息化潜在的功能和作用，只有在具体的教育教学实践中才能体现，才能提高和发展。为此，大庆路小学不断加强现代信息技术教育工作的理论学习和实践研究。为丰富教师信息技术教育的理论基础，不断更新教师的教育观念，学校经常向教师推荐了许多现代教育理论书刊。学校还先后组织教师到扬州、苏州等地的学校参观、学习，并先后多次聘请连云港市电教馆的专家来校指导，为学校的课题研究活动建构充实的理论框架，促进了教师先进教育理念的不断内化，增强了教师运用现代信息技术进行课堂教学改革实验的意识和能力。

(2) 加强领导，科学规划，注重数字化资源的建设研究。

现代教育技术和教育信息化是教育改革和发展的制高点，是全面实施素质教育，改革人才培养模式的时代呼唤，只有予以充分的认识和高度的重视，才能确保其在学校工作中的优先发展地位。

①总体规划，分步实施。

学校牢固确立"注重内涵发展，不断提升现代化水平"的发展思路，并且把现代教育技术和教育信息化工作作为推进学校整体工作的重点工程，优先考虑，优先发展。

为了根据学校的实际情况建设校园网，学校会同连云港市电教馆的领导和一些网络公司的负责人，共同商讨校园网发展大计，详细参考了其他学校校园网建设方案，制定了学校发展规划。

按照"整体规划，分层推进，量力而行，不断完善"的原则，学校在普及运用常规教育媒体，积极开展信息技术教学，全面推进计算机多媒体辅助教学的坚实基础上，确立了以"数字化校园"为核心的教育信息化发展构想，即：力争通过两三年时间的努力，初步创建计算机和网络教育技术平台，建构共享、开放的信息资源库，实现与外部世界的即时、广泛的联系，拓展和丰富学习环境，并支持多媒体网络教学、图书资料情报查询、自动化办公、教育教学现代化管理等，创设一个充满学习信息的数字化校园。

②健全组织，统一管理。

为增强信息化工作的推进力度，学校及时构建了推进教育信息化工作的三个层面的管理体制，即：a. 领导层面：由校长、分管副校长、专职教师等组成的领导小组，负责整体规划协调，并制订相关制度。b. 管理层面：教导处、教科室和总务处等部门按各自职能，突出抓好教育信息化的推动工作。学校还专门设立了"信息技术处"这一网络管理中心，配备精干力量，成为网络系统管理员，负责整个校园网的运行和维护，同时，成立一支网络信息管理员队伍，负责各个支点的维护以及某一版块内容的及时更新，学校不定期地召开网络管理员会议，加强新技术学习、交流管理和维护经验，使得校园网能稳定地正常的运行。c. 参与层面：全体师生努力学习、掌握现代信息技术,成为学校信息化建设的积极参与者。

③多途径充实资源库。

近年来,学校根据使用需要,不断增加投入,精心选购相关软件资料。同时,还鼓励教师根据各学科的教学需求,从网上下载教育信息,归类入库,交流使用。学校也经常组织教师开展自制多媒体课件的评比活动,鼓励教师设计多媒体课件,从而积累了一大批高质量的、精美的课件,既提高了教师制作课件的积极性,又提高了信息教育实验课的质量。

目前,学校在已有计算机设施设备的基础上投入近 20 万元,进行了校园局域网的设计与架构,将计算机教室、微格教室、多功能室、各办公室和所有教室的全部计算机实现联网,并通过网通公司接入了宽带,为师生学习网络知识和技术、检索教育教学信息资源提供了方便。

(3) 加强培训,注重人力资源建设的研究。

学校对全体中青年教师开展以计算机知识和技能为核心的培训活动,并把计算机应用技术列入教师必备的教学技能范畴。我们以校本培训为主要形式,每周四下午,坚持对教师进行计算机技术培训,并组织参加各级各类的考核,提高培训的针对性和实效性。

2. 课题研究初见成效

(1) 学校管理精细化

教育现代化让我们认识到现代化的“形”,而精细化的管理更让我们体会到教育现代化的“义”。数字化的管理目的明确,善于全面发现、整合教育资源,最大限度地发挥人的积极因素,进行动态运筹策划,有效应对管理危机,以实现管理效益的最大化。数字化设施为学校的精细化管理提供了平台。目前,学校实现了校务办公智能化、教务管理网络化、安全管理立体化,并且已形成整套的操作模式。

(2) 管理手段多元化

传统化的学校管理主要是通过行政手段进行的,而数字化的管理却是科学化的动态管理。数字化技术实现了学校管理由关注结果向关注过程转变,由单一评价向综合评价转变,由静态管理向动态管理转变。学校充分利用数字化中的网络技术,实现网络化的教务管理、立体化的安全管理、数字化的督导评估、智能化的资源管理。

(3) 教师成长专业化

教育的关键在教师,教师专业水平决定了教学质量的高低。优化教师队伍建设、提高教师的专业水平是教育现代化的重要指标。学校在完善教育现代化硬件配置的基础上,突出数字化技术在教师成长及学校管理中的应用,走出了一条彰显个性的发展之路。学校全面实施数字化管理,完善教师网络教研系统、教师专业成长系统、教师教学反思系统、教师绩效考核系统等应用模块。现代化的设施、网络化的教育、数字化的管理完善了学校现代化发展体系,促进了教师的专业发展。

(4) 学生发展自主化

教育的目的是培养社会发展的人才。大庆路小学利用数字技术在学生成长方面做出大胆的尝试,尤其是在学生综合评价系统、学生自主学习系统、家校沟通系统、师生资源系统等方面取得了成效,真正实现了教育走出校门、走进社区、走入家庭的目标。

此外,学校成为首批“江苏省数字化学习试点校”,依据“长三角优质资源平台”与浙江的临海小学、上海的平凉路小学结成共同体,共同推进学校的跨越式发展。

3. 课题主持人取得的成绩

(1) 论文发表

论文题目	刊物名称	发表时间
数字技术应用于教师专业发展的实践与思考	中小学电教	2012 年 5 月
数字技术应用于教师专业发展的实践与思考	基础教育参考	2012 年 9 月
数字技术应用于教师专业发展的实践与思考	江苏教育技术	2012 年 4 月
将数字技术应用于教师专业发展	连云港教育	2012 年 3 月

(2) 论文、案例获奖

获奖论文(案例)题目	获奖名称和等次	颁奖单位	获奖时间
数字技术应用于教师专业发展的实践与思考	全国中小学和中职学校数字化校园创意与实践大赛二等奖	教育部教育管理信息中心	2012 年 11 月
网络技术助推教师专业发展	优秀教育论文一等奖	连云港市教育学会	2012 年 11 月
数字技术应用于教师专业发展的实践与思考	优秀论文	连云港市教育局	2012 年 5 月
数字技术应用于教师专业发展的实践与思考	教海探航三等奖	江苏省教海探航组委会	2012 年 11 月
数字技术应用于教师专业发展的实践与思考	校长论坛论文评比一等奖	新浦区教育局	2012 年 8 月

(3) 讲座

内容	组织单位	时间
网络时代校长管理能力的培养和提升	连云港师范专科学校	2012 年 10 月

(4) 表彰

表彰名称	表彰时间	表彰单位
连云港市“名校长”	2012 年 4 月	连云港市教育局
连云港市“优秀教育园丁”	2011 年 9 月	连云港市教育局

三、课题研究中存在的问题或不足

在研究过程中,我们也发现存在着以下问题:

(1) 数字化校园平台系统如何更有效的贴近校园生活,在数字化校园文化建设中,主要活动的对象是学校师生员工,数字化校园的建设应当从规划上满足“人”的需要,实施中切合“人”的实际,才能真正融合于校园长期积淀而形成的文化氛围之中。

(2) 数字化资源的优化利用在一定程度上不够合理,如教师普遍觉得应用数字化资源进行教学所需要的准备工作量过大,如果面对的一座宝山而不能取而用之,那这座宝山也就没有多大价值了。

(3) 数字化校园建设中存在“重硬轻软”、协调度与融合度不足的问题,学校在选择数字化产品的时候就面临着产品个体与数字化校园整体的协调与融合,如何进一步整合,形成统一的、合理的数字化校园配置,还是一个值得深思的问题。

①广大教师的思想观念和参与意识需要进一步更新,部分教师的信息技术能力不强。

②如何解决日常教育教学与课题研究的关系,怎样把日常教育教学与课题研究有机地结合在一起,使两者相互促进,都是我们需要进一步思考的问题。

四、课题下一阶段的研究计划

1. 工作重点

(1) 下一阶段,我们将不断总结课题研究中的有效研究,反思课题研究中发现的问题,并不断努力改进问题,使课题研究不断深入。

(2) 将根据学校实际征集各年级、各学科与教材配套的教学资源,上传到学校服务器上,以不断提高学校数字化校园网的应用效率。

(3) 在服务器中建立"文件库""资料库"和"课件库",利用校园网络为教育教学工作服务,体现校园网在教育教学工作中的优越性,并充分体现出校园网的数字、虚拟、多媒体、远程、快捷、信息、管理、规范等功能。

(4) 在实现学生学籍管理数字化的基础上,逐步实现文书档案数字化,争取图书室能利用网络设备进行管理,学校后勤服务能利用计算机或网络进行管理。

(5) 硬件的建设和软件配备关键在于使用,使用的关键在于教师,使用的好坏关键在于教师的技能。因此学校将继续对教师进行现代教育技术的培训。通过培训,促进教师及学生使用计算机和网络的有效措施及网络安全防范措施。

2. 具体安排

时间	目标	具体实施	负责人
2012 年 1 月—2013 年 3 月	组织理论学习,对第一阶段研究进行反思	组织学习数字化校园理论 组织对第一阶段进行反思,并形成文字 交流第一阶段的研究成果 讨论第二阶段的研究措施以及实施方案	邱健�
2013 年 4 月—2013 年 9 月	再次对学校数字化的建设与应用进行调整,并适当调整研究	对软硬件条件进行调整	邱健筠
2013 年 10 月—2013 年 12 月	构建全新的数字化系统,服务学校的现代化管理体系,并在其他学校进行推广	在长期实践的过程中,逐步建立一套全新的数字化系统服务学校的现代化管理体系	邱健筠

第十五节 《数字化校园网的建设与利用研究》结题报告

一、课题的研究背景

随着信息技术的日益发展及其在全球范围内的越来越广泛的运用，数字化校园网正逐渐走入校园，高校已基本建成了以高速校园网为核心，以学术研究、网络教学、信息资源、社区服务和办公管理为功能，以开展远程教育为辐射功能的数字化校园。相应的各中学也逐步建立起了自己的校园网络，数字化技术的运用不断的渗透到校园的日常学习、生活与工作之中。面对集计算机技术、网络通信技术为一体的数字化校园，如何建立健全与之相适应的校园文化，或者说如何更好地让数字化校园的建设适应校园文化建设的需要，就已经成为摆在我们面前的重要课题。

数字化学校是一个全新的概念。在美国等发达国家，几乎所有的中小学校，都有近80%的教室已与因特网连通，约90%的学校建成了无线网，少量学校达到学生人手一机的水平，已经基本上完成了由传统教育向基于数字平台教育的转变。然而在我国，数字化学校的建设才刚刚起步。我们认为，素质教育如何体现信息时代的现代教育特征，是能否实现教育现代化跨越式发展，具有理论和实践意义的问题。建设数字化学校，培养具有良好信息素养、能适应数字化社会需要的人才，是符合教育现代化的发展方向的。建立一大批能够提供基于数字化平台教育的学校，将为中国的教育现代化打下坚实的基础。

二、核心概念界定

本课题的核心概念是“数字化校园”。数字化校园是以数字化信息和网络为基础，在计算机和网络技术上建立起来的对教学、科研、管理、技术服务、生活服务等校园信息的收集、处理、整合、存储、传输和应用，使数字资源得到充分优化利用的一种虚拟教育环境。通过实现从环境（包括设备、教室等）、资源（如图书、讲义、课件等）到应用（包括教、学、管理、服务、办公等）的全部数字化，在传统校园基础上构建一个数字空间，以拓展现实校园的时间和空间维度，提升传统校园的运行效率，扩展传统校园的业务功能，最终实现教育过程的全面信息化，从而达到提高管理水平和效率的目的。

目前，对数字化校园的理解还没有统一的看法，比较流行的有下列几种：

(1)“数字化校园”从广义上讲就是指学校的信息化。数字校园工程将通过建设宽带多媒体信息网络、校园地理信息系统等基础设施平台，整合学校信息资源，建立电子校务、电子教育、远程教育保障等信息系统及信息化班级，最终形成一个体系完善、功能健全、组织有序的数字信息体系，从而逐步实现校内育人环境和部分社区教育环境的信息化。

(2)“数字化校园”是指以网络为基础，利用先进的信息化手段和工具，实现从环境、资源到活动全部数字化，在传统校园的基础上，构建一个数字空间，拓展实现校园的实践和空间维度，提升传统校园的效率，拓展传统校园的功能，最终实现教育过程的全面信息化，从而达到提高教学质量、科研和管理水平与效率的目的。

(3)“数字化校园”是以数字化信息为依托，支持学校教学和管理信息流，实现教育、教学、科研、管理、技术服务等校园信息的收集、处理、整合、存储、传输、应用等，使教学资源得以充分优化利用的一种虚拟教育环境。

(4)“数字化校园”是利用计算机技术、网络技术、通信技术对学校与教学、科研、管理和生活服务有关的所有信息资源进行全面的数字化;并用科学规范的管理对这些信息资源进行整合与集成,以构成统一的用户管理、统一的资源管理和统一的权限控制,把学校建设成面向校园内,也面向社会的一个超越时间、超越空间的虚拟大学。

数字化校园网的建设主要包括以下几个方面:

(1) 建设一个为全校提供服务的数据中心,包括主机托管、虚拟主机、应用服务、数据存储服务、数据备份服务、数据安全服务等。

(2) 提供网络基础服务。网络基础服务是数字化信息流动的基础,包括 Web 服务、电子邮件传输、文件传输、域名服务、身份认证以及目录服务等。网络基础服务还包括应用支撑系统,即办公自动化系统、教务管理信息系统、学工系统、校园一卡通系统、网络教学系统和数字化图书馆系统等,信息服务系统是校内用户的主要应用界面,为师生提供各种服务,如信息交流、信息查询等。

(3) 建立全校统一的电子身份认证体系,并使用统一的电子身份体系为各种网络应用系统服务,使全校用户在所有的网络应用系统中都使用唯一的电子身份。

(4) 建立严密的网络安全体系,保证校园网络的安全,保证关键数据、关键应用的安全以及关键业务部门的安全,实现校园网络及其应用系统的安全高效运行。

(5) 建设面向校内外的信息门户网站,及时发布学校各类信息,针对社会公众和校内师生提供不同的信息服务和进入相应校园信息管理系统的入口。

(6) 建立标准规范体系,包括管理规范、实施规范、维护规范等,这是保障数字化校园系统安全可靠运行的条件。

数字化校园网的建设对学校的发展尤为重要,然而绝非一日一事之功,需要在有力措施的保证下,高瞻远瞩、理清思路、统筹规划、逐步实施,如此数字化校园建设才能日臻完善。

三、课题研究的目标

数字化校园建设是一个系统工程,是一个动态的、不断完善的过程,硬件建设与软件建设同步进行,重点研究在校园网建设已基本完成的基础上的软件资源建设即数字化资源的功能化与服务上,尤其是对学校教育教学管理和学生学习过程的数字化管理,最终提供一个开放的、社会化的学习与研究环境,实现学校管理的现代化。

四、课题研究的主要内容

构建完整的“数字化校园”网络管理体系,为学校的教育教学管理搭建平台。

构建数字化网络环境下新的教师专业成长、学生综合评价、教育教学研讨、学校管理新模式,促进学校、教师和学生的共同发展,形成高效的学校发展体系。

构建全新的数字化系统服务学校的现代化管理,包括:

(1) 教育教学保障系统:学生学籍管理系统、选课系统、学习过程管理系统、多媒体教室智能化管理系统。

(2) 教科研管理系统:教学科研发展评价体系、教师专业成长体系、教师考核和继续教育资料管理系统。

(3) 校务公开信息化系统:数字化行政办公系统、网络安全管理系统、教学资源管理系统、学校后勤保障管理系统。

(4) 家校联系系统:家校通讯系统、家庭教育管理系统。

五、课题研究的具体措施

1. 加强学习,提高对教育信息化的认识。

数字化校园的建设首先是教育理念、教育体制、教学模式的变革,其次是在现代教育理论指导下的硬件建设、资源开发、多种应用系统的建设等。为此,我们注重学习理论,加强对数字化校园本质的研究和认识,并将全新的教育理念渗透在全体教育者、受教育者及相关者的日常工作中,逐步取得教师、学生和社会各界人士的认可。

教育信息化潜在的功能和作用,只有在具体的教育教学实践中才能体现,才能提高和发展。为此,大庆路小学不断加强现代信息技术教育工作的理论学习和实践研究。为丰富教师信息技术教育的理论基础,不断更新教师的教育观念,学校经常向教师推荐了许多现代教育理论书刊。学校还先后组织教师到扬州、苏州等地的学校参观、学习,并先后多次聘请连云港市电教馆的专家来校指导,为学校的课题研究活动建构充实的理论框架,促进了教师先进教育理念的不断内化,增强了教师运用现代信息技术进行课堂教学改革实验的意识和能力。

2. 加强领导,科学规划,注重数字化资源的建设研究。

现代教育技术和教育信息化是教育改革和发展的制高点,是全面实施素质教育,改革人才培养模式的时代呼唤,只有予以充分的认识和高度的重视,才能确保其在学校工作中的优先发展地位。

(1) 总体规划,分步实施。

学校牢固确立"注重内涵发展,不断提升现代化水平"的发展思路,并且把现代教育技术和教育信息化工作作为推进学校整体工作的重点工程,优先考虑,优先发展。

为了根据学校的实际情况建设校园网,学校会同连云港市电教馆的领导和一些网络公司的负责人,共同商讨校园网发展大计,详细参考了其他学校校园网建设方案,制定了学校发展规划。

按照"整体规划,分层推进,量力而行,不断完善"的原则,学校在普及运用常规教育媒体,积极开展信息技术教学,全面推进计算机多媒体辅助教学的坚实基础上,确立了以"数字化校园"为核心的教育信息化发展构想,即:力争通过两三年时间的努力,初步创建计算机和网络教育技术平台,建构共享、开放的信息资源库,实现与外部世界的即时、广泛的联系,拓展和丰富学习环境,并支持多媒体网络教学、图书资料情报查询、自动化办公、教育教学现代化管理等,创设一个充满学习信息的数字化校园。

(2) 健全组织,统一管理。

为增强信息化工作的推进力度,学校及时构建了推进教育信息化工作的三个层面的管理体制,即:①领导层面:由校长、分管副校长、专职教师等组成的领导小组,负责整体规划协调,并制订相关制度。②管理层面:教导处、教科室和总务处等部门按各自职能,突出抓好教育信息化的推动工作。学校还专门设立了"信息技术处"这一网络管理中心,配备精干力量,成为网络系统管理员,负责整个校园网的运行和维护,同时,成立一支网络信息管理员队伍,负责各个支点的维护以及某一版块内容的及时更新,学校不定期地召开网络管理员会议,加强新技术学习、交流管理和维护经验,使得校园网能稳定地正常的运行。③参与层面:全体师生努力学习、掌握现代信息技术,成为学校信息化建设的积极参与者。

(3) 多途径充实资源库。

近年来,学校根据使用需要,不断增加投入,精心选购相关软件资料。同时,还鼓励教师根据各学科的教学需求,从网上下载教育信息,归类入库,交流使用。学校也经常组织教师开展自制多媒体课件的评比活动,鼓励教师设计多媒体课件,从而积累了一大批高质量的、精美的课件,既提高了教师制作课件的积极性,又提高了信息教育实验课的质量。

目前,学校在已有计算机设施设备的基础上投入近20万元,进行了校园局域网的设计与架构,将计算机教室、微格教室、多功能室、各办公室和所有教室的全部计算机实现联网,并通过网通公司接入了宽带,为师生学习网络知识和技术、检索教育教学信息资源提供了方便。

3. 加强培训,注重人力资源建设的研究。

学校对全体中青年教师开展以计算机知识和技能为核心的培训活动,并把计算机应用技术列入教师必备的教学技能范畴。我们以校本培训为主要形式,每周四下午,坚持对教师进行计算机技术培训,并组织参加各级各类的考核,提高培训的针对性和实效性。

六、课题研究的实施途径与方法

1. 文献法

通过各种渠道搜集"数字化校园网"建设的相关资料加以研究,把握国内外研究动态,借鉴已有的研究成果和经验教训,找到新的生长点,防止重复研究,避免和少走弯路,为课题研究提供理论框架和方法论。

2. 调查法

调查连云港市小学阶段数字化校园网的创建情况,分析存在的问题,寻找症结所在,以期获得真实可靠的数据,为课题的研究奠定基础。

3. 实验总结法

本课题研究将以大庆路小学作为研究的样本,组织课题组成员积极参与各子课题研究,通过实验研究,总结取得的成绩,反思存在的不足,为数字化校园网的推广做出贡献。

七、课题研究的结论与成果

1. 课题研究的结论

(1) 学校管理精细化

教育现代化让我们认识到现代化的"形",而精细化的管理更让我们体会到教育现代化的"义"。数字化的管理目的明确,善于全面发现、整合教育资源,最大限度地发挥人的积极因素,进行动态运筹策划,有效应对管理危机,以实现管理效益的最大化。数字化设施为学校的精细化管理提供了平台。目前,学校实现了校务办公智能化、教务管理网络化、安全管理立体化,并且已形成整套的操作模式。

①构建提升师生内涵的"精神家园"

教师队伍建设是学校师德建设的核心内容,是提升教师生命成色的主要载体,师德是教师生命成色的主要标志。作为学校的管理者,在抓教师队伍的建设中,校长必须紧紧围绕"立德树人"这一主旋律,为教师建立了一个"精神特区"。"特区之特不是特权,而是教师不同于其他职业者，他的思想言行不能有一点污渍，否则就会污染学生，影响教师的人格修养。”（衡水中学校长李金池语）笔者以为，一所学校就是一个大家庭，教师之间，师生之间需要的是一种关爱，一种精神的抚慰，与“精神特区”相比，“精神家园”更为贴切，因此，笔者的管理目标是用“大爱文化”将学校构造成为提升生命成色的“精神家园”。为此，我们将“精神家园”的构造要求细化为与教师的日常教学、与学生的每一天密切相关的一个个具体的教育教学行为，如一个眼神、一个动作、一句话、一个决定。要求全校每一位教师能做到和蔼可亲的公平地对待每一个学生，面带微笑地面对每一个学生，为此我们开展了一系列常规教育活动：“感动校园”讲述身边的教育故事、“后进生帮扶工程”后进生的转化实施计划、“校园名师工作室”、“新老结对帮扶计划”等，让每位教师用温暖的慈怀，博大的胸怀，无私的襟怀，彰显人梯的情怀，用学生的点滴进步和健康成长来折射出自己生命的光彩，让学校成为提升其生命成色的“精神家园”。

②构筑提高管理者素养的“研习乐园”

巴尔扎克说过：“一个能思考的人才真是一个力量无边的人。”只有始终站在思想前沿的校长，才能引领教育的潮流，才能打造一流的学校。笔者认为，作为学校的管理者，应是“学者型的管理者”，又要是“管理型的学者”，两者都是“首要”，缺一不可。那么，如何才能成为始终站在思想前沿的“学者型的管理者”和“管理型的学者”呢？笔者以为，提高管理素养的“研习”尤为重要。

首先应该是学习：这是智慧管理的必经途径。富有智慧的管理者总是让学习成为自己和被管理者的一种增长智慧的渠道，一种生活态度，一种生活方式。通过不断地学习，保持与外部世界的交互作用，获得教育精神营养，这是增长教育智慧的重要方式。网络技术的发展更为这种学习提供了很大的方便。教育现代化实现了四级网络公共服务体系，积累了广博的学习资源，为教师的网络学习博览群书提供了方便。通过与大师微博，通过网络互动，主动攀高亲，结远缘来提高自己。其次是研究：这是智慧管理的行为方式。学会研究，关注教育的每一瞬间，研究教育的每个现象；关注每个教师的成长。研究教师的专业发展，使教师在教育中享受生命的光彩；关注学校的发展，打造诚信校园、书香校园、数字校园。在师生中倡导以爱育爱、以人立人，倡导学会理解、尊重、激励、欣赏，共同建立富于诚信、富于仁爱、富于进取、拥有高尚文明的道德文化中心；打造书香校园，使读书成为人的最高尚的休闲方式；营造书香校园，进而成为品行高尚、举止文雅、远离俗气的文明人。

③打造促进师生成长的“数字校园”

“数字化校园”建设是指利用计算机、多媒体、网络等技术，将学校主要的信息资源数字化、网络化，并实现数字化的信息管理方式和沟通传播方式，从而形成高度信息化的人才培养环境。数字化校园倡导的是学校建设有符合相关标准的，具有一定开放性、扩展性并能彰显个性的数字化校园平台，实现教学、科研、管理及服务的信息化。配备操作简单的图表书、实验、计算机管理、学籍、教务、财务管理等软件。另外学校突出个性化资源建设，整合优质资源，构建开放性的校本资源库。教师在现代教育理念的科学指导下，积极利用信息化手段开展网络环境下的教学，优化教学设计，创新教学方法，提高教学效率，实现信息技术与学科教学的有机整合，教师有效地利用电子白板开展教学。教师利用网络对学生知识技能掌握情况进行检查反馈，对学生学习成绩实行计算机动态管理。教师充分利用网络资源开展教研活动，并积极开展校内外网上研讨交流。开设教育博客，通过博客实施教育研讨，通过博客沟通家校联系。构建三位一体的教育体系，提高教育教学的效率。

第一,建设管理性能强的校园主页,搭建校园管理平台。目前学校实现校务管理、教师专业成长、学生综合评价等平台,以丰富的教学资源、精品课件、活动成果为学生提供多元化的网络环境,让教师、学生、家长和社会各界一起了解学校的发展,分享现代化带来的成果。

第二,开设学校的"教师博客群"。教师博客是一个师生沟通、家校联系的平台,教师可以通过这个平台与学生、家长开展一些问题的学习交流和情感互动。学生和家长都可以对论坛的帖子和教师博客的帖子发表自己的意见,从而促进了教师与学生、学校与家长之间的交流。

第三,建立班级主页。目前学校的所有班级均建立了班级主页,我们因势利导,鼓励学生在班级主页中就学校管理话题展开讨论,就和谐学校、绿色学校建设提出意见和建议。通过这些新颖快捷、学生喜闻乐见的形式进行交流,师生关系平等融洽,学生参与积极性高,更容易产生心理共鸣和情感认同。

第四,用好"校信通"。"校信通"是学校与家长联系的一个有效渠道,学校充分利用这一现成资源,安排专人负责定期通过"校信通"向家长发送学校的工作安排和通知等,让家长在第一时间了解学校的情况以及自己孩子在学校的表现。

(2) 教师成长专业化

教育的关键在于教师,教师专业水平决定教学质量的高低。优化教师队伍建设、提高教师的专业水平是教育现代化的重要指标。学校在完善教育现代化硬件配置的基础上,突出数字化技术在教师成长及学校管理中的应用,走出了一条彰显个性的发展之路。学校全面实施数字化管理,完善教师网络教研系统、教师专业成长系统、教师教学反思系统、教师绩效考核系统等应用模块。现代化的设施、网络化的教育、数字化的管理完善了学校现代化发展体系,促进了教师的专业发展。

①"云教研"支持的网络备课

传统模式下的教师备课是由教师个人独立完成的,体现不出教研的团队协作。大庆路小学与徐州华网软件公司联合开发网络教研系统,提供云存储的教育资源,同时将传统的电子备课与网络研讨有机地结合起来。引导教师采取"独立主备、分色复备、专家点评、择优应用"的模式。即教师把自己主备教案上传至学校的网络备课平台上,同教研组的其他教师在规定的时间内登录系统,运用批注的形式在原来的备课上进行不同颜色的批注,教师把自己的教学思想及教育理念融入原来的备课当中,实现网络化的二次、三次的复备,最终由同年级同学科的教师共同完成本章节备课任务。学校再邀请校内外学科专家登录网络,对教师前期的备课用专用色进行点评,提出修改意见,最后由任课教师结合自己班级的实际选择合适的备课内容以完成教学。这种备课方式不仅打破了过去传统备课的单一性和投机性,而且减轻了教师的工作负担,更主要的是能集中同学科教师的集体智慧,实现真正意义上的网络研讨,提高了备课的实效性,提升了教师的备课效率,真正实现了网络化的"云教研",有利于教师的专业成长和发展。

②"云教研"支持的自主研习

"云教研"为教师的培训研习提供了平台,它整合了分布式学习、移动学习、网络学习等多种学习方式。不同的学习需求,可以有不同的"云"学习方式,满足学习需求的灵活多变。教学中先进的教学思想,课程改革的理念,学科典型课例等都能在智能化的"云"学习平台中找到。另外"云教研"环境下的学习需要学习者主动去构建学习方式,主动去设计,主动去参与。有同样需求的教师围绕相同的目标汇聚在一起,构建了学习共同体,这也是"云教研"的特点之一。

大规模大范围的人群参与、创造和传播，使学习效率和学习价值最大化，这才是“云教研”的真正价值。目前学校使用的华网智能学习平台还可以方便广大教师进行资料积累，结合学校的实际，列出“名家视野”“学科菜单”“素材导航”等栏目，为教师转载大量的理论知识、典型课例、教学课件，让教师在最短的时间内了解、学习教育教学改革的最新动态，便于教师自主学习应用研讨。“云教研”系统中多样的学习方式、丰富的教育资源、便捷的查询方式让教师处理信息的能力得到很大的提高。这不仅提高了教师的工作效率，也提升了教师的职业幸福感。

③“云教研”支持的校本研讨

“云教研”环境中提供按需所求的特点，有着强大的应用服务功能。包括网络研讨、视频会议、教学反思等研究平台，像“菜单”一样供教师“点”用。青年教师刘某课堂教学效率不高，他便利用学校微格教学系统多次自主录课，然后再回放观摩，又和资源管理系统中的优秀课例进行对比，思考自己课堂教学中存在的问题，反复的磨课、演课、反思，终于让其找到了解决问题的方法。学校教师可利用学校的视频会议系统，邀请省、市教育专家进行会诊，找出教师课堂教学中的误区，教研专家结合具体的课堂实例提出自己的修改意见，对广大教师起到十分重要的指导作用。许多教师不用外出就能利用平台与专家对话，与教育名师进行网络交流，聆听专家的教诲，学习名家的经验，对教师的成长起着非常重要的促进作用。为了提高教师对“生态式建构课堂”的理解与认识，学校构思了“汇报展示式”教研形式。即以学校年级组为单位，运用“云教研”系统中的开放互动空间功能，围绕主题先由年级组内部进行互动，把查询的资料保存在自己的存储空间上，然后每个年级各推出三名教师与其他年级进行空间互动，对别人的观点进行点评，肯定其优点指出其不足，最后学校利用周二的业务培训时间，由各个级部推选出来的一名教师进行集中展示，学校利用录播系统进行全程录像，并通过视频会议向外传送，邀请市、区教研部门的相关专家进行评议，评出最优秀的教师。

④“云教研”支持的互动课堂

“云教研”提供互动应用功能，丰富的教学资源，可以便捷实现课堂的互动，“云教研”所提供的一切服务对用户端的设备要求很低，学校师生可以使用原有的普通电脑、智能手机就可享受“云教研”服务。“云教研”提供了丰富的课堂教学模式，而微格教学就是“云教研”的呈现方式之一。大庆路小学借助“云教研”平台中媒体采集工具，对教师课堂教学网络化处理，实现教师教学技能训练和教学过程进行回放评价。目前学校的教师利用微格系统进行录课、辩课、演课，教师把精心准备的课堂教学内容在微格教学中呈现，其他的教师或学生利用电脑、IPAD、智能手机等终端在异地进行同步听课、评课，学生也可以实行异地授课。学校借助“云教研”平台曾与“长三角优质资源共同体”的结对学校浙江临海小学、上海平凉路小学进行课堂视频传输，与帮扶的朱麻小学实施过微格网络教学，实现了资源的真正共享，取得了明显的成效。同时，微格教学还可以实现同步实录的过程，不同地域的教师有问题提出，其他在线教师就会立即进行解答，这种交流研讨的方式突破了时间和空间的限制，降低了交流的成本，提升了教研的效率。“云教研”方式下的互动课堂丰富了课堂教学形式，提高了教师课堂教学技能，提升了教师信息处理能力，促进了教师专业发展。

⑤“云教研”支持的教师交流

“云教研”的开放共享性为教师的沟通交流提供了平台，传统的教师交流大多是面对面式的交流，这种交流方式远远不能满足教师沟通的需要。教师需要与外界交流才能促进其成长，而“云教研”环境中移动通讯技术为教师的交流反思提供便捷。在传统教育博客及论坛基础上,教育微信、维基(Wiki)等又成了“云教研”时代新的宠儿。

教育博客作为表达个人思想、教育成效、教育感受的平台,深受教师们的喜爱。但教育容易受到网络的限制,在网络覆盖不到的地方就没法使用。而教育微信就克服了这个不足,基于移动通讯技术的教育微信可以传送图片、视频与短信,支持群聊等功能,系统的语音功能方便教师随时随地进行语音沟通,由此派生出来的微信论坛更可以围绕一个主题进行专题交流,不再拘泥于传统的因特网和PC机器,方便教师进行交流。

Wiki,又称“维基”,是一种超文本系统,它支持面向社区的协作式写作交流,同时也包括支持这种写作交流的辅助工具。Wiki使用方便及开放互动的特点,可以帮助我们在一个社区内共享某领域的知识。相对于传统网站提供的E-mail、BBS以及聊天室等功能,Wiki站点更强调团队的合作,这给教育交流提供了一个良好的协作环境。Wiki应用在教学中,既可以作为学习资料的来源,又可以成为师生网上学习交流、协作共创和问题解决的环境。

(3) 学生发展自主化

教育的目的是培养社会发展的人才。大庆路小学利用数字技术在学生成长方面也做了大胆的尝试,尤其是在学生综合评价系统、学生自主学习系统、家校沟通系统、师生资源系统等方面取得了成效。真正实现了教育走出校门、走进社区、走入家庭的目标。

①数字环境下的“翻转课堂”。“翻转课堂”顾名思义就是反转式课堂教学模式,就是把在教室里的教学模式完全翻转过来,把教师的教学内容搬出到教室外。教师在课前录制教学短视频,提前布置让学生通过网络学习,学生遇到问题也可以在线与教师或同学研讨商量,并把以前学生在家独自做的作业,搬到教室里面来进行,让学生跟其他同学和教师一齐来互动与讨论。数字技术使“翻转课堂”的教学模式变得可行和现实。学生可以通过网络去使用优质的教育资源,不再单纯地依赖授课教师去教授知识。而课堂和教师的角色则发生了变化。教师更多的责任是去理解学生的问题和引导学生去运用知识。翻转课堂是一种手段,增加了学生和教师之间的互动和个性化的学习时间,这种模式下教师有更多的时间来帮助学生,对其解释难以理解的概念。另外学生课堂的内容得以永久存档,可用于学生的复习或补课,更是学生独立学习的具体体现,让所有学生都能得到个性化教育的学习。教师可以再次解说学生不懂的地方,当学生看视频,发现问题时,就记录下来,教师在教室时,会检查学生的问题,并加以解说。学困生可在教室中得到教师更多的帮助,以提高学生学习的整体质量。

②共享数字环境下的学习资源。这是学生利用网络学习最多的一种方式。由于课内学习的时间有限,所学内容距离现实比较远,学生就可以借助网络将课内所学知识延伸到课外,辅助学生进行学习。网络虽然不能完全取代图书馆,但网络的确有图书馆所不具备的功能,如资料查询的快捷、资源整理的便利等都优于图书馆。例如学校建设的学习资源查询系统。学校将教师的备课、学科学习的相关素材通过学校的资源系统向学生开放,学生可以自由地查阅学校资源库中的资源用于学习,并且不受是否在校的限制。学校的图书管理系统更为学生的网络阅读提供了便利,学生学会网上查询,提高了自身搜集、筛选、处理、应用信息的能力。学生在教师指导下积极利用网络环境开展自主学习、合作学习、探究学习,在教师指导下积极主动地开展网上交流,实现教育资源共享。学校电子阅览室、多媒体网络教室等设施,为学生的自主化学习提供便利。

③数字环境下的自主探究。主要是指以网络为载体,以学生为主体,学生自主探索、发现新知的过程。通过网络学习,提高学生发现、吸收新信息和提出新问题的能力,最终培养学生

创造性地解决问题。在这种学习的环境下，媒体也不再是帮助教师传授知识的手段、方法，而是用来创设情境、进行协作学习和会话交流的认知工具。网络技术的应用，极大地拓展了教育的时空界限，使学生学习选择的自由度大大提高了。学生可根据所作出的猜想，利用教师创设提供的内容丰富、信息量大，交互功能强的网络资源和必要实物、学具，在小组学习中动手操作，动脑思考，动口表达、探索未知领域，寻求客观真知，在这一过程中，学生自始至终地参与探究，是知识的发现者，由学生通过网络访问教师放置在网络资源库上的资料进行自主学习，明确学习目标，学生带着问题独立地通过网络随机进入教师设置的学习环境中，探索问题的解决方法，而教师则是学生探究过程中的指导者，要注意引导学生正确利用网络学习，注意培养学生思维的独立性和创造性。

④数字环境下的学习交流。这是学生自主学习常常用到的沟通方式，由于课堂时间有限，许多问题不能深入开展，学生与学生、教师与学生之间的交流不够充分，而网络能弥补课堂的不足，学生通过人机协作进行自主探索的同时，可以通过网络进行各种形式的协作学习，还可以通过网络将各自学习的结果进行网络交流。它不但提供了师生进一步交流的渠道，还能使交流变得平等融洽，减少了学生的心理负担。学生交流沟通平台立足培养学生的交际能力、合作能力，给学生广阔自由的互动空间。如指导学生建立学习博客，学习博客就是一个以学生学习为主题的教育网页，利用互联网新兴的博客技术，以文字等方式，学生将自己日常的生活感悟、学习心得、优秀学习资源进行上传，超越传统时空的局限制，促进学生的个性发展，并让别的同学共享知识和思想、记录成长的轨迹。学习博客的产生，为学生在网络上安置了自己的家，学生可以在空闲时来经营这个家，别人也可以在博主的同意下去这个家访问。

学习博客可以提高学生的自主学习能力，提升自主学习的效率。例如：对学习资料的收集，每一位学生在完成学习任务的时候需要大量的教育资料，这些资料大多都是纸质的，在过去只能是去图书馆进行查找，而且受时间及空间的限制，这些资料内容都是不完整的，更无系统化可言。而学习博客的出现，使学生可以及时将自己需要的资料进行归纳，分门别类地在博客上存储，既可以提供给别人借鉴，发表评论，又可以方便自己使用。学生博客作为学习教学辅助工具，为学生的学习提供了极大的便利，使学生的思维方式和学习习惯发生了较大的变化，加强了同学之间的交流和协作，达到共同提高的目的。目前，学校建立了自己的博客，广大师生通过网络进行自由阅读，还将自己的感受以回帖的方式进行反馈，提高了学生的学习效率。

⑤数字环境下的多元评价。大庆路小学结合学生成长的特点，率先建设了学生的综合评价系统。教师把学生的思想状况、学习成绩、品行表现等通过综合评价系统有条件地反馈给家长，让家长及时了解学生在学校的表现情况，促进了学生的全面发展。基于网络环境下的学习评价是教学中的一个重要环节，评价的目的在于判断学生的知识成长状况，为适应学生个性特性提供决策依据。以尊重学生自己的学习个性和持续发展为出发点，不同的学生应该有不同的标准，不仅包括知识内容，还包括学生的参与和对问题解决的贡献情况。在网络学习中应该实施真实性的评估，采用和学习目标、学习安排、学习方法一致的多元化方法来评估学生的学习、成就、动机和态度。真实性评估强调将评估活动带入学习中，从纵向了解学生的学习状况，有利于客观、全面地评估学生。学校可指导学生建立网络电子成长记录袋，采用自评、生评、师评、家长评相结合的方式进行评价，学生既是评价对象又是评价主体，创造了积极的学习气氛，获得了成功的情感体验，增强了主动参与网络环境下的学习信心。

此外,学校已成为首批“江苏省数字化学习试点校”,依据“长三角优质资源平台”与浙江临海小学、上海平凉路小学结成共同体,共同推进学校的跨越式发展。

2. 课题研究的成果

(1) 论文发表

论文题目	刊物名称	发表时间
《基于网络环境下教师专业发展评价系统的构建与实践》	《教育信息技术》	2013年9月
《基于“云教研”环境下教师专业发展的实践与思考》	《教育信息技术》	2013年7月—8月
《数字化环境下教师专业发展途径探索》	《教育信息技术》	2013年7月—8月
《数字化校本教研实施策略初探》	《教育信息技术》	2013年7月—8月
《“云教育”环境下的教师专业成长策略》	《基础教育参考》	2013年7月
《数字技术应用于教师专业发展的实践与思考》	《基础教育参考》	2012年9月
《数字技术应用于教师专业发展的实践与思考》	《中小学电教》	2012年5月
《基于网络环境的教师专业化发展途径》	《中国教育信息化》	2011年10月
《数字技术应用于教师专业发展的实践与思考》	《江苏教育技术》	2012年4月
《将数字技术应用于教师专业发展》	《连云港教育》	2012年3月—4月

(2) 论文、案例获奖

获奖论文(案例)题目	获奖名称和等次	颁奖单位	获奖时间
《数字技术应用于教师专业发展的实践与思考》	全国中小学数字化校园创意与实践大赛二等奖	教育部教育管理信息中心	2012年11月
《数字技术应用于教师专业发展的实践与思考》	二等奖	江苏省电教馆	2012年12月
《数字技术应用于教师专业发展的实践与思考》	三等奖	江苏省“教海探航”	2012年11月
《后现代化时期学校的精细化管理》	三等奖	江苏省教科院	2011年11月
《数字技术应用于教师专业发展的实践与思考》	入选论文集	江苏省教育学会	2012年5月
《网络环境下教师专业成长途径的实践与思考》	二等奖	江苏省教育学会	2011年12月
《基于“云教育”环境下的教师专业成长策略》	二等奖	连云港市教科所	2013年5月
《后现代化时期学校的精细化管理》	一等奖	连云港市教研室	2012年11月
《数字技术应用于教师专业发展的实践与思考》	优秀论文	连云港市教育局	2012年5月
《网络技术助推教师专业发展》	一等奖	连云港市教育学会	2012年11月
《后现代化时期教师专业化发展的途径》	一等奖	连云港市教育学会	2011年11月

(3) 讲座

内容	组织单位	时间
网络时代校长管理能力的培养和提升	连云港师专	2012 年 10 月
教育博客应用	连云港市电教馆	2012 年 11 月

(4) 表彰

表彰名称	表彰单位	表彰时间
市"名校长"	连云港市教育局	2012 年 4 月
市"优秀教育园丁"	连云港市教育局	2011 年 9 月
市教育现代化建设先进个人	连云港市教育局	2010 年 12 月
市教育信息化和装备管理现代化应用先进个人	连云港市教育局	2010 年 12 月
教育现代化创建工作先进个人	连云港市教育局	2011 年 3 月

八、课题研究中存在的问题或不足

在研究过程中,我们也发现存在着以下问题:

(1) 数字化校园平台系统如何更有效的贴近校园生活,在数字化校园文化建设中,主要活动的对象是学校师生员工,数字化校园的建设应当从规划上满足"人"的需要,实施中切合"人"的实际,才能真正融合于校园长期积淀而形成的文化氛围之中。

(2) 数字化资源的优化利用在一定程度上不够合理,如教师普遍觉得应用数字化资源进行教学所需要的准备工作量过大,如果面对的一座宝山而不能取而用之,那这座宝山也就没有多大价值了。

(3) 数字化校园建设中存在"重硬轻软"、协调度与融合度不足的问题,学校在选择数字化产品的时候就面临着产品个体与数字化校园整体的协调与融合,如何进一步整合,形成统一的、合理的数字化校园配置,还是一个值得深思的问题。

第十六节　数字化校园建设与应用研究

大庆路小学创建于 1989 年,是连云港市新浦区的一所省级实验小学。56 名教师承担着 19 个班千余名学生的教育教学任务。学校呈园林式结构,漫步校园,三进庭院,教学楼、办公楼错落有致,雕塑、假山、亭阁、花坛等小品点缀其间。校园文化精致细腻,富有教育性感染力。学校以创建教育现代化为契机,以数字技术为切入点,突出教育信息化应用;以精细管理为突破口,强化过程管理;以课堂教学为中心,彰显生态课堂效益。努力提高教育教学质量,全面实施素质教育。

一、研究方向和主要内容

区域现代化创建成功之后,高水平的教育现代化又摆在了我们的面前。高水平现代化的特征就是"应用"。根据学校的发展要求,结合自己的实际条件,笔者确立了近几年自己的研究方向为"数字化校园建设与应用研究",重点是运用数字化技术实施学校的精细化管理。具体内容包括“教师的专业化发展”“学生的自主学习”和“数字环境下学校的精细化管理”三个方面。

本项研究,首先是为学校的现代化管理提供样本,为学校的精细化管理提供保证,也引领着高水平教育现代化发展的方向。其次是为广大教师搭建一个专业化成长的平台,让教师充分利用网络技术着力提升自己的专业化水平。再次是为学生创设一个开放的学习平台、一个较完善的学习环境,培养学生主动学习的意识、终生求知的能力,促进学生身心健康、全面发展。

二、研究的基础条件及取得的相关成果

1. 研究的基础条件

大庆路小学虽然建校时间不长,但发展迅速。尤其是实现教育现代化以后,学校的数字化管理和信息化应用已经形成特色。现代化的设施满足了信息化发展的需要,数字化的应用为学校的跨越发展提供保证。主要包括:

(1) 硬件设施

学校目前已经建设先进的校园网络,带宽满足教育教学需要。目前已经完成的硬件有:多媒体网络教室、多媒体微格教室、多媒体制作中心、电子图书阅览室、四星级网络中心、视频会议系统、安全监控系统、网络电视传输系统。“班班通”的多媒体设施,学校有线无线网络系统满足数字化校园的所有需求。学校专用教室达到江苏省教育技术装备一类学校标准。

(2) 软件平台

学校彰显现代化管理气息,建设有办公系统、电子文档系统、安全管理系统、教务管理系统、专用室管理系统等;在教师成长方面建设有网络教研系统、教师专业成长系统、教师教学反思系统、教师绩效考核系统;在学生发展方面建设有学生综合评价系统、学生智能学习系统、家庭学校联系系统、教育资源查询系统等应用模块。现代化的设施、网络化的教学、数字化的管理满足学校现代化发展需要。

(3) 人才团队

学校还有一批信息技术素养高的研究管理人才。负责项目推进的学校主要负责人通过了国家人社部“计算机网络管理师”资格认证,熟悉学校现代化管理和数字化校园的内容,精通网络技术领域的硬软件操作,掌握数字化校园的发展方向。项目组成员信息技术能力强,熟练操作多媒体设备,都有自己的专长。项目组成员还具备一定的科研能力,每一个成员都曾主持过省或市级课题,有着丰富的课题研究经验,为项目的顺利推进提供了人力资源保障。

(4) 保障机制

首先是经费保障。数字化校园的建设已经列入学校的发展规划,现代化的设备已经基本到位,学校每年用于数字化校园的投入达到 20 万元,用于项目研究的专项经费不低于 3 万元/年。尤其是教育现代化学校创建完成以后,本项目研究更为方便快捷。其次是制度保障。学校已经有规范的管理制度用于数字化建设与应用,确保研究取得成效。

2. 取得的相关成果

数字化校园建设与教育现代化应用是一个系统工程,更是一个动态的、不断完善的过程。研究重点应该放在如何应用现有的现代化设备与学校的数字化资源的功能化与服务上,尤其是对学校教育教学管理和学生学习过程的数字化管理,最终提供一个开放的、社会化的学习与

研究环境，真正实现高水平的教育现代化。

本研究已取得的成效主要包括：

(1) 学校管理网络化

教育现代化让我们认识到现代化的“形”，而精细化的管理更让我们体会到教育现代化的“义”。数字化的管理目的明确，善于全面发现、整合教育资源，最大限度地发挥人的积极因素，进行动态运筹策划，有效应对管理危机，以实现管理效益的最大化。数字化设施为学校的精细化管理提供了平台。目前，学校实现了校务办公智能化、教务管理网络化、安全管理立体化，并且已形成整套的操作模式。

(2) 管理手段多元化

传统化的学校管理主要是通过行政手段进行的，而数字化的管理却是科学化的动态管理。数字化技术实现了学校管理由关注结果向关注过程转变，由单一评价向综合评价转变，由静态管理向动态管理转变。学校充分利用数字化中的网络技术，实现网络化的教务管理、立体化的安全管理、数字化的督导评估、智能化的资源管理。

(3) 教师成长专业化

教育的关键在教师，教师专业水平决定了教学质量的高低。优化教师队伍建设、提高教师的专业水平是教育现代化的重要指标。学校在完善教育现代化硬件配置的基础上，突出数字化技术在教师成长及学校管理中的应用，走出了一条彰显个性的发展之路。学校全面实施数字化管理，完善教师网络教研系统、教师专业成长系统、教师教学反思系统、教师绩效考核系统等应用模块。现代化的设施、网络化的教育、数字化的管理完善了学

(4) 学生发展自主化

教育的目的是培养社会发展的人才。大庆路小学利用数字技术在学生成长方面做出了大胆的尝试，尤其是在学生综合评价系统、学生自主学习系统、家校沟通系统、师生资源系统等方面取得了成效，真正实现了教育走出校门、走进社区、走入家庭的目标。

此外，学校成为首批“江苏省数字化学习试点校”，依据“长三角优质资源网”与浙江的临海小学、上海的平凉路小学结成共同体，共同推进学校的跨越式发展。

三、研究内容、技术路线、研究方法以及最终成果形式

1. 研究内容

根据高水平教育现代化的发展要求，结合学校实际，笔者确定了研究的主要内容：

(1) 构建完整的“数字化校园”网络管理体系，为学校的教育教学管理搭建平台。

(2) 构建数字化网络环境下新的教师专业成长、学生自主发展、教育教学研讨、学校精细化管理新模式，促进学校、教师和学生的共同发展，形成高效的学校发展公共服务体系。

2. 技术路线

网络技术促进教师专业发展及学生全面成长。从学校的整体发展出发，立足于“数字化校园”的构建和学校管理的高效性研究。不仅从硬件设施上构建数字化校园，也在原来的基础上对教师进行培训，引导教师和学生参与数字化校园教与学科学管理的建设，建立长效的现代化管理机制。关注整个研究过程中的动态生成，既要相辅相成，又能彼此推动螺旋上升，保证课题研究的时效性和真实性。

(1) 准备启动阶段：通过学习调研，了解并掌握数字化校园建设的标准要求，熟悉数字化

技术给学校的管理与教育教学带来的帮助。确立本校实施数字化校园创建的具体步骤,明确研究的主要内容,即数字化技术在学校管理、教师成长、学生发展等方面的作用。制订详细的实验计划,并结合学校的常规工作,做好推进的准备工作,即确定研究课题为《数字化校园建设和教育现代化应用研究》方案,成立项目研究小组。

相关部门制订落实教育现代化管理研究计划。把“数字化校园建设”与学校现代化管理相结合,制定有效推动学校现代化管理应用方案。

(2) 实验研究阶段:主要是围绕计划进行落实。先从教师的专业成长入手,用四个平台来支撑教师的专业化发展。接着围绕学生的自主学习,用三个平台来进行落实,为学生的个性化学习提供保证。最后围绕着学校的精细化管理这一要求,构建学校管理的网络平台,真正实现数字环境下的学校精细化管理。本阶段的重点就是进行项目论证,完善实验过程,开展相关培训学习,完成研究中期总结和评估。

(3) 成果总结阶段:积极归纳前面的做法,总结出数字环境下教师成长及学生发展的具体做法,通过案例进行总结形成内容具体、运行简单、效益显著的操作模式,并进行推广。可进行项目研究经验交流,归纳总结学校现代化管理的模式以及将相关结果汇编成书。

3. 研究方法

(1) 行动研究法:通过开展一系列有目的有意义的教研教改课、经验交流、专家培训指导等活动,对研究内容实施研究、探索、分析、综合,归纳总结,形成预期成果,达到相应的效果。

(2) 实验研究法:以大庆路小学作为研究的样本,组织课题组成员积极参与各子课题研究,通过实验研究,总结取得的成绩,反思存在的不足,为数字化校园网的推广尽一份力。研究学校中、青年教师的共性和个性,找出问题和不足,进而找到普遍性的问题,针对性地开展研究,形成有指导性的经验和理论。

4. 最终研究成果

《数字化校园建设和教育现代化应用研究》研究报告。

《数字化环境下学校的精细化管理》研究报告。

《数字技术促进教师的专业成长》研究报告。

《数字环境下学生自主发展研究》论文集。

第十七节 网络教育絮语

一、教学新时空

在年前的结束会上,听到了江苏省中小学教研室与江苏省教育厅基教处联合推出的“教学新时空”,出于对新事物的好奇,很快也就在网上找到这个软件,并且进行了安装,接着完成了注册、登录,也算是零距离接触了“教学新时空”。

“教学新时空”其实是个聊天软件,但是它不同于一般的聊天工具。界面和平常大家用的QQ基本上差不多,只不过它的功能增加了许多,尤其是与教育相关的内容:在线直播、资源共享、教学测评、教学视频等,大大地增加了此工具的信息量,这对教育界来说是专用的交流工具。注册的教师可以根据自己所任学科与年级的不同,寻找与自己需求相同或相近的教师进行交流,打破传统意义上时间与空间的限制,为教师更好地获取信息、交流教育教学体会、沟通教育模式等提供便捷。此外,在工具栏上增加了教育博客和教师讲坛等栏目,甚至于还有课表等,更是拓展了教师的交流渠道,应该说这个软件对教师的教学工作会有很大的帮助。

作为一种新的事物,我们应该大力去推荐它,让其充分发挥作用,这一点是显而易见的,但是结合以往的一些做些也会产生一些疑问:会不会"虎头蛇尾"呢?会不会用于聊其他事情?会不会产生其负面的影响等等,可能也算是杞人忧天了,但确实需要正确的引导和监管,否则等问题出来了再来面对可能就有点晚了。

除此以外,这个软件还有资源共享系统、备课集成系统、教育评测系统和语音视频沟通系统,不管名称如何改变,最终的目的还是需要正确的使用,才能发挥作用。笔者非常喜欢"教学新时空"中会议开通这一功能,应该说这是对新的教研模式的最终体现,不同地方的教师,同时参与了某一个话题的讨论,这就是一个简易的视频会议系统,当然如果要保证其效果,还需要音频、视频、网络等因素的支持,真的非常希望相关部门把这个平台使用好,也欢迎各位博友就此话题进行讨论交流!笔者在新时空上的 ID 为 757986。

二、电子白板

前段时间,听说兄弟学校都购买了电子白板,并且已全面应用于教育教学,作为一校之长,觉得还是应该跟上发展的脚步,所以乘着创建教育现代化的东风,大庆路小学也添置了一块电子白板,而且价格还比较低廉。

电子交互式白板(ACTIVboard),顾名思义首先体现在其交互性上,这也是白板优于其他电子教学产品的可贵之处,每天当我们看中央电视台新闻节目的时候,对主持人灵活地使用图片及其他多媒体资源非常地羡慕,电子白板基本上达到了这样的目的。其原理就是通过触摸白板上的点位,通过 USB 的传输,由支持软件进行处理,再通过投影机显示出来。教学者可以通过工具软件,方便地在白板上书写其喜欢的任何内容,况且这些文本内容及图像还可以任意定义。此时可以发挥白板的手写笔功能,提高文本解读的效益。学生在学习语言文字过程中的障碍就是我们教学的难点,运用交互白板这一方面的技术功能,就能帮助学生解除抽象思维、逻辑思维、语言理解表达方面的困难,从而降低难度,使教学中的难点得以顺利突破。还有白板的放大、回放功能,也是写字教学的得力助手 。字也和人一样,有的形体短胖,有的形体高瘦,还有的某一部分倾斜……把握好字形,书写才会美观。教育的真谛就是"引导学生自己去发现"。在写字教学中,为使学生认清字形,我们可以利用白板的大屏幕,引导学生独立观察字形,解析字理。白板提供了一种新的交互方式,较之于过去用黑板加投影展现课堂内容、实现教学效果的情况来看,白板对于实现师生与白板互动、师生互动以及生生互动更灵活方便,更易于操作。

其次是方便易操作性。白板上具备电脑上的所有功能,并且还可以通过漫游的形式进行调整,当我们想找某一资源的时候,可立刻通过调用方式把某些内容调出来,另外,还可以方便教师根据学生的理解程度随时删减或增加课堂内容,而不是像传统多媒体那样来完成课堂教学。交互白板可以更好地激发学生的学习动机,更好地调动学生参与课堂的积极性,有效地实现师生交互。交互白板较之传统课堂教学、多媒体课堂教学、计算机教室教学、网络教学及课外活动等的比较优势是能更好地调动学生参与课堂的积极性。交互式白板的课堂教学有助于评价学生的课堂行为和学习效果。

利用白板可有效地把现代信息技术与课程教学进行整合,辅助教学,优化教学过程。教师的角色发生了变化,由原来的主体变为辅助者,有效地调动了师生的情感参与。同时白板提高了教学效率,彻底用白板代替了黑板,大大提高了学生参与的热情,同时学生的角色发生了变化,由被动变为主动,调动了学生的积极性,提高了学习效率。在这块平台上,我们也可以很方便地完成书写、绘画和擦除这些基本动作。节省了时间也节约了资源。更有利于师生的互动,当然使用产品都会有其局限性,我们在方便使用电子白板的同时,更不能丢弃传统中优秀的教学方式,也许这样才能真正达到事半功倍的效果。

三、数字化校园培训

培训的第四、五天,主办单位安排我们外出去考察学习,这次去的地方是扬州,应该说扬州的自然景色非常吸引人,虽然比不上苏杭的大家闺秀豪气,但小家碧玉的婉约更会让人流连忘返。尤其是扬州提出的"幸福扬州""数字扬州"让人煞羡不已,更有打造的"森林扬州"的思想。但这就是扬州的独特之处,更让我驻足的不是这些,而是我们本次去的重点,考察数字化校园。

在路上我一直思考着一个问题:数字化校园会是什么样的?虽然对这个问题我也曾考虑很久,而且也做了一些工作,但对发达地区的数字化校园还是非常神往,同行的连云港市电教馆老杨用他的专业知识与个人魅力感染着我们这些一线的校长,作为港城信息技术教育掌门人的他在引领着我们前行。老杨安排我们参观了扬州的竹西中学和梅岭小学,这两所学校类别不同、办学条件也有差异,前者地处北郊,但用其竹文化在诠释着"劲节"的含义,后者作为名校更有大器早成之感。两所学校的校长向我们介绍了打造数字化校园的做法,其中将微格教室作为主打产品向我们隆重推出。

说真的,在去之前对微格还没有什么概念,虽然在以前也听说过这些外来名词,我也百度了一下:微格教学英文为 Microteaching,意为微型化教学,又被称为"微型教学""微观教学""小型教学""录像反馈教学"等。它是在 1963 年由美国斯坦福大学 D. Allen 和他的同事 A. Eve 首先开发建立的。他们对传统的教学技能培训方式进行了改造,运用电教手段,系统训练教师的教学技能,逐步形成了微格教学这一培训模式。由于微格教学在对师范生和在职教师教学技能培训方面的高效率和高质量,这种教学训练方法很快推广到世界各地。美国微格教学创始人之一阿伦(W. Allen)对微格教学这一概念是这样定义的:"微格教学是一个有控制的实习系统,它使师范生有可能集中解决某一特定的教学行为,或在有控制的条件下进行学习。"具体而言,所谓微格教学就是指在有限的时间和空间内,利用现代化的录音、录像等设备,帮助被培训者训练某一技能技巧的教学方法。它是一个可控制的实践系统,利用这个系统可使教师的教学更加便捷,也更加实用,尤其是对教室的扩展更是一种很好的范例。所以当我真正走进微格教室的时候,还是有一种震撼,现代化的布置、网络化的设施、高效化的管理让我们赞叹不已。同时我们也在思考着经济基础与上层建筑的关系。看来要想真正建成一座标准化的微格还是需要一定的经济实力,听说目前连云港市只有新海高中一家拥有。

不过在羡慕之后又产生了另外一种想法:说白了这个微格教室不就是一个视频会议系统吗?记得在前年,我们在一次教研活动的时候就曾经试行过这种模式,当时使用的是盗版的软件,音频视频更是市场上最便宜的产品,当时我们在学校建立了一个主会场,在云台的朱麻小学、新海小学、连云港市教科所设立了分会场,利用网络对此次的教研活动进行异地同步研讨。由于当时我们的设备跟不上标准,所以在实际使用的时候视频信号很好但音频信号不太理想,回声的问题一直没有解决好，倒不是技术力量的原因，还是设备的标准不够。从那以后我也一直在想：应该建一个这样的系统，解决教师异地研讨的问题。随后我们又进行了研讨，在最近终于把这个系统进行落实，应该说不久我们也可以拥有自己的微格教室了。

两所学校的另一个亮点是教育博客，应该说我们本地也有好多学校实施了一人一博，最近还要建立微博，这对教师的专业成长大有好处，促进了教学交流，提高了反思的效益。大庆路小学也是开博比较早的学校，目前学校还拥有班级博客，下一步还要推广学生博客，应该说我们学校的现代化程度也不比别人的差，而且也还有自己的亮点东西：教师的专业成长系统与学生的综合评价系统。

两天的行程虽然非常紧张，但收获真的不小，开阔了视野也坚定了信心，这对后现代化时期的学校发展应该说有很好的促进作用。也许我们真正思考的是如何让现代化发挥出效益……

四、教育博客

教育博客作为一种新型的交流平台，越来越得到众多教育工作者的肯定与运用，作为教师交流思想、研讨教学、诉说感悟的媒介也正发挥出越来越大的作用。现在好多学校以每人一博作为指标性的要求，也不失为强力推进博客发展的重要动力。但真正能使博客健康发展还需要众多博主的精心培育。开心农场之所以得到大家乐此不疲的喜欢与追捧，在于它有一定的趣味性与哲理性，如果我们的博客也能让广大教师半夜鸡叫的时候还能想到它，那就真正体现出它的作用了。网络学习社群是一种分享的集体学习文化，是一群有相近的信念、价值与生活态度的人，运用网络进行讨论、沟通、互动的共同的经验过程，来分享和交流观念、知识、经验、信息和策略，创建集体的探究活动，扩展集体的知识和能力。学习社群的主要特征是合作、对话、反思和知识的内化。

1. 质与量的关系

开博之初，大多数人都会有一种新鲜感，对博的热情也非常的高，每天都会上去踩踩，留下点脚印，但随着时间的推移，这种热情也会被烦琐的工作所影响，慢慢地那片属于自己的天地也会被遗忘，甚至荒芜。虽然偶尔也会增加点东西，但多半是不疼不痒的。另一方面，或许被任务所逼，也会贴一些转载的内容，别人的博客也没时间过去，造成了博的寂寞。因此，博客的内容不求太多，精为贵，必须是高质量的内容才能吸引更多人的眼球，否则就会失去博客应有的意义。

2. 叙与思的关系

许多教育博客以记录为主，以“叙”为主，叙述教学中所遇到的事件、问题和困惑，真实地记录了写博者的教学经历，与阅读者分享教学心情。但笔者认为，“叙”是必要的，“思”更为重要。“叙”是教育博客内容的基础，是有所“思”的现实、真实的教学背景。“思”是“叙”的升华，思考问题发生的原因，思考解决问题的方法，进行解决问题的尝试，再总结出尝试解决问题的得失。通过“思”共享思考的过程，共享教学新理念，共享教学的新方法和新思路，是“叙”的目的。文章中有“叙”有“思”，由教学所“遇”到所“思”，到“实践”再到“思”，“实践”与“思”反复，达到了与阅读者共享教学探索过程和教学收获的效果。

3. 读与评的关系

在教育博客中，每个写博者都以自己的教育博客为天地，相对独立，主要耕耘在自己的园地里。而他人的博客，以“读”为主，也有一些回复，但大多是附和捧场之帖，什么“深有同感”“辛苦了” 等回帖。笔者认为，在教育博客的文章中所提及的教学问题，有些有共性，可能是许多教师遇到过，也实践去解决过。当写博者提出教学观点和想法后，相信“读”博者也会去思考，对于文中观点有共鸣也会有争议。“读”博者认为有共鸣之处可以发表自己的意见支持，认为有异议的也可以提出理由和事例来探讨，通过大家的探讨，把一个观点越辩越明，这就是“评”。虽然“评”看似花力气在别人的教育博客上，但参与讨论者也会从中把问题弄透彻。而一旦在教育博客中形成了“评” 的风气，当参与评论者有好的博客文章，其他人也会积极参与“评”，作为“回报”活跃其教育博客。当形成了“评”的风气，“读” 博客即使读到新的观点，也会去积极思考。当形成了“评”的风气，写博者会更重视自己博客文章的“质”。博客管理者不妨设置回复最多的教育博客排行，从中看出对某一话题的关注度和参与度。“评”的参与者可以是教师，也可以是学生，有时学生站在学的角度的“评”对教育教学更有益。

4. 几点思考

教师话语权的缺失是中国教育的一大弊端。这种教师话语权的缺失主要表现在新课程改革和教育信息化的初期，以专家主导的推进方式造成话语权几乎为专家所独占，教师仅仅是受众，是“洗脑”的对象，大部分教师处于失语状态。而教育博客开创了一个个性独立、民主的话语空间，“零技术”和“零成本”又为教师的积极参与提供了便捷的服务，于是真实、鲜活的话语喷博而出，这种情景体现了教师话语权的回归。

从个体到社群，构成一个真正意义上的学习共同体，构成一个具有生命活力的博客生态群，这应是教育博客的发展方向。教师话语权的释放，造就了博客的超高速发展，互联网从“看”到“写”，完成了教育博客从单一的信息“索取者”到信息“共建共享者”的历程。笔者认为教师博客要平稳地实现常态发展，关键在于自组织机制的形成。个人与个人之间，个人创造的内容和内容之间，以及个人汇聚的群体与群体之间，以不同的自组织方式组织成网络学习社群，最终走向社会化。

五、现代化教育呼唤现代化教师

随着教育现代化的创建，我们的教育有了长足的发展，“清朝的房子、民国的桌子、共产党的孩子”的现象已经一去不复返了。那时候的主要矛盾是教育投入的问题，现在，社会公平的问题引起越来越多的关注。“公平”很重要的一个含义就是给社会每个成员公平的机会，其中最重要的就是受教育的机会。不可否认的是，由于历史的原因，不同地区、不同学校在这个方面的差距还很大，而最大的表现恐怕就在于教师的问题。

我们需要什么样的教师？这是大多数教育人所关心的问题，但直到现在我们都还不明白。也许有人会说我们需要学富五车的特级教师，也许有人会说我们需要的是有一定声望的名教师。是的，我们这块土地上有着延绵五千年的文化。我们更需要的是有国际化眼光、现代化技能的平凡教师，新的历史起点对我们提出新的要求。我们的教师，无论是中小学教师还是大学教师都必须眼里有国际教育的发展动向。因为有开阔的视野，才有紧迫感，才能不断获得新知识，形成新见解。其次还要懂得怎么去获得新知识。其实这种新知识是向历史的回归，是对祖宗的智慧有更多的感性与理性的认识，是善于择取其中的精华。再次还需要善于传播知识、见解与方法。在这一点上我们的教师更加薄弱。学生们心里蕴藏着一股巨大的积极性和潜能，关键是要靠教育体系和教育方法把他们的潜能充分地开发出来。我们的教师需要执著和热爱，对自己职业的执著与热爱，对知识的执著与热爱，对学生的执著与热爱。在普通的岗位上扎实工作的就是最美的最优秀的教师。

六、写在数字化校园论证之后

接触“数字化校园”这个字眼还是三年前的事情，起初刚到大庆路小学的时候，连云港市教育局就布置每位校长都要制订好学校的三年发展目标，当时也没有来得及多想就把教育现代化与数字化校园给写上了，其实当时心里还真的不太明白“数字化校园”的真正含义。今天，当我坐在办公室里望着墙上的规划目标的时候，感觉到一种无形的压力与责任。

上周五，我邀请了市区的一些行家里手莅临学校，对数字化校园创建工作给予指导，这是一次纯学术专业方面的研讨，为了能让大家畅所欲言而无所顾忌，有意没有邀请领导参加。市教研室王超老师站在全市信息技术教研的角度谈了“网络化教研”的意义与做法，围绕着网络集体备课进行了具体的分析，得出了在后现代化时期学校网络化教研的构想与实施方法。市电教馆的郑玉国主任从网络化发展的角度，重点阐述了公共服务平台的管理与使用，强调资源建设的重点与方式，这对学校的资源规范化管理指明了方向。特级教师、二附小的韦有江主任结合自身学校的发展，重点谈了教师专业成长平台的使用，这对提高教师的专业水平，记录教师的成长轨迹很有帮助，这对他所关注的教师与学生的信息素养的提升有了很好的注脚。三附小的董智民校长重点谈了绩效考核系统的使用，他从考核项目的设置到绩效津贴的发放都作了具体的分析，这对提高学校的管理水平、提高广大教师的积极性很有启发。同时与会专家们对学校的“视频会议系统”“网络监控系统”“学生综合评价系统”等应用平台进行了研讨。应该说这是一次信息化应用的高端研讨，更是为学校的下一步发展实施现代化管理与教学打下坚实的基础。

最近几天，我一直在思考专家们提出的观点，谋划下一步如何进行实施，虽然目标明确了但感觉压力还是很大，具体体现在：技术力量、教师应用、网络支持、社会评价等方面的困难。毕竟本人不是学计算机的，虽然是个人的爱好多少学了一点东西，但到真正使用的时候方才感觉“书到用时方知少”的道理，必须依靠团队的力量，发挥大家的长处，努力把信息化教育落到实处。其次是教师应用的难度不小，目前学校的信息技术平台，内容丰富、方式先进，要想管好用好必须具备一定的现代教育技术能力，虽然我们大多数教师也通过了此类的考核，但想要真正做到熟练使用还是需要花很大工夫的。再次是网络通道问题，到现在为止学校还没有一个固定的 IP 地址，这是制约学校现代化发展的瓶颈，所有的管理与应用平台都必须有网络的支持，而 IP 地址更是支持的“根”。最后是社会评价问题，任何一项试验都需要时间与空间的检验，同样在我们这样的学校实施数字化校园的创建具有一定的风险，需要社会的大力支持与理解，好在规范办学与实施素质教育已经落实好多年了，应该说最后的结果是可以说明这个结论的。

七、数字化校园，离我们还有多远？

每当结束一次大的检查，大家的心里都有松了一口气的感觉，紧张的心情也终于得到释放。我也和其他同志一样，总感觉到一块石头落了地，但我们在欢庆成功的同时，更应该静下心来思考这次创建的目的与意义。

教育现代化，顾名思义就是教育观念、教育思想、教育方式与教育手段实现教育现代化。

目前我们已经具备了实现教育现代化的硬件标准。那就是基本实现办学思想现代化、技术装备现代化、管理与使用现代化。一方面是为了检查政府主管部门是否按相关的要求关注教育的发展,更重要的是让教育人花费最少的本钱实现最优质高效的成绩。

验收是结束了,但是我们创建的脚步还不能停止,尤其是管理与应用方面需要我们做大量的工作。这是教育现代化的具体体现,更是发挥其效能的重要标志。因此不能因为验收的结束而结束,还是应该结合验收中发现的问题去补充与提升。目前大多数的学校对设备的使用还是停留在低层次的方面,需要管理者提高思想认识,提高管理水平,真正让教育现代化创建工作发挥良好的效益。

教育现代化的重要标志是教育信息化,而教育信息化是需要广大教育工作者一起努力的事情,配备的电脑要正常使用,配备的投影仪要经常使用,配备的各种软件更要运用到课堂教学中,这些看起来是小事情,但却关系到教师的教学效率和学生的学习效果。

作为学校的管理者,更要把教育现代化的应用作为学校管理工作的重点,尤其是运用现代化的管理手段将极大地提高管理水平。例如:实施网络监控、电子教务、成绩分析、综合评价、教师专业成长等。每个方面都蕴藏着很多的内容,需要进一步地挖掘,另外也要避免为现代化而现代化,而是要结合学校的实际及学生的状况,把教育现代化管理作为一项长效内容,进而真正实现教育现代化!

八、硬盘录像机

最近一段时间,由于校园安全的需要,许多学校都新添了硬盘录像机,这种机器比普通的电脑运行要稳定得多,更主要的是可以让视频保留更长的时间。但是大多数的学校只把这种录像机当做单机使用,显然是资源没有充分利用,笔者参考了网上的资料结合学校的实际,简单介绍一下网络硬盘录像机的设置方法,供大家参考:

第一步:在录像机里面找到网络设置,这个一般都会在设置中查找到,然后找到本机的 IP 地址,如果没有固定的 IP 地址,可以自由设定。根据自己单位的 IP 网段,修改本机的 IP。然后,用网线连到路由器或者交换机上,在本局域网内,输入用户刚刚修改的 IP 地址。

第二步:如果需要远程监控的话,可以打开路由器,开放一个端口给录像机的 IP 地址,做个动态域名解析,当然这需要确认用户硬盘录像机是否有网络功能。远程监控:一种是 IE 实现远程监控,一种是客户端实现远程监控,很多的视频采集卡和硬盘录像机都可同时支持 IE 远程监控和客户端远程监控。要实现远程监控,用户首先要把硬盘录像机连接到网络,如果是用 ADSL 上网的方式,在开通了 ADSL 后,就需要一个支持 DDNS 的路由器(除非用户的 ADSL 只为硬盘录像机使用,不连接其他的任何设备、电脑)。开通 ADSL 后就可以正常使用,并记住用户名和密码。安装路由器并将硬盘录像机和电脑连接上,此时可以上网,按照说明设置路由器,并将路由器设置为“自动连接”,通过电脑检查是否可以正常上网,准备就绪后,进入硬盘录像机的远程监控设置界面。

九、再下扬州

前段时间,我校的部分教师与海宁中学的部分同志在新浦区教育局装备办余主任的带领下,赴扬州考察学习数字化校园,应该说这是半个月之内二次下扬州,前一次是随市教育局的优秀校长培训班去扬州学习的。而这次是为了提升学校的数字化水平,经过近 4 个小时的路程，在10点半前准时赶到了扬州。

我们首先来到了文津中学，应该说这是一所现代化程度非常高的学校。坐落在风光秀美的古运河畔的扬州市文津中学，始建于1959年。近几年来，随着扬州城区基础教育布局调整的日益完善和各初中校均衡发展的日趋平衡，文津中学已发展成为扬州城区东部具有良好社会声誉的初级中学。扬州市教育局还以文津中学为起点，全面启动市区基础教育的信息化工程，建成并开通了校园多媒体网络教学系统，实现了“班班通”。学校工作以新建成的多媒体和网络化教学平台为载体，以网络化和信息化环境下教学过程的优化和教学质量的大面积提高为目标，凭借扬州大学、扬州教育学院专家教授的技术指导优势，努力探索“导学稿”教学模式和多媒体、网络教学手段的整合效应，走出了一条适合文津中学校情、学情实际，能切实解决教育教学实际问题、难题，满足社会、家长对优质教育资源需求的教科研发展之路。

给我们留下深刻印象的还是文津中学的网络教研系统，体现在网络备课系统的求真务实，学校推行的网络轮备制度体现了集体备课的功效，而名师的指点更提升了教师备课的质量。学校在教师的教学研讨方面以及与对口学校的交流方面更是体现了网络的便捷。微格教室的使用更为教师的专业成长提供了方便。而学校的资源建设也让我们感觉到文津中学的数字化成果，应该说这是所到学校中现代化程度最高的一所学校。

午饭后，我们又来到了竹西中学，因为是第二次到竹西中学，这所学校的特色给我留下了深刻的印象。学校以竹为本，从学校规划到班级建设，都是以竹为媒，形成了学校的竹文化。学校荣誉墙前的“劲节”展示了学校奋发向上的气节。班班都有班竹，体现了班级的个性，学校的刘岚校长用其爽约的性格向我们介绍了学校的发展以及美好的明天。我们还和学校的党员一起，利用微格教室观摩了一节党员示范课，这节课更是学校数字化校园的具体体现。课后我们与学校各个层面的老师进行仔细地交流，从学校管理到教育教学、从学生教育到后勤管理，让我们感觉收获颇丰。

在下午4点之后，我们又来到了扬州教院附中，这是一所城郊学校，学生的生源不是很好，但学校的精细化管理让我们眼前一亮。学校取消了值周、值日制度，学生进校时，保安维持秩序，检查学生的仪容仪表；从上课、备课、作业批改到开会就座，不仅教职工在实践着“精致化管理”的理念，学生也有自己的责任田。每一块瓷砖都有小主人，如厕要右进左出……学校能够容纳500多人的报告厅从来不需要清洁工打扫，每次活动结束，学生自觉将垃圾全部带走。报告厅的每一个座位，由每个年级的一个学生管3年，3个学生共同管理。7年了，座位的椅套没有更换过，椅背上没有一条划痕，像新的一样。

家长也积极配合学校做好管理工作。每天放学时，由学生家长组成的护送团负责校外巡察，提醒学生注意交通安全。由社区工作人员组成的社区文明监督岗，帮助学校到网吧等处查看有无学生进入。尽管教院附中的生源一般，但由于实施了精致化管理，使教院附中的办学质量得到较快的提升。这几年，不但以前离开的教师有了回归的念头，学生也纷纷将教院附中设为升学首选。应该说这所学校的变化给一些薄弱学校带来了启示。

一天的参观虽然来也匆匆去也匆匆，但同去的同志感觉收获很多，这对以后学校的快速发展有了启发，也许在不久的将来，我们也会有自己值得亮秀的东西……

十、快乐的志愿者

受连云港市电教馆郑玉国同志的邀请，在电教馆朱书记的带领下，我们一行数人来到赣榆县西部的班庄二小——沪杭高速希望小学,进行现代教育技术下乡活动,这是实施教育现代化的一个组成部分。虽然说同行的大多是 80 后,但对于我这个老志愿者来说也是充满一些向往的。

班庄二小是一所乡村中心小学,校园面积比较大,整齐的平房承载着近千名学生的教学任务。虽说是山村学校但学校的硬件设施还是不错的。学校有微机房和多媒体教室,光纤接入了学校,这些都为学校的快速发展提供了保证。但由于技术力量的薄弱,加上管理方式的不完善,许多现代化的教育设施不能正常运行。我们去的同志一共分为两个大组,一组负责学校的机房,另一组负责学校的网络。负责机房的同志主要任务是调试机器,把不能运行的电脑修好;而另一组则是把学校的网络布好,以便于学校的管理与教学。

我们首先查看了学校原有的网络,根据学校的处室安排,制订了学校网络拓扑图,然后进行施工,把学校的行政办公室进行整合,安装了交换机,以确保网络正常运行。然后又将学校的办公室网络进行了调整,增加了端口,方便教师使用。在安装调试的过程中还指导学校的有关人员如何进行管理,如何排除简单障碍。

在工作之余,我还翻看了教师办公桌上的备课本,虽然地处偏远,但教师的备课书写得非常工整,作业批改也很认真,这多少让我产生一丝敬意,他们没有好的工作条件,教学环境不能与城市相比,但呈现出来的敬业精神让我们敬佩!

作为一名老志愿者,能有这样服务的机会真的很开心,毕竟通过自己的付出为别人作出了贡献。更希望市电教馆能多开展这样的活动,让现代教育技术真正发挥出作用!

十一、走近 3D 打印机

在全球经济飞速发展的今天,人们所面临的挑战越来越多,学生们需要学习的技能和 20 年前相比已经大不相同了。进入 21 世纪以来,现代科技带给我们的最大震撼莫过于信息技术极其快速的变化。1946 年,世界上第一台计算机诞生,直到今天,仅用了 70 年不到的时间,计算机已经成为较为普遍的个人电子产品。1968 年,世界上最早的网络阿帕网开始组网,而今天,我们的生活几乎离不开网络,这一过程,也仅仅用了 40 年的时间。越来越快的变化需要我们更为敏锐的把握,也在挑战着我们的教育应该如何调整,才能适应这个时代的特性。

什么是 3D 打印机? 3D 打印机,就是用一些材料,能够真正的打印出 3D 模型的打印机。它类似于我们平时用的打印机,但 3D 打印机的喷头喷出的不是墨粉,而是热熔塑料。众所周知,在进行机械零件的设计时,通常都要经过多次反复的构思、设计、制作、检验、优化的过程,这样才能设计出完美的产品。如何能快速地看出设计成果,如何能尽早的检验是否存在设计缺陷? 这困惑了很多的设计人员,如果有一台 3D 打印机的话,就会很好地解决这些问题。

3D 打印机的工作过程,其实很简单。可以想想我们平时用的打印机是如何工作的。3D 打印机下面有一个工作台,它能够承接喷头喷出的塑料。热熔喷头喷出热熔的 ABS 塑料,然后我们的工作台在步进电机的作用下在水平方向运行,喷头做垂直方向的运动。在一层上,这样一个点一个点的打印,然后这样一层一层的叠加,最终 3D 模型就打印出来了。为了完成这个打印,3D 打印机的主要硬件包括驱动电路板、步进电机、嵌入式主控板、热熔喷头和工作台。在控制电路板的指挥下,步进电机能够控制热熔喷头在 Z 轴方向运动,同时控制工作台在 XY 轴方向运作,这样可以实现整体的三维运行,最终在工作台上面进行打印。整个系统的关键是要实现热熔喷头的三维运动,从而实现三维物体的打印。

十二、特级教师后备人才培训

从14日起，本人和全市近60名同行赴江苏大学开展为期8天的学习培训活动。本次培训的名称是“特级教师后备人才省级高级研修班”，说真的，接到这个通知以后，心里一直在思考一个问题：特级教师是什么？离我们还有多远？虽然是第一次来镇江，但在进入城区时的暴雨还是让我们领略到江南的特性，更有一种熟悉亲切之感，毕竟几天前的浦街也是这番景象，当时好多人还把这股怨气撒在老天爷的身上，看来也不光是浦街可以看海……

中午时分抵达培训的地点——凤凰岭饭店。安顿好一切，用过组委会安排的盒饭，下午1:40分开始了为期8天的密集培训学习。培训之前照例是开班仪式，应该说本次培训规格不低，主讲的老师也是省内外名家，接着是由江苏省教育科研院、省教干培训中心的周成平院长做了《高级领军人才应该具备的高级素养》专题讲座，作为特级评审组长的周院长从特级教师的产生、发展、管理、评审等方面进行了系统的介绍，重点谈了特级教师应该具备的素养与条件，其中评审的要求与量分的标准给大家留下了深刻的印象。毕竟这里面还有好多人是梦想有一天成为特级教师的……

说真的，特级教师对我来说还是件遥远的事情，因为总感觉自己的学识不深、专业素养离特级教师还有很远的距离，来参加这样的培训只是自己众多培训的一个项目而已，也没有太多的奢望。毕竟在我们身边所谓的特级教师更是奇货可居，都是一些在师德修养卓越，学富五车的专家，他们引领着本地教育的发展，是掌控课程改革与教学方向的领航者。由于他们的存在，学校办学水平有了明显的提高，教育教学质量远高于同行者。对个人来说，他们用渊博的学识，高尚的师魂为个人为家族争光。每次培训学习，一听到特级教师这个名称，更有一种仰慕之情。所以当我回首反思时，总感觉自己才疏学浅，离特级的标准真的还有很远很远，可能这也是让我来学习的原因之一。

当然，随着这几年的改革发展，特级、教授级、名师也日益增多，甚至大部分的专家还开了工作室，通过这个平台带动着许多一线的教师。但是我们也会看到另一种现象，个别同志在评审之前，精于教育、关乎教学，一旦评完以后，却热衷于各种讲座，忙于各种各样的“走穴”，甚至还有学术不端、师德不举的人物混于其间。另一方面还有这样的一种现象，所谓的专家，讲起来是长江之水滔滔不绝，但实际的教学工作却是不敢恭维，更谈不上教育教学的质量。当然我并不排斥这些所谓的特级专家，但不管如何总要对得起自己的名声，毕竟墙内开花墙外香不是一种正常的现象。

第一天下午主讲的是连云港市教育局臧局长，他讲的题目是《教育转型呼唤教育大师》，他从教育为什么要转型、教育转型的方式、教育转型的目标等方面给我们讲解了当前教育的发展状况。

教育呼唤转型，这是有一定的社会原因的，如果教育不转型，社会就容易产生动荡，就有不稳定的因素存在。如果教育不转型，经济难升级，社会发展的速度就会变慢。如果教育不转型，科技缺后劲，人才就会流失。因此教育转型是非常必要的。中国教育需要什么样的人才，教育才能更好地发展，这是每一个教育人所关心的一个话题。中国的教育往哪个方向发展，更是教育管理者关心的重要内容。

教育如何转型？教育转型不仅是主动求新求变的过程，更是一个创新的过程。需要我们边思考边实践，边探索边完善。首先是更新教育观念。一个人的教育观念不是天生的，与他所处的社会教育传统教育理念、个人经历和教育现实等有着密不可分的关系。教育观念决定着人的教育行为,要实现教学手段和教学方法的改变,首先必须改变人的教育观念,只有更新教育观念,才能实现教育的转型。其次是坚定教育信念。最近这些年,社会、经济、科学技术等方面的发展都是日新月异,但教育的变化非常缓慢。新的知识、新的技能层出不穷,互联网将整个世界变成了一个地球村,但教育却在想方设法地不让学生"触网",将学生封闭在一个狭小的空间内,但社会需要的人才却越来越丰富,这一系列的反差,导致社会各界对教育的不满逐渐加剧,甚至连教师自己也对教育现状牢骚满腹。教育需要一个良好的社会环境,需要各方面拿出具体的行动来支持,更需要所有教育工作者坚定信念,勇于创新和实践。当每个人都有强烈的忧患意识,都去克服当前的教育弊端,促进教育走向和社会政治经济协调发展的轨道上时,教育的春天就会来临。再次是要有教育创新精神。可以是制度方面的创新,也可以是方式方面的创新。光有创新的设想还不够,还需要主动实践,求新求变。需要在制度层面、课程建设层面、教学方式、资源开放等方面有针对性地选择好切入点,进行深入细致的实践才能真正实现教育的转型。

十三、现代化离我们还有多远

最近一段时间,围绕着教育现代化的创建工作,各校都是大展身手,从思想认识到计划安排,从硬件建设到软件完善,基本上都做到精益求精,力争能在省级验收中顺利过关。作为基础教育的小学,我们也是和兄弟学校一样,未雨绸缪,及早谋划,在硬件设施上做到"硬上更硬",在软件设施上做到"软件不软",重点放在管理与作用这两个环节上,力争在教育现代化创建中完成好上级交给的任务。回眸这几年的创建工作,有许多经验可以总结,但也有一些教训值得反思,教育现代化究竟离我们还有多远?创建的重点应该放在哪些方面?这些都是值得我们总结的地方。

1. 教育信息化不等于教育现代化

围绕着教育现代化的创建,各校各区均添置大量先进的现代化教育设备,甚至指标中没有的部分也随着这次创建一并添置,作为学校这原本是一件值得高兴的事情,但我们试想一下,这些设备真的能派上用场吗?我们有这方面的管理使用人员吗?虽然说人才可以培养,但如果等到能使用的那一天估计设备也快要淘汰了。教育现代化的重点是教育的观念与意识,是用现代化的手段来完成教育教学与管理。

2. 重硬件投入轻软件完善

教育现代化的创建不是简单的增添硬件设备,但是如果没有必要的硬件也是不行的,现在我们注重了师机比、生机比的比例,却忽视了这些设备的使用,前几年我们的"校校通"基本上完成了各校的网络联通,但是现在那些设备发挥出什么样的效益呢,可能有的地方连影子也看不到了。设备的管理与作用必须提前进行,否则就无法发挥出作用来,从最基本的地方说,市电教馆的四个平台是学校现代化管理的基础内容,如果学校能把办公、安全、资源、教师专业成长、学生综合评价等内容也一并运用到网络上来,这样才能体现教育现代化的效能。

3. 重教师轻学生

教育的一切目的是培养优秀的学生,更是素质教育的最佳体现,我们在创建过程中如果能让学生感受到现代化的氛围进而辅助其学习,是我们创建的又一目的,但是目前我们大多体现在教师的层面上,学生基本上成为局外人,这不是教育现代化的最终目的,因此我们应该把关注点放到学生身上来，把学生从繁重的课业负担中真正解放出来这才是创建的目的。

诚然，创建工作压力很大，困难也多，需要各级各校的共同努力。如果我们不能认清方向，把握重点，那样教育现代化真的离我们越来越远。

十四、共享优质教学资源 助推教育均衡发展

5月18日、19日，“长三角”优质资源共同体学校交流活动在大庆路小学举行。来自浙江省临海教育集团、上海市平凉路小学的“长三角”地区优质资源共同体学校齐聚大庆路小学，共同研讨数字环境下学校现代化建设发展，并就网络环境下教师的专业成长以及学生的综合评价、智能学习等进行广泛交流。大庆路小学用微格教学系统实时传输了教学实况，并成功举办了主题为“网络环境下教师专业成长的策略”网络论坛，受到来访学校的欢迎。“长三角”优质资源共同体是由“长三角”地区“两省一市”教育主管部门组织的活动，旨在推进“长三角”地区优质教育资源合作建设，在“长三角”地区实现优质数字资源的共建共享，推动数字化教育资源建设，探索数字化教育资源的区域性共建、共享、共赢，实现长三角教育的联动发展，促进“长三角”地区的教育均衡。

在未来一年里，三校将依托中国长三角优质教育资源网开展形式多样的线上线下的结对交流活动，充分发挥结对学校各自优势，通过长三角优质资源网络平台在三所结对学校之间开展校园网建设、网络教研、远程培训、远程课堂教学等线上交流活动，共同推进数字化校园建设。三所学校将对校园网建设的方案、进程、技术支持、网络平台运用培训、使用考核反馈机制等进行经常性的交流、探讨，在合作开展研究的基础上共享校园网络平台的理念、技术、资源，形成各有特色的数字化校园网络平台。学校力争建设满足网络传输的视频会议系统、课堂录播系统，定期开展网络课堂实录传输，让各校教师通过网络异地同步收看，全面实现网络异地交流。以提升结对学校师生利用信息化手段开展教学教研的能力，相互促进，共同进步。

三所学校将利用各自的优势，围绕信息技术与学科教学整合以及新课程改革中的教育教学热点和难点问题，三所结对学校将合作开发优秀教学课例，以免费提供给江、浙、沪中小学教师使用，为深化素质教育、推进课程改革、提高教育教学质量提供优质的数字化资源服务。

第十八节　“智慧校园”：推开那扇虚掩的门

一、引言

随着互联网、物联网技术的快速发展，网络技术已经渗透到教育的各个层级，作为高水平教育现代化重要组成部分的智慧化学校，更是教育信息化广泛应用的综合呈现。“智慧”一词原本指的是高等生物具有的感知、记忆、情感、逻辑等方面的高级的综合能力，其核心要素就是真、善、美的统一。我们可以说，智慧就是源自对世界本质的探索，社会真相的认知，生活真相的揭示，惟其如此，自然科学、社会科学的每一项重大成果，我们都可以说是智慧的结晶。

二、智慧校园的理解

“智慧校园”是指通过利用云计算、虚拟化和物联网等新技术来改变学校管理、师生学习和校园资源相互交互的方式，将学校的教学、科研、管理与校园资源和应用系统进行整合，以提高应用交互的明确性、灵活性和响应速度，从而实现智慧化服务和管理的校园模式。数字技术是智慧校园发展的“硬实力”，没有大数据、云计算、物联网这样的科技硬件，智慧校园这台电脑是无法启动的。惟其如此，当下在智慧校园建设观念上，往往出现了以智能技术硬件冲淡、掩盖甚至颠覆了文化软件的认识误区。例如，华为云数据中心专家的观点，智慧校园解决方案必须包括“云”“管”“端”三个组成部分。“云”即智慧校园的数据中心，包括 IT 基础设施、服务软件及相应的管理与运维体系等。“管”即校园网络，包括传统意义的校园有线局域网、无线局域网、物联网等，形成无缝覆盖立体式校园网络。“端”即包括学校的各种终端设备，如 PC 机、iPad 等上网设备。

但是“智慧校园”到底是什么？作为一个崭新的概念，不同的提出者给予不同的诠释，该现象类似于当初的云计算。生产厂商的参与使得“智慧校园”与特定的产品捆绑，如由江苏电信所倡导的“智慧校园”，其重要载体是校园“翼校通”平台。同样可以预见的是，在运营商对学校市场高度青睐的今天，下一个可能想从“智慧校园”中分得一杯羹的会是其他运营商，他们同样也会对“智慧校园”有基于自身产品的诠释。因此，我们免不了产生相关的质疑：由厂商所提出并且实施的“智慧校园”是否可以让学校的信息化健康、稳健、可持续发展？由教育部信息中心提出的“三通二平台”建设更好地解决了这些客观存在的问题。

智慧校园的三个核心的特征：一是为广大师生提供一个全面的智能感知环境和综合信息服务平台，提供基于角色的个性化定制服务；二是将基于计算机网络的信息服务融入学校的各个应用服务领域，实现互联和协作；三是通过智能感知环境和综合信息服务平台，为学校与外部世界提供一个相互交流和相互感知的接口。如同智慧城市一样，“智慧校园”与时下如火如荼的物联网技术密不可分。而“智慧校园”的首要目标，也正是通过物联网技术，连接校园网中的各个物件。从技术上来说，“智慧校园”涉及 RFID、二维码、视频监控等感知技术和设备。

此外，“智慧校园”与数字校园的区别是什么？这几乎是每个接触到“智慧校园”概念的人所遇到的共同的问题。一些人认为，“智慧校园”是数字校园升级到一定阶段的表现，是数字校园发展的一个阶段。由此，可以看到的是，“智慧校园”的基石是前期数字化校园的建设与发展。也就意味着，“智慧校园”首先要有统一的基础设施平台，要拥有有线与无线覆盖的网络环境。其次，要有统一的数据共享平台和综合信息服务平台。其实，这种对“智慧校园”的认识是不全面的。当前“智慧校园”建设确实需要依据并更好地解决相关问题，但是，技术支持只体现了“智慧校园”的“真”，技术的真既不等于“善”，更不意味着“美”。“智慧”只是一种手段、方式，“智慧校园”建设最终的目的还是要解决学校发展中遇到的现实问题，服务于学校的可持续发展。现代高科技一旦离开了“善”的导向和约束，往往会变成洪水猛兽一样的“恶”。因此，“智慧校园”建设除了高科技支撑这一必要的硬实力，校园文化则是“智慧校园”建设的“软实力”。没有文化内涵的“智慧校园”建设，高端的数字技术、服务、信息只是一种单纯科技层面上的“智”，而无法进入人情感层面的“慧”。这样的“智慧校园”只是一种“技术校园”“信息校园”。

三、智慧校园的类型

“智慧校园”并非铁板一块，根据建设目的、技术手段和服务功能的差异，“智慧校园”可以分成两个类型，据此，我们也可以将学校办学目标定位在“学习型智慧校园”与“生活型智慧校园”。

1. 学习型智慧校园

学校建设的主体是培养学生，为广大师生的学习提供服务，这是“智慧校园”建设的主线。在课堂教学层面上，在校学生学习知识的主要阵地是课堂，如何充分发挥现代科技为课堂教学提供智慧，是学习型校园建设的基础。为此，学校需要增加教室内部现代化教学设施，除了及时维护、更新多媒体教学工具外，更要利用大数据技术为广大教师和学生学习提供必要的资料和数据。例如，为教师建立备课教案资料库，提供课堂教学录像、录音、资料下载服务，并根据教学进度，将课堂教学资料储存于教师电脑平台，学生可以依据自己的学籍号登录学习。

在教师与学生的情感交流层面上，建立学业导师制，定期向学生公布为学生导学的教师姓名、成果、指导地点以及指导学生的数量，让学生根据自己的兴趣自主选择导师，导师对学生的学习、生活和情感进行教育和沟通。

在教师学习层面上，及时发布学校将举办讲座的专家信息，开发校园智慧会议系统，投资视频会议、远程会议的必要设施建设，节约教师课余时间，丰富学校会议形式，提高学习效率。

在学校图书馆、科技馆等学习基础设施建设上，开发智能显示系统，及时发布图书馆图书在馆与借出情况，提醒图书到期返还信息，最大限度地保证图书如期归还，避免因为逾期而耽误其他师生借阅；及时公布科技馆开放和闭馆信息，公布使用状态，显示拥挤与空闲时间数据，为师生避开拥挤时间，充分利用校内学习资源提供可靠数据。

2. 生活型智慧校园

这是“智慧校园”中利用技术之“真”，实现为广大师生日常生活服务之“善”的“美”的体现。人的生活离不开衣食住行、娱乐消费。生活型智慧校园将科技作为服务师生的主要手段，实现日常生活的智慧。

在“衣”的层面上，可以通过短信、微信等信息技术手段，即时提醒全校老师和家长，让校园师生注意天气变化，发布穿衣指数。在“食”的层面上，可以开发“校内食堂美食点评”“校园周边美食点评”“本市美食点评”等信息平台，收集寻找学校内外美食餐饮的相关信息，在学校向教师和家长开放美食网站，营造学校“家”的温馨感，增进学校与家长之间的情感联系。在“住”的层面上，建设快递代收、代发、代办管理平台，为广大师生不仅提供代收、代发、代办的快递服务，同时，建立学校老师幼小子女放学后监护中心，为有课的老师提供照顾子女的服务，既解决老师的后顾之忧，同时，又杜绝了教师子女满校园到处跑的乱象，真正实现服务师生的“无死角”。在“行”的层面上，针对上下班高峰期本市交通道路拥堵的现状，开发“顺风车”交通工具管理系统，全面统计教师上下班乘坐的交通工具状况、居住社区，及时发布教师空车出行的时间、去向和路线，顺路的教师可以及时回复联系，实现“拼车上下班”的目的，既节约了老师出行的时间成本，也响应了国家节约能源，建设低碳社会的号召。

在娱乐消费层面上，建设校园微信平台，吸引全体教师加入校园微信，加大对校园文化建设的投资，增加校园文化基础社会建设，举办全校规模的校园文化节。在购物消费层面上，开发建设学校 BBS，及时发布校园周边以及本市大商场的销售状况，提供以往被公布的销售数据,增加师生对消费市场、消费行为的理性分析,同时,在符合政策的前提下,开发、设计学校纪念产品。

四、智慧校园的实践应用

1. 智慧教室:激发学生创造性的乐园

智慧教室是"智慧校园"建设中的一个重要内容,它将彻底颠覆学生、家长对传统教室的想象。在这个教室里,最大的变化是没有黑板,也没有粉笔,更没有教科书,只有一个大屏幕的电子白板,教师的手轻轻一碰,所有的教程就以图文并茂、声像结合的形式出现在学生的眼前。而学生也不再需要背着几公斤重的书包,只要随手拎一个"电子书包"即可轻松上课,电子书包里装满了生动有趣的互动教材,能在电子书包上直接做好作业并提交,也能在上面回答教师提出的问题,它就是一个专用的学习 PAD。除了当场布置课堂作业,并迅速反馈学生答题情况外,只要有网络,学生在家或者在别的地方,都可以和教师进行远程互动,向教师提交作业,教师也可以即时在线批阅。

智慧教室最大的特色在于互动连结,除了课堂多媒体互动,还可以通过远程互动系统实现班级与班级、学校与学校之间的高清互动学习,学生就像是坐在一个超大的公共课堂里,分享来自全球最好的教师讲座与教学资源。而海峡两岸的学生可以共同学习书法、聆听国学,在这个未来教室里,真正实现了"天涯若比邻"!

2. 智慧传播:信息资讯传送的窗口

"智慧校园"为师生提供了强大的信息沟通系统,通过网络系统,学校设立信息发布平台,当用户走进校门的时候,他的手机上就会跳出一条提示短信,告诉他已经进入了学校校园,接着就是学校简介信息。当用户进入学校楼层的时候,数字公告牌就会提醒他前进的方向,信息发布系统通过多媒体展示系统将学校的最新动态和相关历史风貌,像放电影一样展示,在不同的场合、面向不同的受众,在不同的时间、展示不同的内容。这样除了能让自己学校的师生随时随地了解本校的各类信息外,亦可作为电子黑板报发布平台增强学生的综合能力。如果用户在校园内迷失了方向,校园的墙上还有紧急求助按钮,通过提示提醒他如何离开。

除此以外,"家校通"系统还方便地让家长了解学生在校情况,尤其是学校的综合评价系统,详细记录了孩子在校的基本情况、学业成绩情况、素质教育情况、参加活动情况以及取得的成绩、教师对孩子的评语等。家长通过孩子的帐号有条件地进行查询,及时了解孩子在校的学习与生活情况,家长也可以通过平台查询相关的学习资源来辅导孩子。同样,当孩子在学校有事情找家长的时候,学校有一键沟通设施,只要孩子把自己的身份识别卡接触相关设备,系统就能及时联系孩子的家长。

3. 智慧安保:保护孩子的隐形翅膀

孩子安全一直是困扰家长的重要问题,也是学校管理中最困难的事情。而在"智慧校园"建设中能巧妙地解决这一问题。智能化的安全预警系统的引进,通过在校门口、楼道口等学生密集区安装传感器,可实现对各楼面楼道、校门口、运动场地等重点区域进行监测与管理,及时掌控特殊地域的情况。孩子只要出现在某些危险的区域或是校外某蓄意侵入者进入学校,报警器就可以通过传感器告知管理者并进行事前干预,将安全隐患消除在萌芽阶段。以往进出校门都要人工登记,而在"智慧校园"中由智能访客系统代替保安查看身份证件、登记、记录离开时间等一系列繁琐的程序。前来学校造访的人员只需拿着证件,在电子识别器上轻轻一按,访客信息就能瞬间获得，并出具访客单，大幅度地加快了访客登记时间及简化了离开流程。智能安防系统可自动启动，及时跟踪来访者是否按预设轨迹移动，对于出现的异常情况，系统会立即报警，通知管理者及时处理。

过去家长经常会担心孩子在校学习生活是否合适，“智慧校园”的智能楼宇系统妥善地解决这些问题。学校设施是否节能环保？教室的温度是否适宜？教室的光线是否充足？学校的食品是否安全？在“智慧校园”里家长就不用操心了。因为智能楼宇系统能根据学生不同时段的身体状况，自动监测环境温度和湿度、调节室外景观照明自动设置，为学生提供一个安全舒适的学习环境，将自然因素的影响降到最低。网络监控系统还能及时提供孩子在校期间的视频，有利于家长及时了解孩子在学校的表现情况。

4. 智慧学习：师生成长的家园

学习是学生的第一要务，也是家长最关心的内容之一。在“智慧校园”里，学校通过“云课堂”，让教师们在课前向学生推送学习资源包与学习任务包，并及时得到反馈。再根据学生学习情况和强大的网络资源库进行备课，课中利用先进的云技术、终端技术和有趣的互动数字化内容来进行检测巩固、问题探究和展示交流三个环节的学习，课后学生可以利用云空间资源进行自主拓展学习。

“智慧校园”下的自主探究是以网络为载体，以学生为主体，学生自主探索、发现新知的过程。通过网络学习，提高学生发现、吸收新信息和提出新问题的能力，最终培养学生创造性地解决问题。在这种学习的环境下，媒体也不再是帮助教师传授知识的手段、方法，而是用来创设情境、进行协作学习和会话交流的认知工具。网络技术的应用，极大地拓展了教育的时空界限，使学生学习选择的自由度大大提高了。学生可根据所作出的猜想，利用教师创设提供的内容丰富、信息量大，交互功能强的网络资源和必要实物、学具，在小组学习中动手操作、动脑思考、动口表达，探索未知领域，寻求客观真知，在这一过程中，学生自始至终地参与探究，是知识的发现者，由学生通过网络访问教师放置在网络资源库中的资料进行自主学习，明确学习目标，学生带着问题独立地通过网络随机进入教师设置的学习环境中，探索问题的解决方法，而教师则是学生探究过程中的指导者，要注意引导学生正确利用网络学习，注意培养学生思维的独立性和创造性。

5. 智慧空间：创客学习的助跑器

“智慧校园”搭建学生成长的空间。创客教育的主体是学生，指导学生开展正常的教育活动，激发学生的创造性，培养学生的核心素养是创客教育的主题。首先，学校充分利用“信息技术课”和“科学与生活”等学科作为主阵地，在完成基本任务的基础上增加创客教育内容，并且根据各年级的学生特点，完善创客教育课程体系。其次，开设创客社团，学校开设了包括 3D 打印、机器人动画、Scratch 编程乐园、四翼航模、电子百拼等社团，利用每周四下午的选课走班开展正常活动，逐步形成了 STEAM 教育理念下“创客教育”信息化应用的新特色。

“智慧校园”实现了创客教育和学生学习方式的融合。随着创客教育的深入，不但培养了学生的动手能力和创新能力，而且在创造过程中学生展示了自己的劳动成果，体验了成功的乐趣，也极大地促进了学生的观察能力和信息搜集能力，形成丰富的学习资源。“智慧校园”实现了创客教育与教学方法的整合，利用人工智能技术构建的智能系统能够根据学生的不同特点和需求进行教学。并且该系统要求教师搜集一切资源，然后整理、加工，发现最有利于学生学习实践的方法，满足学生动手实践的需求，为他们提供创新的机会，努力将他们的奇思妙想实践出来。当然教师也必须转变观念,改变传统的教学方法,建设高效的生态课堂。

教育现代化实现了教育的“十月革命”,“云教育”的实施为学校的精细化管理带来的新内容,需要我们不断去探索与消化。因此,充分利用教育现代化的成果,全面构建数字化的“云教育”发展模式,是智慧学校发展的必经之路。

附表 江苏省教育科学"十二五"规划课题申报评审书

课题名称："云校园"环境下教师专业化成长途径的实践研究

研究方向与范围： 基础教育 8

课题主持人： 邱健筠

所在单位： 连云港市新浦区大庆路小学

申报日期： 2013 年 3 月

江苏省教育科学规划领导小组办公室制

一、课题研究人员基本信息

<table>
<tr><td rowspan="20">课题主持人</td><td>姓名</td><td>邱健筠</td><td>性别</td><td>男</td><td>民族</td><td>汉</td><td>出生年月</td><td>1965年11月</td></tr>
<tr><td>行政职务</td><td>校长</td><td colspan="2">专业技术职务</td><td colspan="2">中学高级</td><td>研究专长</td><td>教育信息化应用</td></tr>
<tr><td>最后学历</td><td>本科</td><td colspan="2">最后学位</td><td colspan="2"></td><td>电 话</td><td>13705136008</td></tr>
<tr><td>工作单位</td><td colspan="4">连云港市大庆路小学</td><td>E-mail</td><td colspan="2">Lyg6008@126. com</td></tr>
<tr><td>通讯地址</td><td colspan="4">连云港市新浦区西苑路9号</td><td colspan="2">邮政编码</td><td>222004</td></tr>
<tr><td rowspan="15">十一五期间教育科研情况</td><td colspan="6">江苏省教育科学“十一五”规划课题完成情况</td><td>A</td></tr>
<tr><td colspan="2">其他教育科研课题完成情况</td><td colspan="5">《提高教师信息素养的途径研究》中央电教馆课题，已经结题
《数字化校园网的建设与利用研究》市“十二五”教育规划课题
《小学生探究性学习链研究》省“十一五”规划课题，已经结题</td></tr>
<tr><td rowspan="11">独立或以第一作者身份公开发表或出版的论文或论著（限填10篇）</td><td colspan="3">论文或论著名称</td><td colspan="3">发表论文（或出版论著）的报刊（或出版社）名称及日期</td></tr>
<tr><td colspan="3">《运用现代化手段 优化自然课堂教学》</td><td colspan="3">《小学教学参考》2008年5月</td></tr>
<tr><td colspan="3">《网络技术在语文学科审美教育中的应用》</td><td colspan="3">《学周刊》2009年11月</td></tr>
<tr><td colspan="3">《关注现代教育技术中的“误区”》</td><td colspan="3">《学周刊》2009年12月</td></tr>
<tr><td colspan="3">《后现代化时期教师专业化发展途径》</td><td colspan="3">《中小学电教》2011年12月</td></tr>
<tr><td colspan="3">《基于网络的教师专业发展途径》</td><td colspan="3">《中国教育信息化》2011年11月</td></tr>
<tr><td colspan="3">《数字技术促进教师成长策略研究》</td><td colspan="3">《中小学电教》2012年5月</td></tr>
<tr><td colspan="3">《实施区域联动促进教育均衡》</td><td colspan="3">《教学与管理》2011年5月</td></tr>
<tr><td colspan="3">《审美 道德 信仰：塑造全面发展的人》</td><td colspan="3">《基础教育研究》2012年5月</td></tr>
<tr><td colspan="3">《至善若水文化无痕》</td><td colspan="3">《教书育人校长参考》2010年7月</td></tr>
<tr><td colspan="3">编著《修善无痕》</td><td colspan="3">中国研究出版社 2010年6月</td></tr>
</table>

<table>
<tr><td rowspan="11">课题组核心成员（不含主持人，限填10人）</td><td>姓名</td><td>工作单位</td><td>专业技术职务</td><td>研究专长</td><td>课题组中的分工</td></tr>
<tr><td>周海燕</td><td>连云港市大庆路小学</td><td>小教高级</td><td>信息应用</td><td>文稿协调</td></tr>
<tr><td>孙月梁</td><td>连云港市大庆路小学</td><td>小教高级</td><td>网络管理</td><td>资料收集</td></tr>
<tr><td>江莉莉</td><td>连云港市大庆路小学</td><td>小学高级</td><td>数据分析</td><td>教师行动研究</td></tr>
<tr><td>许冰彬</td><td>连云港市师专一附小</td><td>小教高级</td><td>信息应用</td><td>教师行动研究</td></tr>
<tr><td>李 坤</td><td>连云港市草舍小学</td><td>小教高级</td><td>博客管理</td><td>教师行动研究</td></tr>
<tr><td>刘 园</td><td>连云港市大庆路小学</td><td>小教高级</td><td>信息分析</td><td>教师行动研究</td></tr>
<tr><td>顾士伟</td><td>连云港市师专一附小</td><td>小教高级</td><td>资料分析</td><td>教师行动研究</td></tr>
<tr><td>朱孟明</td><td>连云港市大庆路小学</td><td>小教高级</td><td>样本采集</td><td>教师行动研究</td></tr>
<tr><td>冯伯虎</td><td>连云港师范专科高等院校</td><td>教授</td><td>信息技术</td><td>课题顾问与指导</td></tr>
<tr><td>郑玉国</td><td>连云港市电教馆</td><td>中学高级</td><td>信息应用</td><td>课题顾问与指导</td></tr>
</table>

二、课题研究设计与论证报告

(一) 课题的核心概念及其界定

"云校园"是基于现代化的计算机网络与通讯网络,充分利用计算机技术、网络技术、现代通讯技术对学校的教育教学、科研、管理、服务等工作领域进行数字化的处理,形成不受时空限制的师生工作学习环境。"云校园"主要体现着一种服务,一种以学校管理、教师专业化发展、学生自主化发展为目标的服务。通过对这些资源进行整合和集成,使数字资源得到充分优化应用,实现从环境到管理再到应用的全部数字化。把学校建设成为面向校园、面向社会、面向家庭的超越时间与空间限制的数字社区,以拓展现实校园的时间和空间维度,提升校园的运行效率,扩展校园的教育功能,最终实现学校教育过程的全面数字化,从而达到提高管理水平和效率的目的。

教师专业化成长是指教师作为专业人员,在专业思想、专业知识、专业能力等方面不断发展和完善的过程,即是专业新手到专家型教师的过程。由于教育的动态性和拓展性,教育技能和素质只有在教育、教学实践中才能得以不断认识和提高。

"'云校园'环境下教师专业化成长途径的实践研究"就是通过课题研究:探索教师网络研讨的新模式,解决教师校本教研低效的问题;探索教师课堂教学新方式,解决课堂教学效率低问题;探索教师教学反思的途径,解决教师交流受限制的难题;完善教师专业化成长档案,实现教师数字化评价;积累教师的数字化成长资源,提升教师的专业化水平。

(二) 国内外同一研究领域现状与研究的价值

一、关于云校园的研究

2011年,美国明尼苏达州斯蒂尔沃特开始在数学课堂中尝试一种新的教学模式:教师们为每天的数学课准备了7～12分钟的在线视频,学生需先在家看完这些视频教学;然后回到课堂上,学生在老师和同伴的帮助下完成作业和开展讨论。这就是在美、加流行的被称为"翻转课堂(The Flipped Classroom)"的创新教学模式,这种模式必须依附网络,也就是"云校园"的应用。美国密歇根州教育科技与数据传输办公室主任 Bruce Umpstead 说:"翻转教室就是改变教学模式,使得教师与学生能在教室中获得更多的教学支持。"由此可见:数字化的"云校园"为教师的专业化成长提供可能。

中国科学院自然史研究所刘益东教授在《从山科学到云科学:即将发生的科学革命和人才革命》中也提出了"云教育"对教师专业成长与教育变革产生的革命性的影响。他认为基于"云教育"环境下学校教育的变化,尤其是教师专业发展的课堂教育模式、教师评价等。《"云计算"及云校园网的构建》(郑晓松等,《社科纵横(新理论版)》,2011年03期)一文阐述了云计算和云校园网的概念,分析了目前高校校园网存在的问题,论述了建设云校园网的意义,给出了建设云校园网的方法。中国刑事警察学院应用"云校园网"思想针对"如何在校园网的建设过程中寻找新的突破口"走出一条创新之路。云校园网是借助云计算"整合资源,按需分配"的思想来建设校园网。《"云校园"——未来的学校》(耿弢)一文向我们阐释了什么是"云校园":未来的校园是无处不在的、便捷的上网环境;是拥有一个数据环境,这就是计算环境、存储环境;是拥有一个系统(物联系统)接入——支持各种智能终端、设施、设备联网的环境。它能够体现学校、教师和学生的个性化、网络化和智能化;利用科学的发展观来规划和管理,使之构成统一的管理平台、统一的资源平台、规范的管理与教学秩序。学校是面向校园、面向社会、面向家庭的一个超越时间和空间的数字社区——"云校园"。《"云教育"在数字校园中的应用》(刘媛媛,刘志亮)告诉我们利用云计算技术建设数字校园是未来数字校园的发展方向,它能带来许多优势。《基于"云教育"平台的自主移动学习模型研究》(李桂英,马力,宁玉文,李贵明)从"云教育"的内涵出发,通过与传统网络教育平台的对比研究,详细分析了云教育平台在移动学习中的优势以及它对移动学习的改造。最后,基于云教育平台的优势,将移动学习和云平台相结合,构建了一种基于云教育平台的自主移动学习模型。

续表

上述内容从“云教育”“云校园”的内容、应用、优势等角度阐述了未来学校发展的一种新趋势，一种必然。

二、关于教师专业化成长途径的研究

《教师专业化发展的途径》(光明日报 2008 - 1 - 23)一文针对我国教师专业化存在的问题，结合国际教师专业化发展趋势，认为在信息化社会环境中我国应当从以下几个方面促进教师专业化发展：(1) 立终身学习的观念；(2) 教师教育理论更新；(3) 国际教育资源的参与。《促进教师专业化发展的途径和方法》(衡炳锋)明确提出要努力造就一支“师德高尚、业务精湛、结构合理、充满活力”的高素质、专业化教师队伍，要完善教师培养培训体系，优化教师队伍结构，不断地提高教师的专业水平和教学能力。《教师博客：促进教师专业成长的有效途径》(姜志臣)的作者认为博客以其自身的优势适应了教师学习的特点，是促进教师专业成长的有效途径。《让校本教研为教师专业发展奠基》(金如湘)中强调任何课程的有效实施最终都要依靠教师，促进教师的专业发展将是新课程改革实施过程中至关重要的环节，基于学校、基于课堂、基于教学的问题，通过个体和集体的校本研修是最直接、最有效的方式，更是教师专业发展的有效途径。《探索校本研修模式　促进教师专业成长》(张春华)强调校本研修是校本教研的一种主要形式。在新课程实施中，立足校本，通过个体研修、团体研修和区域研修三个层面，引导教师自觉主动地进行专业学习和反思，把教师专业学习、教学研究和校本培训结合起来，是促进教师专业成长的重要途径。《教学反思：促进教师专业化发展的有效途径》(赵智勇)指出：教学反思既是一个从发现问题到解决问题的过程，也是一个教师专业素质持续发展的过程。教学反思是教师专业发展的重要机制，它在教师的教育信念、专业知识、专业能力以及职业道德感等方面为促进教师的专业发展提供了可能。借助教学反思，促进教师专业发展，要求教师必须树立科学反思意识、掌握反思技能，并在教学实践中加以运用。《校本课程开发：教师专业成长的“驱动器”》(肖自明)强调校本课程是基础教育课程改革的新亮点。校本课程开发是教师面临的新课题。教师通过学习课程论知识，参与校本课程开发实践，能促使教师形成课程意识，掌握课程开发技术，发展课程能力，从而促进教师的专业成长。《行动研究：教师专业成长的路径》(李炳煌)一文阐述了行动研究对促进教师专业成长具有十分重要的意义。行动研究为教师教育理论素养的提高提供了现实途径；行动研究是以实践“问题”为中心的反思性研究，为教师实践智慧的发展提供了平台；行动研究是构建“研究共同体”的过程，有利于教师合作精神和责任意识的提升。《家校合作——教师专业成长的新视角》(陈明龙，傅敏)一文讲述家校合作内隐促进教师专业成长的功能，长期以来遭到弱化甚至是忽视。因此，应在对家校合作功能认识进行反思的基础上，以育人作为家校合作与教师专业成长的契合点，彰显家校合作对教师专业成长的促进作用。并通过对家校合作功能的重新审视、对家校合作主体关系的重新定位和增强家校合作的制度化等措施，提升家校合作促进教师专业成长的实效性。

以上文献从两个层面介绍了教师专业化成长的途径或方法：(1) 我国教师专业化成长有哪些有效途径；(2) 针对教师专业化成长的某一个方面进行深入研究，诸如行动研究、校本课程开发、教学反思等。

三、关于“云校园”环境下的教师专业成长的研究

安徽省合肥市瑶海区承担的全国教育信息技术研究“十二五”规划重点课题《基于数字化学习环境下的教师专业化成长有效途径的研究》已经形成完整的课题体系。围绕主课题下设 39 个子课题，由所辖区属各校进行研究。南京师范大学赵庆国教授在《基于数字化资源的教师校本学习模式研究》中针对当前教师校本培训、专业化发展中存在的问题，对数字化资源促进教师专业成长进行归纳总结，论述了新课程背景下基于数字化环境中教师专业成长的途径与方式。西北大学现代教育技术中心的李桂英在“基于云教育平台的自主学习模式研究”中提出云教育平台比传统的网络教育平台更有助于学习，他详细分析了“云教育”平台中教师成长的策略，总结出教师专业化成长的新的途径。

《网络环境下教师专业化发展新途径的探究》强调三个途径：(1) 以教师博客为起点，积极促进教学反思；(2) 以教研论坛为依托，开展网络集体备课；(3) 以网页课件为支点，努力开发网络课程。《网络环境下教师

续表

的专业发展研究》(丁春荣)指出目前国内的网络研修主要有网络学习和网络教研两种形式,重点谈了远程培训、网络研讨和教师博客。《网络环境下促进教师专业化发展》探讨了网络环境下加快教师专业化发展的三条途径:(1) 建立教师专业发展的网络平台。(2) 利用网络平台促进教师专业发展:①以网络为渠道,扩大教师学习的视野;②以教师博客为起点,积极促进教学反思;③以教研论坛为依托,开展网络集体备课。(3) 建立促进教师专业成长的机制和评价体系:①建立促进教师专业成长的机制;②教师发展性评价体系。《网络环境下促进教师专业发展的模式和策略研究》(谢海波,《中国电化教育》,2011 年 08 期)在分析教师专业发展内涵和专业素质的基础上,通过对现有的网络工具、资源、服务和环境的研究和探索,总结出包括:自主学习、交流协商、专题讨论、协作研究和评价反思在内的五种适合教师专业发展的模式,并在模式的基础上提出了一些针对性和实效性的策略,以期促进教师专业知识与技能科学有效地发展。《网络环境下教师专业的成长》(刘秀仪)结合本校课题实验,科研培训一体化,在课题研究中落实校本培训,促进教师的专业发展。包括:(1) 以网络教学为起点,促教师队伍专业技术基础的建设:①开展"地毯式"的培训方式;②开展"四定""五个一"常规培训。(2) 以网络课题为阶梯,建立了校本分层次培训教师的两种形式:①培育学校新秀的"拜师学艺"模式;②育骨干的"理论培训——课题公关——理论总结"模式。(3) 深入网络教学的研究,促教师专业技术的内化提高。《网络环境下基于教师本位的教师专业发展模式研究》指出:教师专业发展一直是人们关注的热点,它关乎教育的质量、学生的未来,而且对教师自身的生命质量也具有决定性的意义。以往对教师专业发展所作的研究大都关注教师群体的发展,注重教师群体外在专业特性的提升,采用的模式多为自上而下的培训。各式培训在教师专业素养的提高方面确实发挥了一定的效用,但是这种由外到内的发展模式忽视了教师自身的声音,缺少对教师个体的关注,因而使得本应成为发展主体的教师陷于被动从属的境地,这有违教师专业发展的初衷。若要切实有效的推动教师专业发展,促进教师由新手向专家的转变,需要一种能够发挥教师自身的主体作用、唤起教师的自我发展意识、由内而外的发展模式。本文即是针对这一问题进行研究的一个成果——依托网络环境构建了一种以教师为主体的发展模式。《基于数字化学习资源的教师校本学习模式研究》(赵庆国,马超)针对当前教师校本培训、教师专业化发展途径中存在的问题,分析了校本培训向校本学习观念的转化,对数字化学习资源进行了界定和分类,并详细阐述了数字化学习资源的作用机理,最后论述了新课程改革背景下基于数字化学习资源的教师校本学习模式。《基于网络环境的教师学习共同体构建模式研究》(郭绍青,冯海,赵健)指出:社会信息化和教育信息化促使教育向新型的教育体制和教学模式发生转变,新时代的教师必须顺应这种历史大趋势。教师面临着前所未有的挑战和机遇,构建基于网络环境的教师学习共同体是解决教师发展的一种途径,本文从进一步促进教师专业化发展和推动区域性教师的整体均衡发展的角度出发,对构建新模式进行了探索和尝试。《网络教研理论与研究》(石存生)随着我国基础教育课程改革的不断推进,教师专业成长已成为社会日益重视的一个问题。教学研究作为促进教师专业成长的一个重要途径,伴随着新课程改革的实施,得到了不断地完善与发展。在当前信息技术飞速发展的时代,教研与网络相结合,充分利用了网站、UC 视频、网络视频会议系统、博客、网络论坛等多种渠道,极大程度地促进了教师的自我反思、互帮互助、专业引领,基于网络的教学研究将成为信息时代教师专业成长的必要途径。《现代信息技术与教师专业化发展》(许萍)现代信息技术为教师专业化发展提供了飞跃的平台,信息化已经把校本教研、网络研修、教师培训有机地整合为一体,为传统意义上的教师专业化发展注入了新的内涵。将教师专业化发展的目光锁定在现代信息技术这个快车道上,就信息技术环境下博客、网络研修、整合课、课件制作等教师专业化发展所依托的方式进行了有效的探索与实践。《开展网络校本教研促进教师专业成长》(翟军卫,郝会欣)指出:网络校本教研使广大教师拥有了一个资源丰富、平等交流、及时沟通的平台,为教师个人的自我反思、在更大的范围内实现同伴互助和专业引领提供了条件,从而成为促进教师专业成长的有效途径。《信息时代的数师知识管理与考业成长》(李勤)从知识管理(Knowledge Management,KM)的角度探讨了教师的专业成长,提出了教师有效实施个人知识管理(Personal Knowledge Management,PKM)将是促进教

续表

师专业成长的重要途径。《用现代信息技术促进教师的专业化发展》(王永利)随着网络信息技术的日益发展和普及,特别是因特网与校园网的接轨,为教师专业化发展提供了十分广阔的前景,当今教育的发展要求加快实现教师专业化发展的进程,教师专业化发展需要通过教师不断学习得以实现,本文主要探讨如何运用现代信息技术,促进教师转变教育理念,提高教师的信息化水平,促进教师教学方式的转变,促进教师不断反思。以上文献可以看出:"云校园"为教师的专业化成长构建数字化的成长平台,为教师提供专业发展探索新途径,促进教师专业化成长。在传统校园的基础上,构建起一个数字化"云空间",拓展校园的时间和空间维度,提升教师成长的效率,最终实现教育教学过程的最优化。
(三) 研究的目标、内容(或子课题设计)与重点
研究目标: 实施数字化"云校园",搭建教师专业化成长的平台,探索网络环境下教师专业化成长途径;即基于数字化"云校园"构建教师在网络教研、微格教学、专业成长档案、教育教学反思、发展评价、资源建设与应用等数字化资源的功能化与服务平台,为教师的专业化成长提供开放的、社会化的研究与成长环境,实现教师专业技能的现代化。 1. 通过课题研究,探索教师网络研讨的新模式,解决教师校本教研低效的问题。 2. 通过课题研究,探索教师课堂教学新方式,解决课堂教学效率低问题。 3. 通过课题研究,探索教师教学反思的途径,解决教师交流受限制的难题。 4. 通过课题研究,完善教师专业化成长档案,实现教师数字化评价。 5. 通过课题研究,积累教师的数字化成长资源,提升教师的专业化水平。 研究内容: 1. "云校园"环境下教师网络校本教研体系构建:构建完整的"云校园"网络教研体系,为教师的教学研讨搭建成长的平台。促进学校、教师和学生的共同发展,形成高效的校本研讨体系。 2. "云校园"环境下教师语文生态课堂模式构建:以"微格教学""翻转课堂"为主体,探寻语文学科课堂教学新模式,形成高效、自主、生态化的课堂体系,促进教师的专业化发展。 3. "云校园"环境下教师数字化成长档案体系构建:构建全新的数字化教师成长档案体系。为教师的专业发展提供技术支持。完善教学科研发展评价体系、教师专业成长体系、教师考核和继续教育资料管理系统。 4. "云校园"环境下教师数字化交流反思体系构建:运用教育博客、教学新时空、电子阅览等系统,构建教师教学反思、师生沟通的平台。 5. "云校园"环境下教师专业成长资源平台构建:充分利用网络资源,构建学校网络资源系统,建立适合教师专业成长的资源平台,促进教师的专业化发展。 6. 基于"云校园"环境下教师专业成长的评价系统构建:完善学校网络化的绩效考核系统,建立教师网络评价机制,促进教师的专业化发展。 研究重点: 充分运用"云校园"技术,构建全新的数字化的教师专业发展体系,为教师专业化成长探寻新途径,促进教师专业化成长。
(四) 研究的思路、过程与方法
研究思路: 从学校的整体出发,立足于"云校园"的构建和教师成长的高效性研究。通过数字化平台的构建,探索信息化时代教师专业化成长的途径,最终形成数字化环境下教师专业化发展机制。通过对数字化校园建设的分析,归纳出教师专业化成长方式,引导教师和学生参与数字化云校园教与学科学管理的建设,建立长效的现代化管理机制。关注整个研究过程中的动态生成,既要相辅相成,又能彼此推动螺旋上升,保证

续表

课题研究的时效性和真实性。 研究过程： 第一阶段：研究准备阶段(2012年12月—2013年3月)。组建课题组，制定课题方案和论证计划，并组织课题组成员学习相关理论，启动课题。(1) 成立课题组，申报《"云校园"环境下教师专业化成长途径的研究》研究课题。(2) 校内生成子课题，制定相关部门的现代化管理计划。(3) 梳理"云校园" 与教师专业化成长结合点，制定有效推动教师专业成长的实施方案。责任人：邱健筠 周海燕。 第二阶段：课题实施阶段(2013年4月—2014年5月)。充分利用学校现有数字化"云校园"资源进行整合，落实计划要求。完善硬件设施，落实技术支持，做好实验数据积累，分项目进行研究，形成中期评估成果。并对方案进行调查、小结、修改、补充、完善。主要完成的任务有：(1) 开题论证。(2) 扩充学校硬件设施。(3) 完善教师专业成长评价制度。(4) 开展课题组相关培训。(5) 课题中期总结和评估工作。 本阶段研究重点是：充分运用"云校园"技术，构建全新的数字化的教师专业化发展体系。 1. "云校园"环境下教师校本网络教研体系构建。构建完整的"云校园"网络教研体系，为教师的教学研讨搭建成长的平台。促进学校、教师和学生的共同发展，形成高效的学校发展体系。 2. "云校园"环境下教师数字化成长档案体系构建。构建全新的数字化教师成长档案体系，为教师的发展提供技术支持。教学科研发展评价体系、教师专业成长体系、教师考核和继续教育资料管理系统。 3. "云校园"环境下教师数字化交流反思平台构建。运用教育博客、教学新时空、电子阅览等系统，构建教师教学反思、师生沟通的平台。 4. "云校园"环境下教师专业成长资源平台构建。构建网络资源系统，建立适合教师专业成长的资源平台。 第三阶段：总结反思阶段(2014年6月—2014年10月)。对课题研究进行整理，形成的主要成果如下：(1)《基于"云校园"环境下教师专业化成长途径研究》课题研究阶段交流。(2) 制定《基于"云校园"环境下教师专业成长途径研究》结题计划。(3) 课题组相关成果汇编成册。(4) 巩固已构建的"云校园"环境下教师专业成长网络体系，形成总结性评价。(5)《基于"云校园"环境下教师专业成长途径研究》课题结题。 研究方法： 1. 文献法：通过各种渠道搜集"云校园"环境下教师专业成长途径研究的相关资料加以分析，把握国内外研究动态，借鉴已有的研究成果和经验教训，找到新的生长点，防止重复研究，避免和少走弯路，为课题研究提供理论框架和方法论。 2. 行动研究法：以连云港市大庆路小学"数字化云校园"建设为研究主体，分析存在的问题，寻找形成原因，总结出规律性的结论，为课题的研究奠定基础。 3. 实验总结法：本课题研究将以我校作为研究的样本，组织课题组成员积极参与各子课题研究，通过实验研究，总结取得的成绩，反思存在的不足，为教师的专业成长出谋划策。
(五) 主要观点与可能的创新之处
主要观点： 我们所说的"云校园"并不仅仅是着眼于现代化的硬件设备，更体现在学校管理和软件资源的开发与应用。注重以人为本、淡化技术，把重点放在数字化资源的功能化与现代化管理服务上，把信息技术融入教师专业成长，为教师专业有效成长铺路搭桥。 可能的创新之处： 基于"云校园"环境下教师专业成长的途径研究创新在于：探索教师网络研讨的新模式，解决教师校本教研低效的问题；探索教师课堂教学新方式，解决课堂教学效率低问题；探索教师教学反思的途径，解决教师交流受限制的难题；完善教师专业化成长档案，实现教师数字化评价；积累教师的数字化成长资源，促进教师的专业化成长，适应教育发展的需要。

续表

（六）预期研究成果			
	成果名称	成果形式	完成时间
阶段成果（限5项）	《“云校园”环境下教师专业化成长途径的文献研究》	文献综述	2013年4月
	《“云校园”环境下教师校本网络教研体系构建》	研究报告	2013年10月
	《数字技术促进教师的专业成长》	研究报告	2013年8月
	《“云校园”环境下教师数字化成长档案体系构建》	研究报告	2014年10月
	《“云校园”环境下教师数字化交流反思体系构建》	研究报告	2014年8月
最终成果（限3项）	《“云校园”环境下教师专业化成长途径的实践研究》	研究报告	2014年8月
	《“云校园”环境下，全新数字化教师专业发展体系构建》	学术专著	2014年11月

印象作者　执著于平凡的美丽

邱健筠，一位扎根于基层管理岗位的教育公仆，以其敬业乐奉的精神和宽厚博大的仁爱之心诠释了现代化办学的理念。他，是一名普通的小学校长，更是一位忠诚的教育战斗者、指挥者和管理者。在教育战线上奋斗了几十年的他，以扎实的工作作风和出色的工作成绩得到社会各界人士的一致好评，多次被省、市、区各级政府或教育主管部门评为“名校长”“优秀教育园丁”“科技创新校长”“优秀共产党员”“教科研先进个人”等。生活在平凡的基层，却书写出不平凡的人生。

他，以敬业之心书写教育公仆新典范。

每天清晨，当第一缕阳光温暖大地的时候，最先出现在校园里的身影便是他——邱健筠校长。他在习惯性地巡视完校园后就站在门口迎接他的师生，那一脸慈祥可亲的笑容温暖了师生的心，开启了师生们一天学习工作生活的好心情。每天晚上，当最后一缕晚霞从遥远的天边消逝时，最后离开校园的身影还是他，可尊可敬的他总是等校园里所有的灯都灭了才带着一身疲倦回到自己的家中。多年来，他以校为家，教室中传播着他的身影，校园里到处留下了他的足迹。即使是节假日，他也放弃了休息，为校园的规划谋思路、求发展。

就这样，日复一日、年复一年。他已记不清有多少个夜晚没有睡过一个安稳觉，也不记得有多少个节假日没有陪伴在勤劳的妻子和懂事的儿子身边，更不知道多少次忍受内心无法尽孝于父母病榻之前的煎熬。他这样辛勤地工作，忘记了自己的小家，只为顾全学校的大家。

作为校长，他要求教师做到的，他首先做到；教师做不到的，他也努力坚持做到。寒来暑往，风雨无阻。但他终究不是机器，他也有倒下的时候。常年的忘我工作，他患上了“耳石症”、胆囊炎等病症。记得有一次因为“耳石症”导致头部眩晕无法正常站立，即使是躺在床上眼前也是迷茫。就是这个时候，在医院做完复位后的他又回到了校园。一边在办公室里挂吊瓶输液，一边处理着学校的工作事务。同事们都劝他多休息，但他只是微微一笑。对他来说，学校就是他的家，一千多名师生就是他的家人。为了这个大家，他义无反顾。

他，以务实之心开创学校发展新征程。

作为校长，统领着学校的发展，也关系到学校的前进方向。如何把学校建设成为一所让家长满意的现代化学校，是他一直以来不断孜孜以求的目标。为此，邱健筠校长经过多方调研，博采众长、深思熟虑，在继承学校传统的基础之上，把建设现代化学校、创建数字化云校园作为学校工作重点。

北上京津、南下沪浙，把学校有限的资金用在学校的现代化建设上，用在改善学校的办学条件上。为了能省下资金，他带领班子成员，赴临沂到沭阳，货比三家，挑选最合适的产品来运用。每一次外出，他和他带领的校级团队总是能省就省，能少花就少花。长时间的硬座之旅，让他颈椎腰椎的老毛病又复发了。拖着疼痛的身躯，他为学校购买了大量物美价廉的现代化教学设备，为数字化校园的创建提供了有力的支持。去年他调任海宁小学以后，经多方调研，提出了智慧化校园的建设目标，并且相继建设了包括科技体验馆、3D打印教室、机器人教室等创客教育中心，激发了学生的学习兴趣，提高了学习效率。

为了“数字化校园”这个梦想，他亲自参与软件设计，多次赴徐州华网公司商讨管理平台的设计使用。他所构思的数字化云校园，引领了全市乃至全省教育信息化的发展方向。他所建构的教师教学反思系统、网络教研系统、教师绩效考核系统，有效促进了学校教师的专业化成长。他所设计的学生综合评价系统、智能学习系统、教育资源查询系统，方便了学生的自主化学习，成为师生学习的好帮手。数字化云校园，已经成为港城教育的新名片。

他，以仁爱之心和谐师生关系新格局。

情系师生，乐于助人，是邱校长的真实写照。面对教师的困难疾苦，他总是热情帮助。在生活上，邱校长更是对教师们无微不至的关怀。教师生病，他会亲自去医院看望；教师家庭遇到变故，他都会亲自到场慰问。年轻教师的生活他关注，老年教师的身体他更上心。每逢教师生病住院，他经常组织班子成员为教师排忧解难，送去学校的温暖。重阳节的时候，他还特意把学校所有的退休教师请回来集中过节，让他们重温学校大家庭的美好时光。

对于几千名学生，他倾注的爱更多。哪个学生家庭有困难，他总会慷慨解囊；哪个学生表现不良，他总会循循诱导；哪个学生喜获佳绩，他更是欢欣鼓舞。学校有几位学生的家庭十分困难，邱校长在了解情况后，给学生们申请了困难补助，使这些学生的家长解了燃眉之急。同时，他还从学校角度为这些学生提供物质上的支持……

十岁女孩文静是不幸的，因为她父母早年离异，而吸毒的生父和继母又因盗窃而入狱，文静就成了没人管的“孤儿”。在听街道办的同志介绍了这些情况后，邱校长二话不说当场收下了这个孩子，还个人拿出 1 000 元钱安排教师照顾文静的学习和生活，并减免了文静的所有学习费用。失去了父母的关爱，小文静总是那样的落落寡合，即使是和同龄的孩子们在一起玩耍，也是那样的格格不入。为了给文静一个温馨的环境，为了文静能有一个阳光般的童年，邱校长动员他的家人一起来关爱小文静。上大学的儿子经常给小文静写信，像哥哥那样关心妹妹的学习和生活。贤惠的妻子不时把文静带到家中，让文静感受到妈妈的爱，感受到家的温馨。过生日的时候，邱校长全家为小文静特别定制了蛋糕和生日礼物，让小文静原本沉寂的心慢慢阳光起来。正是有了这样的关爱，小文静的笑容越来越多。即使遇到困难，文静也总是喜欢和阿姨、哥哥们倾诉。因为邱校长给了她第二个家，一个温暖的家。

这些事情虽然平常，却为邱校长赢得了广大师生和家长们的信任和好评，赢得了领导工作的主动权。全校呈现出一派校风正、学风浓的良好氛围，逐步实现了由应试教育到素质教育的转化，从传统教学到现代教学的跨越，从粗放管理到依法治校科学管理的迈进。

他，以虔诚之心践行教育改革新梦想。

一位教育家说过：一个好的校长，就是一所好的学校。几年来，在邱校长的带领下，他所经历的每所学校都能在很短的时间内实现质的跨越，学校实施的精细化管理彰显了管理的高效率。这些学校先后被命名为“江苏省实验小学”“江苏省绿色学校”“江苏省数字化学习试点校”“江苏省现代教育技术实验学校”“全国红旗大队”“江苏省红旗大队”“连云港市管理规范示范校”“连云港市课改先进集体”“连云港市一级学校”等。

邱校长构思的数字化云校园正引领着教育发展的新方向。他用三年的时间着力打造“教师的专业成长”“学生的自主评价学习”“学校的数字化管理”三个模块，完成了数字化学校的构建。目前，学校教师电子档案平台、网络教师平台、教学反思平台等为教师的专业发展提供保证，学生的综合评价系统、智能学习系统、学习资源查询系统满足了学生学习的需要，学校的督查系统、安全系统、文档系统等为学校管理提供服务。湖南、河南、山东、浙江、上海等地的同行经常来学校参观考察。他本人也多次代表连云港市参加省、市教育信息化讲座交流。他在工作中不断创新，在效率上不断提高，在管理上不断精细，处处彰显人文性。

“捧着一颗心来，不带半根草去”。这是著名教育家陶行知先生一生献身于教育事业的真实写照，也是邱健筠校长奋斗在教育战线上的座右铭。